因道全法

韩非道法思想研究

刘小刚◎著

ZHEJIANG UNIVERSITY PRESS
浙江大学出版社
·杭州·

图书在版编目(CIP)数据

因道全法:韩非道法思想研究 / 刘小刚著. —杭
州:浙江大学出版社,2024.3
ISBN 978-7-308-24746-7

Ⅰ.①因… Ⅱ.①刘… Ⅲ.①韩非(前280—前233)
－哲学思想－研究 Ⅳ.①B226.55

中国国家版本馆 CIP 数据核字(2024)第 057532 号

因道全法:韩非道法思想研究
YIN DAO QUAN FA:HANFEI DAOFA SIXIANG YANJIU
刘小刚　著

策划编辑	吴伟伟
责任编辑	陈　翩
责任校对	丁沛岚
责任印制	范洪法
封面设计	雷建军
出版发行	浙江大学出版社
	（杭州市天目山路 148 号　邮政编码 310007）
	（网址:http://www.zjupress.com）
排　版	浙江大千时代文化传媒有限公司
印　刷	杭州钱江彩色印务有限公司
开　本	710mm×1000mm　1/16
印　张	19.25
字　数	265 千
版 印 次	2024 年 3 月第 1 版　2024 年 3 月第 1 次印刷
书　号	ISBN 978-7-308-24746-7
定　价	88.00 元

序

　　春秋战国时代,诸子蜂起,百家争鸣,但在所谓"十家九流"的诸多学派中,其实只有儒、墨、兵、道、法五家影响较为重大,而墨家在秦汉以后就逐渐走向衰落且长期湮没不著,兵家对当时及后世的影响则主要局限在军事领域,其历史影响的时空范围均不可与儒、道、法同日而语。其三家中,儒、道的影响自不待言,仅就法家来说,它在当时引领各国变法,现实影响力实际超过儒、道;而秦始皇统一中国后建立的那套以皇权为核心的郡县制帝国政治体系,理论根据是法家提供的,历史根据则是来自商鞅变法以来法家政治理念在秦国的具体实践。秦朝覆亡后,后人对所谓秦朝暴政多有抨击,尤其是自以为继承了先秦儒家道统的学者、思想家,几乎个个都把秦朝当作后世治国者的一个反面教材予以评说。可是,秦始皇开创和确立的那套郡县制帝国政治体系,事实上是作为一种政治衣钵代代相传,直至清朝灭亡而未曾发生过任何实质性变化,乃至于可以且足有理由说,自秦至清长达 2100 余年的郡县制帝国历史,本质上不过是先秦法家政治理想持续恒久的具体实践过程。正是通过这种国家政治实践形式,法家实际上一直都对中国社会产生着几乎是全方位的影响,只是历来都鲜有人提及特别是崇儒者一般都不愿提及这种影响。

　　法家对传统的郡县制帝国社会的影响是如此持久、全面而深刻,以至于可以说，不了解法家的思想，简直就无法真正理解这 2000 余年的郡县制帝国历史。而韩非作为先秦法家的集大成者，其思想实非仅仅集其一家之大成。他和李斯均曾投大儒荀卿门下，而荀卿曾作《非十二子》，以此足显其学博思广，韩、李受其益必多且深。韩尤不似李直接参与现实政治事务，而是既关心现实政治又疏离于现实政治，一心从事联系实际的学术研究，其学术思想之精深又远非李可比。《解老》《喻老》两篇更是表明，司马迁所评韩非之学"归本于黄老"之言乃非虚言。从老学或道学发展史角度看，韩非之学实是其不可或缺的一个重要环节，他在哲学上丰富了老子以"道""德"为基本范畴的原道学，将其发展为以"道""德""理"为基本范畴的新道学，这种新道学可以被理解为从老子原道学到王弼新道学（正始玄学）的一个中间环节或过渡环节——"理"在王弼哲学范畴体系中也占有相当重要的地位（参见周可真：《王弼哲学诸范畴之研究》，见《哲学与文化研究》，江苏人民出版社 2005 年版）。所以，从学术史和思想史角度来看，韩非并不只是一位法家人物，他在儒学发展史和道学发展史上均占有重要地位。刘小刚此书主要从道法关系的角度来研究韩非思想，着重分析了韩非新道学中"道""德""理"等基本范畴，为重新审视韩非哲学思想提供了一个新视角、新途径。

作为刘小刚的博士生导师，我对他在学期间的学习表现有较深入的了解。他勤奋好学，学风端正，治学认真，刻苦钻研，在我指导下完成的博士学位论文《韩非道论思想研究》，是国内外韩非子学术研究领域的一项新成果，曾获得了同行评议专家的普遍好评和答辩委员会的一致肯定。毕业后，刘小刚对韩非思想继续进行深入研究，并发表了一系列论文，在此基础上对其博士论文略加修改而成此书。我希望小刚以更广阔的视野继续深化对韩非的研究——韩非是一个值得国学研究者终身研究的课题。

周可真

目　录

导　论

　　法因道独尊,道因法普泛。独尊之道完满,普泛之法有缺,故因之以全。"因道"是"全法"在韩非哲学思想上的理论基础,"全法"是"因道"在韩非政治实践上的现实体现。"因道全法"成全了韩非"大体",绘就了"至安之世"。

　　公元前 1046 年,以周武王为统帅的诸多部落联盟东渡黄河,陈兵牧野,攻克商都,建立了周朝。随即分封大批子弟、姻亲、少数异姓功臣和古帝王之后为诸侯,一夜之间,数百个封国如雨后春笋般齐齐涌现,分区而治,共辅王室。然岁月悠悠,兴盛交替,封国渐趋势壮而王室日益衰微。叠加政治腐败、戎狄交侵、天灾横流,尤其平王东迁,徐徐拉开了中国历史上早期诸侯争霸、列强纷争的局面。此时的尊王已无意义,崇礼尚信亦被抛弃。"正义与秩序的双重缺失,是春秋战国时期社会政治生态最为基本的特征。"①

　　正如顾炎武在《周末风俗》中所说:"春秋时犹尊礼重信,而七国则绝不言礼与信矣;春秋时犹宗周王,而七国则绝不言王矣;春秋时犹言祭祀重聘

---

① 宋洪兵,孙家洲.韩非子解读[M].北京:中国人民大学出版社,2010:130.

享,而七国则绝无其事矣;春秋时犹论宗姓氏族,而七国则无一言及之矣。"①没有了王室之制,抛却了社会之约,列国蠢蠢欲动,野心膨胀壮大。其目标已不再是自家封地,而是整个天下,代天子以自居。这是一个血腥搏斗的时代,也是一个抢夺掠杀的时代。战争是封国间的主要交际手段,而实力是列强趾高气扬的资本。

王权式微、礼崩乐坏,诸子百家"无不言治"。其时,法家一脉最为关注如何富强的问题,也是中国政治思想史上最早提出系统的富强理论的学派。尽管前期法家代表人物的思想、观点不尽相同,但他们可贵的实践及理论,是形成韩非道法思想的宝贵源泉。此外,韩非也继承了儒家的"正名"思想、荀子的唯物论、性恶论及积习说,道家的自然天道观、先王的否定论、仁义无是非论,墨家的名理之说、尚同学说、非命强力及贵贱无常的平等思想,名家的"形名参同",以及兵家冷静理智的实用理性和功利思想。②若以与《韩非子》关系的远近为标准,可以划分为三个层次:"老子、管子、商君、申子、慎子划为第一层,作为直接渊源;将儒、墨、纵横等划为第二层,作为支流;还有一层就是黄帝、尧、舜、夏桀、殷纣,经管子、田成子、子罕、李悝、吴起之流的传说和历史资料,它们构成了韩非'历记存亡祸福古今之道'的丰厚资源。"③

韩非生活在一个诸侯失德逐利的时代。时值韩釐王、韩桓惠王、韩王安当政之间,韩国处于诸侯国的夹击之中,西面"事秦三十余年,出则为扦蔽,入则为席荐"④。北临魏赵,东靠齐国,南依楚国。韩国只一蕞尔小国,

---

① 顾炎武:《日知录》卷十三。

② 参考梁启超.先秦政治思想史[M].天津:天津古籍出版社,2003;胡适.中国古代哲学史[M].合肥:安徽教育出版社,2006;郭沫若.韩非子的批判[M]//郭沫若.十批判书.北京:东方出版社,1996;侯外庐,等.中国思想通史(第1卷)[M].北京:人民出版社,1957;李泽厚.中国古代思想史论[M].天津:天津社会科学院出版社,2003.

③ 蒋重跃.韩非子的政治思想[M].北京:北京师范大学出版社,2010:39.

④ 《韩非子·存韩》。

却被列国四围,并且还要侍奉秦国,与郡县无异,主辱臣苦,上下皆忧。客观的地理环境令韩非对国家的未来忧虑万分,而韩国内部的矛盾更使这种担心雪上加霜。韩王暗弱昏庸,臣子争权逐利,法制废弛,赏罚不明。"非见韩之削弱,数以书谏韩王,韩王不能用。于是非疾治国不务修明其法制,执势以御其臣下,富国强兵,而以求人任贤,反举浮淫之蠹,而加之于功实之上。以为儒者用文乱法,而侠者以武犯禁。宽则宠名誉之人,急则用介胄之士。今者所养非所用,所用非所养。悲廉直不容于邪枉之臣,观往者得失之变,故作《孤愤》《五蠹》《内外储》《说林》《说难》十余万言。"①

韩非作为先秦诸子之后起代表者,常怀图存天下、强国富民之理想。然直面现实,处处以力争夺,时时为利谋算,他与先秦诸子一样将学说的最终归依点置放于现实政治秩序的恢复与整合。"韩非处弱韩危机之时,以宗属疏远,不得进用。目击游说纵横之徒,颠倒人主以取利,而奸猾贼民,恣为暴乱,莫可救止,因痛嫉夫操国柄者,不能伸其自有之权力,斩割禁断,肃朝野而谋治安。其身与国为体,又烛弊深切,无由见之行情,为书以著明之。故其情迫,其言核,不与战国文学诸子等。"②韩非的道法思想,现实而直接的目的是富国强兵以求霸王之功,终极的价值归宿是寻求其学说的正当性与合理性的理想支撑,实现"法如朝露,纯朴不散,心无结怨,口无烦言"③的至安之世。

韩非的道法思想集中反映在其"悲廉直不容于邪枉之臣,观往者得失之变"的《韩非子》中。需要指出的是,先秦诸子之著作大都由其弟子或后人考证完成,张觉教授经过考证,认为《韩非子》是秦灭韩后至李斯被杀前(即公元前230年至前208年)秦朝主管图书档案的御史编订的,而到汉朝

---

① 《史记·老子韩非列传》。
② 王先慎.韩非子集解[M].北京:中华书局,1988:2.
③ 《韩非子·大体》。

文帝、武帝之时，它已广为流传了"①。当然，关于《韩非子》的著者有多种说法，此是其一而已。

从《韩非子》的内容来看，其核心乃明道救世。明地广主尊之道，救失德无序之世。对此，宋洪兵教授有这样的论述："法家的学说体系，产生于春秋战国时期的大争之世，故而其思想主张具有鲜明的时代针对性。富国强兵、奖励耕战及利出一孔等政策，都与'争于气力'的时代语境密切相关，具有浓厚的战时主义特征。如果仅仅将法家学说视为专门解决'争于气力'时代的'治之具'，自然就会得出如下结论：世易时移、天下一统之际，法家必然会丧失存在之合理性而为其他学说所取代。然而，法家学说并非仅仅是一套专门探求具体治国方略的'治具'，而且更是具有完整理论体系的'治道'，是一种'治世'之学。"②

韩非的思想如同一张巨幅油画，如果贴近看其细部，可能笔触是凌乱的，可能色彩是斑驳的，可能视点是肮脏的，但后退几步，获得一段时空的距离，又会发现它的惊人之恢宏与难忘之壮阔。我们不怕细部的真实，不回避这样的凌乱、斑驳和肮脏，因为思想总是要在历史的某一时刻与重要关头，凤凰涅槃，光芒再现。"作为重新解读先秦典籍的现代研究者，我们所面对的和可以期待的，已经不再是用'无厚有间'的传统研究方法来解读典籍，而是面对现代学术分科，以其业已建立起来的学术体系和话语体系来重新切割和安排先秦典籍。确切地说，我们需要在自己的范围内和话语中把每一个典籍划分到不同的学科门类，以不同的研究对象来重新解读它们。"③

具言之，韩非道法思想的内容是什么？有何承继渊源？经历了怎样的

---

① 张觉.韩非子校注[M].长沙:岳麓书社,2006:7.

② 宋洪兵.先秦法家政治正当性的理论建构[J].北京师范大学学报(社会科学版),2017(6):68-85.

③ 任文启.王权时代的韩非子批评史研究[M].北京:法律出版社,2019:5.

逻辑演进历程？又对当时乃至今后之中国产生了何种影响？这是本书研究的主要内容。

第一节　韩非道法思想的研究依据

对韩非道法思想的研究,不能凭空进行,必须从既有的思想材料出发。在推进中华优秀传统文化创造性转化和创新性发展的语境下开展相关研究,尤其应当重视中国自己在该领域的思想资源的发掘和整理。从法治建设的角度考量,是一种在努力引进和消化吸收西方学术思想、法律制度与法治理念过程中的已有法学传统的弘扬;从传统文化的角度考量,是在西方话语体系主导的学术氛围下的自我传统革新。西方学术长于对方法的自觉运用,"无论是古代或现代,对方法问题的自觉也始终是西方哲学里的一大特色。从早期的希腊文化开始,西方就有一种理性要求的突破,亦即肯定理性、肯定方法。苏格拉底(Socrates)就认为:要真正地追求知识,就必须把所有的观念都给予定义。这种对定义的要求,对意义本身澄清的要求,就是一种对'方法'的重视"[1]。

本书之所以选取韩非道法思想作为研究课题,除了它是"在中国历史上思想最繁荣、政治最活跃、战争最频繁的时代,因时而起,试图建立崭新政治秩序的重要著作"[2]外,还有如下考虑:

在"诸子蜂起"的春秋战国时期,尽管在"百家争鸣"中出现了所谓"十家九流"的诸多学派,但综观这些学派在当时及后世的实际影响,只有儒、墨、兵、道、法五家影响较为重大。这五家中,墨家在战国时代曾经影响很

① 李翔海,邓克武,编.成中英文集(四卷):本体诠释学[M].武汉:湖北人民出版社,2006:9.
② 任剑涛.政治:韩非四十讲[M].桂林:广西师范大学出版社,2022:2.

大,以至于孟子曾声称他那个时代是"处士横议,杨朱、墨翟之言盈天下。天下之言不归杨则归墨"①,但是秦汉以后它就逐渐走向衰落了,而且长期湮没不彰。兵家则不但在当时就颇有影响,对后世更有深远影响,然其影响范围毕竟主要是军事领域,其兵法固然也对国家治理产生了一定影响,但远不及儒、道、法三家的影响那样重大。"先秦诸子中,庄子天下篇、尸子广泽篇、荀子非十二子篇及解蔽篇,皆批评儒、道、法、名、墨五家,秦初吕氏春秋不二篇批评儒、道、法、墨四家,西汉淮南子要略篇批评儒、道、法、墨、杂五家。司马谈论六家要旨篇批评儒、道、法、名、墨、阴阳六家,汉书艺文志更加上纵横、杂、农、小说为十家。任何批评,皆不离法家。其实战国诸子中,最具影响力的,只有儒、道、法、墨四家。墨家之道'以自苦为极'。(庄子天下篇)战国以后遂衰微。而以道、儒、法三家影响最大,道家影响性灵方面较深;儒家影响,形迹方面较重;法家影响,政治方面较大。"②

法家,它在当时引领各国变法,其现实影响力实际超过儒、道;而秦始皇统一中国后建立的那套以皇权为核心的郡县制帝国政治体系,理论根据主要是来自法家思想,历史根据则是来自商鞅变法以来法家政治理念在秦国的具体实践。秦朝覆亡后,世人对所谓秦朝暴政多有抨击,尤其是那些自以为继承了先秦儒家道统的学者、思想家,几乎个个都把秦朝当作后世治国者的一个反面教材予以评说。可是,秦始皇开创和确立的那套郡县制帝国政治体系,事实上是作为一种政治衣钵代代相传,直至清朝灭亡都未曾发生过实质性变化,乃至于可以且足有理由说,自秦至清长达2100余年的郡县制帝国历史,本质上不过是先秦法家政治理想持续恒久的具体实践过程。正是通过这种国家政治实践形式,法家实际上一直都对中国社会产生着几乎是全方位的影响,只不过历来鲜有人提及,特别是崇儒黜法的护

① 《孟子·滕文公章句下》。
② 王叔岷.先秦道法思想讲稿[M].北京:中华书局,2007:279.

国者,更是不愿意提及这种影响。"法家在政治方面成就最大,自商鞅相秦孝公称霸诸侯,至李斯相秦始皇统一天下,迄汉初黄、老之治,武帝独尊儒术,其实皆重法制,用酷吏,观史记酷吏传可知。历代帝王大都阳重儒而阴用法,所谓外儒内法也。"①

第二节　韩非道法思想的研究内容及研究思路

一、研究内容

留存至今的典籍文本给了我们诠释的意义空间,也给了我们在新的语境下重新构建的现实可能。"先秦诸子的思想体系本身并没有非常自觉而明确的体系化特征。这不仅源自先秦诸子就事论事的思维习惯,也源于当时的时代状况下,各家都在积极奔走'论世之治',既没有必要,也没有时间和机会整合自己的主张使之系统化。然而,即便没有明确的概念化的理论体系,却不能说先秦诸子的思想是杂乱无章的,因为每一家每一派都有其核心主张以及为了论证其核心主张而提出的论据和基本论点。这些内容无法在概念系统上自觉成为一个形式上的体系化理论模型,却在实质上形成了一个具有一定理论边界和模糊界限的理想形态。"②

本书在进一步解读典籍文本的基础上,尊重和探究它们在历史上存在过的合理性及其索引性内容,关注其发生和发展的内在理路,试从八个部分来梳理和探析韩非道法思想的渊源、实践及社会功能。

第一章,以大时代为中心,介绍韩非道法思想产生的时代背景。春秋

①　王叔珉.先秦道法思想讲稿[M].北京:中华书局,2007:280.
②　任文启.王权时代的韩非子批评史研究[M].北京:法律出版社,2019:9.

战国是中国历史上发生重大社会变革的时期,是社会大动荡、政治大转折、经济大变革、文化大繁荣的时代。通过春秋战国时期政治生态、经济发展、文化呈现及韩国自身发展的具体介绍,为探析韩非道法思想的渊源、实践及社会功能打下基础。

第二章,以其人其书为中心,从韩非其人和《韩非子》其书的论说视角,介绍韩非和《韩非子》的演绎过程,阐释韩非道法思想的研究现状。韩非的思想,不仅集先秦法家之大成,而且是先秦各种思想成果在他头脑中激荡的产物,更是战国时代激烈的政治斗争与复杂诡诈的社会道德在理论界的投影。

第三章,以道的发展为中心,从先秦道家、先秦儒家、先秦黄老等方面论述道思想的发展脉络。司马迁是由于道家与法家在思想上具有渊源和承变关系而将老、庄、申、韩四子合为一传。申、韩就是通过"本于黄老",亦即远绍老子,近承战国黄老之学,而形成其法家思想的。

第四章,以道、理为中心,从韩非思想的核心范畴入手,论述道、理、情、性等的内涵。通过论理,韩非之道与物的联系更为真实、具体。有什么样的物,就有什么样的道理,与物迁移、随时变化就是服从道理,就是有德。

第五章,以礼、法、道为中心,从法出于礼、隆礼重法、因道全法入手,论述道、法之间的关联。先秦著作中首先把作为法律的法与道联系起来的是《黄帝四经》,其中《经法·道法》开篇即说"道生法"。法由道派生,是道在社会领域的落实和体现。

第六章,以君、臣、民为中心,阐释韩非的君道论思想。韩非借道释君,通过道与万物的关系充分论证了君臣之间尊贵卑贱的合理性,以"道不同于万物"的自然秩序映射"君不同于群臣"的人间等级,提出"明君贵独道之容"[①],赋君以极高无上的至尊地位。

---

① 《韩非子·扬权》。

第七章,以法、术、势为中心,通过三者圆融一体的有效组合,阐释了韩非道法思想的实践体现,凸显韩非道法思想的终极目标,实现"上无忿怒之毒,下无伏怨之患"①的至安之世。

余论部分,结合之前论述,对韩非法治思想作一整体评价。法律是君主实施统治的有力武器和工具。君主制定法律却又超越法律,这既是韩非法治思想内在纠结的显现,也是封建制度在当时的现实矛盾要求。我们理解韩非,又为韩非感到遗憾。

二、研究思路

法家是有真精神的。"法家的真精神,许多都被舍弃了(其实在秦代,法家的真精神已逐渐消亡),差不多只留下'尊君卑臣'一点。"②以利服人、以力服人与以理服人,构成了法家共时视域中政治正当性的基本理论框架。这是法家超越时空的基本政治原理,不应被其特定历史语境中的思想糟粕所湮灭。法家的"三服人"理论,回归到政治最为坚实的初衷:政治的目的是为天下百姓谋利益,而获得正当性的最终源泉在于获得百姓心悦诚服的拥护。"三服人"理论正是牢牢把握住了政治最为基本的伦理属性,从而呈现出自己别具一格的理论魅力。当然,"三服人"理论的不足在于如何确保最高权力从属于"道"、从属于"理"、从属于"法",这或许也是一个值得今人思索的问题。③

本书的基本思路是立基于将韩非道法思想理解为介于政治哲学与管理哲学的一门交叉学科,进而借助于这两个学科"交叉观照"的解读方法,将其思想的主要内容归纳为时代背景、其人其书、道法溯源等;再按照这个

---

① 《韩非子·大体》。
② 童书业.先秦七子思想研究[M].济南:齐鲁书社,1982:287.
③ 宋洪兵.先秦法家政治正当性的理论建构[J].北京师范大学学报(社会科学版),2017(6):68-85.

内容从相关经典文本中选取相应的材料,由此将这些材料反映的思想加以条分缕析,以展示韩非道法思想的时代智慧。

本书在写作过程中,除参引王先慎的《韩非子集解》外,还着重参引了陈奇猷的《韩非子集释》、张觉的《韩非子全译》、梁启雄的《韩子浅解》等书籍。

第三节　韩非道法思想的研究意义及研究方法

一、研究意义

本书基于政治哲学与管理哲学的交叉观照,从推进中华优秀传统文化创造性转化和创新性发展的视域出发,围绕韩非道法思想,通过对诸多相关文献史料的梳理,探究韩非道法思想的渊源、实践和社会功能,进而揭示韩非道法思想与中国传统哲学思想的互动关系。具体而言,本书的创新之处和研究价值主要体现在以下几个方面。

第一,"一个切入点,纵横两条线"的研究脉络的创新。"一个切入点"即将韩非道法思想作为研究"先秦法家哲学思想"的切入点;"纵横两条线"即运用一纵一横,即坐标的方法,分别回溯了先秦诸子和前期法家代表人物的道法思想,厘清了韩非道法思想发生、发展的必然性和合理性。

第二,道法思想研究角度的方法论依据上的创新。本书在对韩非道法思想的研究中,希望探讨清楚两个问题:一是在政治制度设计上,韩非是如何总结先秦法家思想的得失,进而继承并完善之;二是在政治价值层面,韩非是如何在"礼—法"和"道—法"的基础上,创造性地用"理"释"道",把自然、虚静、无为之"道"变为名实、参验、赏罚之"理",从而沟通了"道—法"联系,为其治国方略打下了哲学基础,并构建了终极的价值目标——至安之世。

第三,丰富和拓展了中国传统道法思想的研究内容。先秦法家及韩非的道法思想史料繁杂,相关方面的研究历来都是难点。笔者力求对韩非道法思想进行深入全面的梳理和研究,以完整呈现其思想的基本内容和发展脉络,从而丰富和完善中国传统道法思想在此方面的相关研究内容。

第四,总结了老子、商鞅、管仲的道法思想。本书对老子、商鞅、管仲的道法思想逐一进行了剖析与解读。梳理虽略显粗陋,但也是韩非道法思想形成和发展进程不可或缺的部分。

尽管有以上创新之处,本书仍有不足:其一,对先秦其他各家道法思想的总结,由于其不是研究的重点,还是比较粗陋,距离系统化的梳理和论述还有一定的差距;其二,对韩非道法思想与先秦道法思想的关系,以及这种思想的现代意义等内容,挖掘不够深入;其三,对中国政治哲学史界、中国管理思想史界关于韩非道法思想的研究成果,关注亦不够。

二、研究方法

钱穆先生在《国史大纲》中写道:"一、当信任何一国之国民,尤其是自称知识在水平线以上之国民,对其本国已往历史,应该略有所知。(否则最多只算一有知识的人,不能算一有知识的国民。)二、所谓对其本国已往历史略有所知者,尤必附随一种对其本国已往历史之温情与敬意。(否则只算知道了一些外国史,不得云对本国史有知识。)三、所谓对其本国已往历史有一种温情与敬意者,至少不会对其本国历史抱一种偏激的虚无主义,(即视本国已往历史为无一点有价值,亦无一处足以使彼满意。)亦至少不会感到现在我们是站在已往历史最高之顶点,(此乃一种浅薄狂妄的进化观。)而将我们当身种种罪恶与弱点,一切诿卸于古人。(此乃一种似是而非之文化自谴。)"①此种"温情与敬意"，甚或陈寅恪先生所言的"了解之同情"，就是我们对待传统文化和研究传统文化应持有的态度。要研究在中国历史上备受争议的法家人物的思想，更应该也更需要持有这样的态度。唯其如此，才能自历史演变中寻求动向和趋势，才能"从异求变，从变见性。从外到内，期有深入的了解"②。简言之，尊重文本，还原历史地读；观其主张，置于背景地读；政治异同，中西比较地读。

就此，本书主要采用了比较分析法、历史分析法和逻辑的方法。

第一，比较分析法。法家与先秦其他诸子各家就道法思想而言，相同和相异之处并存；法家代表人物中，其各自的论述也同样是异同并存。这样，就需要运用比较的方法，寻异求同。

第二，历史分析法。"述学是用正确的手段、科学的方法、精密的心思，从所有的史料里面，求出各位哲学家的一生行事、思想渊源沿革和学说的真面目。"③研究韩非道法思想同样离不开历史分析法。本书在分析韩非道法思想的渊源和逻辑演进等问题时，用的都是历史分析法，以此探求其历史背景、原因和现实影响。

第三，逻辑的方法。韩非道法思想渊源虽然复杂，但并不是杂乱无章、无迹可寻。若对儒家、道家、前期法家等思想逐一分析，就不难找出韩非与他们的道法思想的区别和联系。

---

① 钱穆.国史大纲(上册)[M].北京:商务印书馆,1994:1.

② 钱穆.中国历史研究法(上册)[M].北京:生活·读书·新知三联书店,2001:7.

③ 胡适.中国哲学史大纲(上卷)[M].北京:东方出版社,2003:6.

第一章　韩非所处大时代背景

马克思指出:"任何真正的哲学都是自己时代的精神上的精华,因此,必然会出现这样的时代:那时哲学不仅在内部通过自己的内容,而且在外部通过自己的表现,同自己时代的现实世界接触并相互作用。那时,哲学不再是同其他各特定体系相对的特定体系,而变成面对世界的一般哲学,变成当代世界的哲学。各种外部表现证明,哲学正获得这样的意义,哲学正变成文化的活的灵魂,哲学正在世界化,而世界正在哲学化——这样的外部表现在一切时代里曾经是相同的。"[①]社会存在决定社会意识,这是马克思主义关于社会物质运动和精神运动关系的一条基本原理。任何新的思想、理论的产生,都是人类社会发展到一定阶段的产物。要界定特定时代的具体内涵,首先要明确"一定阶段"的具体所指。"所谓先秦,有广狭二义,就广义言,秦始皇兼并六国(前二二一)以前,皆可称为先秦。就狭义言,自周威烈王二十三年(前四〇三)韩、赵、魏三家分晋,至秦兼并六国,即所谓战国时代(前四〇三—前二二一),方称为先秦。本书所称先秦,乃包括春秋、战国而言。"[②]笔者亦赞同此点,引以为先秦界定。

---

① 唐晓峰.马克思恩格斯列宁论宗教[M].北京:人民出版社,2010:611.
② 王叔岷.先秦道法思想讲稿[M].北京:中华书局,2007:1.

春秋战国是中国历史上发生重大社会变革的时期,是社会大动荡、政治大转折、经济大变革、文化大繁荣的时代,也是"中国失序、天下大乱、君臣大防被彻底突破的时代"[①],这一变革使中国社会产生了剧烈震荡,其经济制度、政治制度、社会发展等都发生了深刻变化。青铜文明向铁器文明的转型,隶农贵族经济向自由农地主经济的转型,联邦制国体向中央统治国体的转型,使中华民族在那个时代达到了农业文明的极致状态。

第一节　春秋战国时期的政治生态

一般而言,商周实行的都是贵族政治,同姓贵族共同拥有治理天下的权力。至东周,王室独尊、一统天下的局面被打破,形成了周室衰微、政由方伯的局面。"如果说,春秋之时的周天子已经名存实亡,那么战国时代的周天子已是不值一顾的历史遗蜕了。"[②]衰微到何种地步?又是怎样的不值一顾的历史遗蜕呢?有言曰:"自幽、平之后,日以陵夷,至乎厄陬河、洛之间,分为二周,有逃责之台,被窃铁之言。然天下谓之共主,强大弗之敢倾。历载八百余年,数极德尽,既于王赧,降为庶人,用天年终。号位已绝于天下,尚犹枝叶相持,莫得居其虚位,海内无主,三十余年。"[③]此处描述,真切凄惨。

战国时期的政治论说有王道、霸道和强国之术三种主要的治国理论。"王夺之人,霸夺之与,强夺之地。夺之人者臣诸侯,夺之与者友诸侯,夺之地者敌诸。臣诸侯者王,友诸侯者霸,敌诸侯者危。"[④]魏国称王较早,也是

---

① 任剑涛.政治:韩非四十讲[M].桂林:广西师范大学出版社,2022:8.
② 周勋初.《韩非子》札记[M].南京:凤凰出版社,2021:98.
③ 《汉书·诸侯王表》。
④ 《荀子·王制》。

首屈一指的军事强国,野心勃勃。"昔者魏王拥土千里,带甲三十六万,其强而拔邯郸,西围定阳,又从十二诸侯朝天子以西谋秦。"①马陵之战应该是个转折。公元前340年,马陵之战后二十余年间,秦五次伐魏,魏两次献地于秦,秦随即侵入河东、河南等地。四面受敌之下,魏惠王向齐国曲意修好,于公元前334年与齐相会于徐州,互认为王。同时,燕、赵、中山亦称王,秦、韩、宋紧跟。"从此周室的余威完全消灭了,从此'尊王'的招牌再没人封了,旧时代所遗下的空壳已被打破了,新时代的幕已经被揭开了。列强已毫无遮掩地以狰狞的面目相对,以血染的锋刃相指,再不用寻觅题目,以为夺地攻城的口实了。"②也正如刘向所说:"晚世益甚,万乘之国七,千乘之国五,敌侔争权,盖为战国。贪饕无耻,竞进无厌;国异政教,各自制断;上无天子,下无方伯;力功争强,胜者为右;兵革不休,诈伪并起。"③

著名学者顾炎武有一段关于春秋战国时期社会制度的论述,从一个方面反映了这一时期深刻的社会政治变革。

> 《春秋》终于敬王三十九年庚申之岁,西狩获麟。又十四年,为贞定王元年癸酉之岁,鲁哀公出奔;二年,卒于有山氏。《左传》以是终焉。又六十五年,威烈王二十三年戊寅之岁,初命晋大夫魏斯、赵籍、韩虔为诸侯。又一十七年,安王十六年乙未之岁,初命齐大夫田和为诸侯。又五十二年,显王三十五年丁亥之岁,六国以次称王,苏秦为从长。自此之后,事乃可得而纪。自《左传》之终以至此,凡一百三十三年,史文阙轶,考古者为之茫昧。如春秋时,犹尊礼重信,而七国则绝不言礼与信矣。春秋时,犹宗周王,而七国则绝不言王矣。春秋时,犹严祭祀,重聘享,而七国则无其事矣。春秋时,犹论宗姓氏族,而七国

---

① 《战国策·齐策》。
② 张荫麟.中国史纲[M].北京:民主与建设出版社,2015:107.
③ 《战国策·刘向书录》。

则无一言及之矣。春秋时，犹宴会赋诗，而七国则不闻矣。春秋时，犹有赴告策书，而七国则无有矣。邦无定交，士无定主，此皆变于一百三十三年之间。史之阙文后人可以意推者也。不待始皇之并天下，而文武之道尽矣。①

宗法制度是西周统治者为防止血缘关系对王权和君权的干扰，对血缘关系进行改造、限制和利用，使之为王权和君权服务而创立的一种宗族制度。在周代宗法制度下，一个大宗族里，族人同时有五个宗子，其中一个是大宗，四个是小宗，大宗百世不迁，小宗五世则迁。大宗是宗族里的最高主宰。每宗之内可能有若干族。这些在《左传》《礼记·大传》中有相同记载。其特点就是"大宗管小宗、大宗套小宗，就是大姓套住小姓、大姓分封小姓，大姓掌管天下、小姓掌管地区"②。族的主宰由小宗担任，小宗要尊大宗为宗。大宗有权祭祀祖先，因为大宗是祖先的代表。宗族之内有大事必须找大宗商议，有纠纷最终要由大宗裁决。大宗有权代表全宗族与其他宗族打交道。大宗死后，全宗之人，包括五服之外的族人，都要为大宗服齐衰三月之服，与庶人为国君所服之服相同。可见，大宗的族权与诸侯的君权是相似的，只是权力的适用范围不同而已。在西周严格的宗法制度框架下，造就了以血缘族团为单位、以亲疏等级为纽带的层叠式社会结构。《左传·桓公二年》云："天子建国，诸侯立家，卿置侧室，大夫有贰宗，士有隶子弟，庶人、工、商，各有分亲，皆有等衰。是以民服事其上，而下无觊觎。"其中秩序繁杂、等级森严。《左传·昭公七年》云："王臣公，公臣大夫，大夫臣士，士臣皂，皂臣舆，舆臣隶，隶臣僚，僚臣仆，仆臣台，马有圉，牛有牧，以待百事。"各级贵族、平民，乃至奴仆都被束缚在社会等级结构之中。

周初大分封时，周王利用血缘和宗族关系维护王权，这对巩固周人的

---

① 黄汝成.日知录集释[M].长沙：岳麓书社，1994：467.
② 任剑涛.政治：韩非四十讲[M].桂林：广西师范大学出版社，2022：8.

政治统治确实发挥了重要作用。血缘关系在西周时代非常重要,西周时代实行的各种制度无不体现着宗法制度,宗法制不仅与嫡长子继承制关系密切,与分封制、世卿世禄制、等级制也有不可分割的联系。随着时间的推移和宗族的繁衍,分封诸侯与周王的血缘关系日益疏远,虽然周天子仍称同姓诸侯为"伯父""叔父",实际上仅依靠这种同姓关系已很难起到"藩屏周"的作用了。如晋国始封之君是周成王之弟唐叔虞。周王室东迁以后,晋国为扩张领土,不断蚕食王畿,把王畿大片领土据为己有。

《左传·僖公五年》记载:

> 晋侯复假道于虞以伐虢。宫之奇谏曰:"虢,虞之表也。虢亡,虞必从之。晋不可启,寇不可玩,一之谓甚,其可再乎?谚所谓'辅车相依,唇亡齿寒'者,其虞、虢之谓也。"公曰:"晋,吾宗也,岂害我哉?"对曰:"大伯、虞仲,大王之昭也,大伯不从,是以不嗣。虢仲、虢叔,王季之穆也,为文王卿士,勋在王室,藏于盟府。将虢是灭,何爱于虞?且虞能亲于桓、庄乎,其爱之也?桓、庄之族何罪,而以为戮,不唯逼乎?亲以宠逼,犹尚害之,况以国乎?"公曰:"吾享祀丰洁,神必据我。"对曰:"臣闻之,鬼神非人实亲,惟德是依。故《周书》曰:'皇天无亲,惟德是辅。'又曰:'黍稷非馨,明德惟馨。'又曰:'民不易物,惟德繄物。'如是,则非德,民不和,神不享矣。神所冯依,将在德矣。若晋取虞而明德以荐馨香,神其吐之乎?"弗听,许晋使。宫之奇以其族行,曰:"虞不腊矣,在此行也,晋不更举矣。"……冬十二月丙子朔,晋灭虢,虢公丑奔京师。师还,馆于虞,遂袭虞,灭之,执虞公及其大夫井伯,以媵秦穆姬。

公元前655年,晋献公借道于虞以伐虢。虞公不听宫之奇谏阻,晋国大军灭掉虢,虢公丑逃亡。晋军班师途中,发动偷袭,顺便灭掉虞国。这样,王畿自渑池迄灵宝以东大片领土都被晋国攫取。尤为重要的是,晋国控制了崤函天险,使秦国不敢东向出兵,这为晋国霸权的建立奠定了坚实基础。

与分封制和宗法制不同,郡县制和官僚制是基于对分封制和宗法制的否定而出现的。郡县制并不是秦的创造,只是一种沿袭,它将郡县制设计得更为严格和规范。"县和郡的地方制度是逐渐形成的。在春秋初期,秦、晋、楚等大国往往把新兼并得到的土地建设为县……到春秋后期,晋国又把县制推到内地,在卿大夫的领地里也分别设置县。最初,县能设在边地,是带有国防作用的,县所不同于卿大夫的封邑的,就是县内有一套集中的政治组织和军事组织,特别是有征赋的制度(包括征发军资和军设),一方面便利了国君的集中统治,一方面又加强了国防。"①

此外,王权政治代替了贵族政治。商周即属于贵族政治,同姓贵族共同拥有治理天下的权力。春秋战国时期的诸侯纷争,打破了这一界限,粉碎了贵族政治的基础。"春秋、战国时,贵族政治崩坏之结果,一方面为平民之解放,一方面为君主之集权。当时现实政治之一种趋势,为由贵族政治趋于君主专制政治,由人治礼治趋于法治。盖在原来封建政治之制度下,所谓一国之幅员,本已甚狭;而一国之内,又复分为若干'家'。一国内之贵族,'不愆不忘,率由旧章';即所谓礼者,以治其国及家之事。"②

在各统治阶级内部,政局亦是混乱不堪。据《左传》载,成公十八年,晋国栾书、中行偃弑晋厉公;襄公二十五年,卫国孙林父、宁殖逐卫献公;襄公二十五年,齐国崔杼弑齐庄公;昭公二十五年,鲁国季孙如意逐鲁昭公;哀公十四年,陈国桓弑陈简公,以致"社稷无常奉,君臣无常位","臣弑其君者有之,子弑其父者有之"。"春秋时代的历史大体上好比安流的平川,上面的舟楫默运潜移,远看仿佛静止;战国时代的历史却好比奔流的湍濑,顺流

---

① 杨宽.战国史[M].上海:上海人民出版社,2003:111.

② 冯友兰.中国哲学史[M].北京:商务印书馆,1976:156.

的舟楫,扬帆飞驶,顷刻之间,已过了峰岭千重。论世变的剧繁,战国的十年每可以抵得过春秋的一世纪。若把战争比于赌博,那么,春秋的列强,除吴国外,全是涵养功深的赌徒,无论怎样大输,绝不致卖田典宅;战国时代的列强却多半是滥赌的莽汉,每把全部家业孤注一掷,每在旦夕之间,以富翁入局,以穷汉出场,虽然其间也有一个赌棍,以赌起家,终于把赌伴的财产骗赢净尽。"①

理论与现实脱节,诸侯与天子"离异"。名义上,天子是所有诸侯的共同领袖,要宣扬天子的最高权威。实际上,诸侯国纷纷独立,并不听命于共主,谁的力量最强,谁就可以在一定程度上控制局势。依赖血缘管辖建立起来的秩序被打破,非血缘的军功爵制度应运而生。

"各国都在互相制衡、掣肘中寻求一种均势和平衡,谁都不愿意'公然'废黜虽无权无势但具有'正统'地位的周天子而予人口实,故而周天子能在失去土地和人民的条件下,世代相传一百多年之久。"②

第二节　春秋战国时期的经济发展

恩格斯在《反杜林论》一文中指出:"一切社会变迁和政治变革的终极原因,不应当到人们的头脑中,到人们对永恒真理和正义的日益增进的认识中去寻找,而应当到生产方式和交换方式的变更中去寻找;不应当到有关时代的哲学中去寻找,而应当到有关时代的经济中去寻找。"③春秋战国时期的剧烈变化,其根本在于生产力的发展促使井田制瓦解和私田制出现。各诸侯国的经济发生了转变,由领主经济转向地主经济(见表 1.1)。

① 张荫麟. 中国史纲[M]. 北京:民主与建设出版社,2015:92.
② 宋洪兵,孙家洲. 韩非子解读[M]. 北京:中国人民大学出版社,2010:50.
③ 马克思恩格斯选集(第 3 卷)[M]. 北京:人民出版社,1995:617-618.

"领主经济与地主经济的重要区别之一在于前者允许怠惰，后者则要个人拼性命，出力气，动脑筋（可以是坏脑筋），利用经济实力剥削他人，或加强劳动来获得当时最宝贵的财富来源——土地。"①

表 1.1　春秋战国时期社会经济发展简况

社会经济		春　秋	战　国
农业	工具	铁农具开始出现 开始用牛犁耕并推广	铁农具使用范围扩大 （铁器时代到来）
	水利	楚：孙叔敖修芍陂	秦：李冰修都江堰 秦：郑国（魏国人）修郑国渠 魏：西门豹修引漳十二渠 （又称"西门豹渠"）
手工业	冶铁		生铁柔化处理技术 （比欧洲早 2000 年左右）
	铸铜	莲鹤方壶（春秋）、金银错技术	
	纺织		麻织品纤维相当细密
	煮盐	山西的池盐、山东的海盐、四川的井盐	
	酿酒	用曲造酒	
	专著		《考工记》
商　业		出现商业中心，如齐国的临淄、赵国的邯郸、楚国的郢	

　　春秋后期，农业生产已开始使用铁农具，推广了牛耕，有的诸侯国还兴修了不少水利设施。铁农具的使用，使生产力有了显著的提高。《管子·海王》记载："今铁官之数曰：一女必有一针一刀，若其事立；耕者必有一耒一耜一铫，若其事立；行服连轺辇者必有一斤一锯一锥一凿，若其事立。"战国初期发明了生铁柔化处理技术，能把硬脆的生铁加以柔化技术处理，使之变成可锻造铁，用来制造铁工具。这对提高铁制工具水平，促进铁器广泛使用，具有重要作用。同时，这一时期还创造了独特的炼钢技术——渗

　　①　施觉怀.韩非评传[M].南京：南京大学出版社，2002：117.

碳制钢技术,能够使用固体渗碳制钢技术炼制钢材并锻造武器和各种生产工具。恩格斯认为铁在人类社会发展史上具有非常重要的作用,他说:"铁已在为人类服务,它是在历史上起过革命作用的各种原料中最后的和最重要的一种原料。……铁使更大面积的农田耕作,开垦广阔的森林地区,成为可能;它给手工业工人提供了一种其坚固和锐利非石头或当时所知道的其他金属所能抵挡的工具。"①

牛耕技术得到进一步推广。西周初期,基本的耕作方式主要靠人力,劳动生产率比较低下。"载芟载柞,其耕泽泽。千耦其耘,徂隰徂畛"②可作为当时生产状况的真实写照。春秋中后期牛耕已较为普遍。《国语·晋语九》记载晋国范氏、中行氏的子孙逃到齐国后,把原来祭祀宗庙的牛改用于耕地:"今其子孙将耕于齐,宗庙之牺为畎亩之勤。"战国时期,牛耕进一步推广并开始使用铁犁。与耒耜、石犁相比较,牛耕和铁制工具的使用是耕作技术上的重大进步,促进了深耕细作,加快了荒地开垦。同时,吴国邗沟、秦国岷江水利工程、郑国渠等水利工程的修建,灌溉技术、施肥技术的进步和一年两熟技术的推广,大大提高了农业产量。春秋战国时期已形成了比较科学的农业生产管理,出现了农学家许行和农学专著《农书》,《吕氏春秋》等书有专讲农业的篇章。"上田夫食九人,下田夫食五人。可以益,不可以损。一人治之,十人食之,六畜皆在其中矣"③,这在一定程度上反映了战国时代农业发展的基本水平。

手工业和商业也得到了较快发展。西周时期实行"工商食官"制度,商人和手工业者都隶属于官府。"凡民自七尺以上属诸三官,农攻粟,工攻器,贾攻货。"④春秋战国时期私营工商业有了较快的发展。手工业如冶金、

---

① 马克思恩格斯全集(第 21 卷)[M].北京:人民出版社,1965:186.
② 《诗·周颂·载芟》。
③ 《吕氏春秋·士容论·上农》。
④ 《吕氏春秋·士容论·上农》。

木工、漆工、陶工、皮革工、煮盐、纺织等都有长足进步,青铜铸造技术和青铜工艺技术得到进一步发展。与小农经济结合的家庭手工业和个体经营的小手工业普遍存在,官营手工业也达到一定规模。手工业发展为商业的出现和繁荣奠定了基础。西周时代的井田"耦耕"农业和"工商食官"的格局,到春秋战国之际逐步发展成为个体农业自然经济与私营工商业市场经济相结合的经济形式。"方六里命之曰暴,五暴命之曰部,五部命之曰聚,聚者有市,无市则民乏。"①《周书》曰:'农不出则乏其食,工不出则乏其事,商不出则三宝绝,虞不出则财匮少。'财匮少而山泽不辟矣。此四者,民所衣食之原也。……太公劝其女功,极技巧,通鱼盐,则人物归之,襁至而辐凑。故齐冠带衣履天下,海岱之间敛袂而往朝焉。"②

　　随着商业的繁荣发展,战国时期的全国市场已初步形成,各地物产开始在全国范围内流通。"夫山西饶材、竹、穀、纑、旄、玉石;山东多鱼、盐、漆、丝、声色;江南出楠、梓、姜、桂、金、锡、连、丹沙、犀、玳瑁、珠玑、齿革,龙门、碣石北多马、牛、羊、旃裘、筋角;铜、铁则千里往往山出棋置,此其大较也,皆中国人民所喜好,谣俗被服饮食奉生送死之具也。"③市场的蓬勃发展带动了城市的繁荣。《战国策·赵策三》记载说:"且古者,四海之内,分为万国。城虽大,无过三百丈者;人虽众,无过三千家者……今千丈之城、万家之邑相望也,而索以三万之众,围千丈之城,不存其一角,而野战不足用也。"《战国策·齐策一》说:"齐南有太山,东有琅邪,西有清河,北有渤海,此所谓四塞之国也。齐地方二千里,带甲数十万,粟如丘山。齐车之良,五家之兵,疾如锥矢,战如雷电,解如风雨,即有军役,未尝倍太山、绝清河、涉渤海也。临淄之中七万户,臣窃度之,下户三男子,三七二十一万,不待发于远县,而临淄之卒,固以二十一万矣。临淄甚富而实,其民无不吹竽、鼓

① 《管子·乘马》。
② 《史记·货殖列传》。
③ 《史记·货殖列传》。

瑟、击筑、弹琴、斗鸡、走犬、六博、蹴鞠者。临淄之途，车毂击，人肩摩，连衽成帷，举袂成幕，挥汗成雨；家敦而富，志高而扬。夫以大王之贤与齐之强，天下不能当。"

市场的扩大，城市的繁荣，也凸显了商人的地位和作用。《史记·货殖列传》记载："凡编户之民，富相什则卑下之，伯则畏惮之，千则役，万则仆，物之理也。夫用贫求富，农不如工，工不如商，刺绣文不如倚市门，此言末业，贫者之资也。通邑大都，酤一岁千酿，醯酱千瓨，浆千甔，屠牛羊彘千皮，贩谷粜千钟，薪稿千车，船长千丈，木千章，竹竿万个，其轺车百乘，牛车千两，木器髤者千枚，铜器千钧，素木铁器若卮茜千石，马蹄躈千，牛千足，羊彘千双，僮手指千，筋角丹沙千斤，其帛絮细布千钧，文采千匹，榻布皮革千石，漆千斗，蘖曲盐豉千荅，鲐鲞千斤，鲰千石，鲍千钧，枣栗千石者三之，狐貂裘千皮，羔羊裘千石。旃席千具，佗果菜千钟，子贷金钱千贯，节驵会，贪贾三之，廉贾五之，此亦比千乘之家，其大率也。佗杂业不中什二，则非吾财也。"

经济的发展引发经济关系的变革。封建领主制时代的井田制逐步瓦解，向封建地主经济的租税制转变。周代实行的是井田制，井田制的瓦解是春秋战国时期社会变革中最重要的变革之一。史籍中对井田制有许多记载。《孟子》中关于井田制的论述是："卿以下必有圭田，圭田五十亩，余夫二十五亩。死徙无出乡，乡田同井，出入相友，守望相助，疾病相扶持，则百姓亲睦。方里而井，井九百亩，其中为公田，八家皆私百亩，同养公田。公事毕，然后敢治私事，所以别野人也。此其大略也。"①《汉书·食货志》亦云："理民之道，地著为本。故必建步立亩，正其经界。六尺为步，步百为亩，亩百为夫，夫三为屋，屋三为井，井方一里，是为九夫。八家共之，各受私田百亩，公田十亩，是为八百八十亩，余二十亩，以为庐舍，出入相友，守

---

① 《孟子·滕文公上》。

望相助，疾病相救，民是以和睦，而教化齐同，力役生产可得而平也。"实行井田制度时，农户对土地只有使用权，而无所有权。春秋之前通过分封，无论是殷商时代的旧方国首领，还是周王新封诸侯，都承认周王为"天下共主"，周王对全部统治区域的土地享有最高所有权。周王虽然在法律上对全部领土享有主权，实际上周王直接管辖的区域只是千里王畿，至于王畿以外的大片领土，周王授权各国诸侯去管辖。诸侯对本国领土享有使用权和管理权。对已经分封给诸侯的土地，周王是不能随意收回的，这些土地将世世代代由各国诸侯统治、管理。东迁后王室衰微，周王对全部领土的最高所有权因不断遭到侵犯而逐渐丧失。那些实力强大的诸侯无视王权，通过兼并、扩张而占据了大片领土，这些原本属于周王的领土被诸侯占为己有。这些诸侯事实上已成为用暴力掠夺来的大片领土的所有者。随着这些大国诸侯领土扩大，采邑制度开始出现。采邑主是采邑内最高统治者，正如诸侯在诸侯国内是最高统治者一样，采邑内的臣民称采邑主为"君"或"主"。采邑之内仍实行井田制度。井田中公田收获物不交诸侯，而是直接交采邑主，采邑内公田收入全部归采邑主所有。但采邑主往往不满足于已有采邑，四处扩张，于是其采邑迅速膨胀起来。他们凭借实力威逼公室，操纵朝政。正如《论语》所云："孔子曰：天下有道，则礼乐征伐自天子出；天下无道，礼乐征伐自诸侯出。自诸侯出，盖十世希不失矣；自大夫出，五世希不失矣；陪臣执国命，三世希不失矣。天下有道，则政不在大夫。天下有道，则庶人不议。"①

井田制的破坏主要有两个原因：其一，由于农具和耕作技术的改进，农民的劳动生产率有所提高，除耕种自己的私田和共同耕种公田以外，劳动力还有剩余，于是便在井田以外开垦荒地。其二，由于各国统治者生活日益奢侈以及兼并战争日益频繁、激烈，仅仅依靠井田的"什一"地租或军赋

---

① 《论语·季氏篇》。

已无法维持局面,各国统治者为了增加赋税,加重了对广大农民的剥削。其不得不改变原先井田的疆界,增加农田面积,承认农夫在井田以外开垦的荒地为合法之田。如晋国在局部废除井田,并推行"作州兵"与"作爰田",目的是扩大晋国的军队编制,增强晋国的军事实力,同时以承认农户对土地的占有权激励其生产积极性。《吕氏春秋·审分览·审分》记载:"今以众地者,公作则迟,有所匿其力也;分地则速,无所匿迟也。主亦有地,臣主同地,则臣有所匿其邪矣,主无所避其累矣。"

各国认识到井田制的弊端,为了改变"民不肯尽力于公田"的局面,各国诸侯竞相采取新的赋税制度以充实国库、给养军资。公元前685年,齐国实行"相地而衰征",根据土地好坏"按田而税"。公元前594年,鲁国实行"初税亩",不论公田、私田一律纳税。其他各国也先后进行了类似的赋税改革。公元前548年,楚国实行"书土田"。公元前408年,秦国实行"初租禾"。最有代表性的是,秦孝公时用商鞅推行土地私有制。这些改革,都是适应土地制度和土地经营方式变化而对国家财政经济制度进行的调整和改革。经过数百年的曲折历程,井田制度终于彻底崩溃了。

第三节　春秋战国时期的文化呈现

在春秋时期,诸侯各国"弑君三十六,亡国五十二"。战国时期发生大小战争220余次,这是社会的急剧动荡与变革时期,也是文化思想的活跃与发展时期。

刘向有言,极为精准,特摘录如下:

> 周室自文、武始兴,崇道德,隆礼义,设辟雍、泮宫、庠序之教,陈礼乐、弦歌移风之化,叙人伦,正夫妇。天下莫不晓然论孝弟之义,惇笃

之行。故仁义之道满乎天下，卒致之刑错四十余年。远方慕义，莫不宾服，雅颂歌咏，以思其德。下及康昭之后，虽有衰德，其纲纪尚明。及《春秋》时已四五百载矣。然其余业遗烈，流而未灭。五伯之起，尊事周室。五伯之后，时君虽无德，人臣辅其君者，若郑之子产，晋之叔向，齐之晏婴，挟君辅政，以并立于中国，犹以义相支持，歌说以相感，聘觐以相交，斯会以相一，盟誓以相救。天子之命，犹有所行；会享之国，犹有所耻。小国得有所依，百姓得有所息，故孔子曰："能以礼让为国乎？何有？"周之流化，岂不大哉。及春秋之后，众贤辅国者既没而礼义衰矣，孔子虽论《诗》《书》，定礼乐，王道粲然分明，以匹夫无势，化之者七十二人而已，皆天下之俊也，时君莫尚之。是以王道遂用不兴，故曰"非威不立，非势不行"。仲尼既没之后，田氏取齐，六卿分晋，道德大废，上下失序。至秦孝公，捐礼让而贵战争，弃仁义而用诈谲，苟以取强而已矣。夫篡盗之人，列为侯王，诈谲之国，兴立为强。是以传相放效，后生师之，遂相吞灭，并大兼小，暴师经岁，流血满野，父子不相亲，兄弟不相安，夫妇离散，莫保其命，滑然道德绝矣。晚世益甚，万乘之国七，千乘之国五，敌侔争权，盖为战国。贪饕无耻，竞进无厌；国异政教，各自制断。上无天子，下无方伯；力功争强，胜者为右；兵革不休，诈伪并起。当此之时，虽有道德，不得施谋；有设之强，负阻而恃固；连与交质，重约结誓，以守其国。故孟子、孙卿儒术之士，弃捐于世，而游说权谋之徒，见贵于俗。是以苏秦、张仪、公孙衍、陈轸、代、厉之属，生纵横短长之说，左右倾侧。苏秦为纵，张仪为横；横则秦帝，纵则楚王；所在国重，所去国轻。然当此之时，秦国最雄，诸侯方弱，苏秦结之，时六国为一，以傧背秦。秦人恐惧，不敢窥兵于关中，天下不交兵者二十有九年。然秦国势便形利，权谋之士，咸先驰之，苏秦初欲横，秦弗用，故东合纵，及苏秦死后，张仪连横，诸侯听之，西向事秦。是故始皇因四塞之固，据崤函之阻，跨陇蜀之饶，听众人之策，乘六世之烈，以蚕食六国，兼诸侯，并有天下，杖于谋诈之弊，终于信笃之诚，无道德之教，仁义之化，以缀天下之心。任刑罚以为治，信小术以为道。遂燔烧《诗》《书》，坑杀儒士，上小尧舜，下邈三王。二世愈甚，惠不下施，情不上达；君臣相疑，骨肉相疏；化道浅薄，纲纪坏败；民不见义，而悬于不宁。抚天下十四岁，天下大溃，诈伪之弊也。其比王德，岂不远哉！孔子曰："道之以政，齐之以刑，民免而无耻；道之以德，齐之以礼，有耻且格。"夫使天下有所耻，故化可致也，苟以诈伪偷活取容，自上为之，何以率下？秦之败也，不亦宜乎。战国之时，君德浅薄，为之谋策者，不得不因势而为资，据时而为□，故其谋，扶急持倾，为一切之权。虽不可以临国教化，兵革救急之势也。皆高才秀士，度时君之所能行，出奇策异智，转危为安，运亡为存，亦可喜，皆可观。[①]

文化变迁，思想多元，"道术将为天下裂"[②]。

但也正是在这巨变的时代，春秋战国时期的文化达到了中国文化的一个巅峰，究其原因：第一，社会大变革，为思想家发表自己的主张提供了历史舞台。在战争中衰败的诸侯大臣所蓄养的家庭文人乐师，流落四方，促使了学术下移，形成了从"学在官府"到"学在四夷"的转变。因而形成了诸子百家。诸子百家纷纷著书立说，广收门徒，互相争辩成为可能。第二，礼崩乐坏的社会大动荡，使士阶层迅速崛起。士阶层的崛起意味着一个以"劳心"为务、从事精神生活创造的专业文化阶层从此形成。在周代，统治者分为四个等级——天子、诸侯、卿大夫、士，士是处于最底层的统治者。到了春秋战国时期，士取得了独立的地位，再加上诸侯争霸，渴求人才，养士之风大盛，更助长了士阶层的声势。战国"四君子"即齐国孟尝君、赵国平原君、魏国信陵君、楚国春申君，在当时都是以培养贤士、用人所长而闻

---

① 刘向：《校战国策书录》。
② 《庄子·天下》。

名。第三，激烈的兼并战争，提供了文化重组的机会。在相互兼并过程中，不同的文化相互渗透，相互传播和影响，各种不同的新文化应运而生。第四，竞相争霸的诸侯列国，尚未形成统一的文化观念。学术环境活泼浓厚，滋养了不同的文化学派。第五，宫廷文化官员周游列国，走向民间，推动了私人学术集团的兴起，也进一步促成了当时诸子蜂起、学派林立的局面。正是以上几个原因，使春秋战国时期出现了中国文化史上最为辉煌的一页。

所谓"百家"，是诸子蜂起、学派林立的文化现象的一种概说。《汉书·艺文志》有言："凡诸子百八十九家，四千三百二十四篇。诸子十家，其可观者九家而已。皆起于王道既微，诸侯力政，时君世主，好恶殊方，是以九家之术蜂出并作，各引一端，崇其所善，以此驰说，取合诸侯。其言虽殊，辟犹水火，相灭亦相生也。仁之与义，敬之与和，相反而皆相成也。《易》曰：'天下同归而殊途，一致而百虑。'今异家者各推所长，穷知究虑，以明其指，虽有蔽短，合其要归，亦《六经》之支与流裔。使其人遭明王圣主，得其所折中，皆股肱之材已。仲尼有言：'礼失而求诸野。'方今去圣久远，道术缺废，无所更索，彼九家者，不犹愈于野乎？若能修六艺之术。而观此九家之言，舍短取长，则可以通万方之略矣。"《汉书·艺文志》根据西汉刘歆的《七略》，把儒家经典列入《六艺略》，另在《诸子略》中把先秦至汉初各学派分为儒、道、阴阳、法、名、墨、纵横、杂、农、小说等十家，并著录各家著作。后据此概括为"诸子百家"。

诸子的兴起，具有鲜明的文化目的性，这就是"救时之弊"。梁启超在谈到《淮南子》"尚论诸家学说发生之所由来"时说："自庄、荀以下评骘诸子，皆比较其同异得失，独淮南则尚论诸家学说发生之所由来，大指谓皆起于时势之需求而救其偏敝，其言盖含有相当之真理。"①胡适在分析战国诸

---

① 梁启超.中国古代学术流变研究[M].北京：中华书局，1989.

子时,也说:"吾意以为诸子自老聃、孔丘并于韩非,皆忧世之乱而思有以拯救之,故其学皆应时而生。"①由于社会地位、思考方式和学统继承上的差异,先秦诸子在学派风格上具有鲜明的个性特征。

儒家思想以孔子为创始者,其主张核心是"仁政"和"德治"。《论语·颜渊》载:"颜渊问仁。子曰:'克己复礼为仁。一日克己复礼,天下归仁焉。为仁由己,而由人乎哉?'颜渊曰:'请问其目?'子曰:'非礼勿视,非礼勿听,非礼勿言,非礼勿动。'"儒家提倡忠恕和中庸之道,重血亲人伦,重现世事功,重实践理性,重道德修养,对鬼神持存疑态度。孟子继承和发展了孔子的思想。《汉书·艺文志》对儒家的概括是:"儒家者流,盖出于司徒之官。助人君,顺阴阳,明教化者也。游文于六经之中,留意于仁义之际。祖述尧、舜,宪章文、武,宗师仲尼,以重其言,于道最为高。孔子曰:'如有所誉,其有所试。'唐、虞之隆,殷、周之盛,仲尼之业,已试之效者也。然惑者既失精微,而辟者又随时抑扬,违离道本。苟以哗众取宠。后进循之,是以五经乖析,儒学寖衰。此辟儒之患。"

法家以管仲、李悝、吴起、商鞅、申不害、慎到、韩非等为代表。发展经济、尚法明刑、君主专制是其主要思想主张。李悝明确提出了"尽地力之教",以充分利用土地,提高粮食产量。法家要求巩固土地私有制,建立统一的君主国家;提出重农抑工商的观点,提倡耕战政策,以农致富,以战求强;厉行严刑峻法,监察官吏职守,建立官僚制度。韩非是法家思想的集大成者,主张统治者要综合运用法、术、势,建立君主专制。《汉书·艺文志》对法家的概括是:"法家者流,盖出于理官,信赏任罚,以辅礼制。《易》曰'先王以明罚饬法',比其所长也。及刻者为之,则无教化,去仁爱,专任刑法而欲以致治,至于残害至亲,伤恩薄厚。"

道家以老子和庄子为代表,道家学说以老庄自然天道观为主,认为"天

---

① 姜义华.胡适文存(卷二)[M].北京:中华书局,1991:596.

法道，道法自然"，强调人们在思想、行为上应效法道的"生而不有，为而不恃，长而不宰"。道家在政治上主张"无为而治""小国寡民"，以为"夫礼者，忠信之薄雨乱之首"。其后，道家思想与名家、法家相结合，成为黄老之学。道家思想对中国的政治、思想、科技、文化、艺术等，都有深刻影响，是中国传统文化的重要组成部分。《汉书·艺文志》对道家的概括是："道家者流，盖出于史官，历记成败存亡祸福古今之道，然后知秉要执本，清虚以自守，卑弱以自持。此君人南面之术也，合于尧之克攘，《易》之嗛嗛，一谦而四益，此其所长也。及放者为之，则欲绝去礼学，兼弃仁义，曰独任清虚可以为治。"

墨家以墨子本人所主张的"兼爱""非攻""尚贤""尚同""天志""明鬼""节葬""节用""非乐""非命"等为中心，与儒家展开一系列的政治学术思想斗争。到战国末期，墨子后学克服了墨子学说中的宗教迷信成分，对认识论、逻辑学以至自然科学中的几何学、力学、光学等，都有一定研究和贡献。墨者组成的团体有严格的纪律，领袖称为"巨子"。相传其徒都能赴汤蹈火，以自苦为极。《汉书·艺文志》对墨家的概括是："墨家者流，盖出于清庙之守。茅屋采椽，是以贵俭；养三老五更，是以兼爱；选士大射，是以上贤；宗祀严父，是以右鬼；顺四时而行，是以非命；以孝视天下，是以上同：此其所长也。及蔽者为之，见俭之利，因以非礼，推兼爱之意，而不知别亲疏。"

阴阳家流行于战国末期到汉初，齐人邹衍是其代表人物。《史记·孟子荀卿列传》称其"深观阴阳消息，而作迂怪之变"。《吕氏春秋》则直接受到邹衍学说的影响。大体而言，邹衍的阴阳家思想表现在将自古以来的数术思想与阴阳五行学说相结合，并试图进一步地发展，用来建构宇宙图式，解说自然现象的成因及其变化法则。古代的天文学、气象学、化学、算学、音乐和医学，都是在阴阳五行学说的基础上发展起来的。《汉书·艺文志》对阴阳家的概括是："阴阳家者流，盖出于羲和之官，敬顺昊天，历象日月星辰，敬授民时，此其所长也。及拘者为之，则牵于禁忌，泥于小数，舍人事而任鬼神。"

春秋末,郑国大夫邓析"操两可之说,设无穷之辞"(刘向序《邓析书》)为名家先驱。战国时名家人物有尹文、田巴、桓团等人。足以代表名家的有两位,一位是惠施(约公元前 370 年—前 310 年),战国时期的宋国人,与庄子同一时代,并且两人既是好友又是论敌。庄周在《庄子》一书中说:"惠施多方,其书五车。"另一位是公孙龙(约公元前 325—前 250 年),赵国人,生平事迹不详。在《史记·仲尼弟子列传》中,太史公认为,公孙龙是孔子的弟子,字子石,楚人或卫人。据说公孙龙游说各国,与人论辩,经常获胜,而庄子评论说:"能胜人之口,不能服人之心。"惠子和公孙龙分别代表名家的两个基本派别,前者倾向于合万物之异(合异同),后者倾向于离万物之同(离坚)。《汉书·艺文志》对名家的概括是:"名家者流,盖出于礼官。古者名位不同,礼亦异数。孔子曰:'必也正名乎! 名不正则言不顺,言不顺则事不成。'此其所长也。及警者为之,则苟钩鈲析乱而已。"

纵横家出现于战国至秦汉之际,多为策辩之士,可称为中国五千年中最早也最特殊的外交政治家。其祖乃鬼谷子,又名王禅,战国时代卫国(今河南省鹤壁、新乡一带)人,常入云梦山采药修道。因隐居清溪之鬼谷,故自称鬼谷先生。其长于持身养性和纵横术,精通兵法、武术、奇门八卦,著有《鬼谷子》兵书十四篇传世。曾授苏、张、孙、庞四大弟子,皆战国时风云人物。其后习鬼谷纵横术者甚多,著名者十余人,如苏秦、张仪、甘茂、司马错、乐毅、范雎、蔡泽、邹忌、毛遂、孙膑、庞涓、郦食其、蒯通等。纵横家崇尚的是权谋策略及言谈辩论之技巧,其指导思想与儒家所推崇之仁义道德大相径庭。因此,学界历来对《鬼谷子》一书推崇者甚少,而讥诋者极多。其实外交战术之得益与否,关系国家之安危兴衰;而生意谈判与竞争之策略得当与否,关系经济上之成败得失。即使在日常生活中,言谈技巧也关系到一人之处世为人得体与否。当年苏秦凭三寸不烂之舌,合纵六国,佩六国相印,统领六国共同抗秦,显赫一时。而张仪又凭其谋略与游说技巧,将六国合纵土崩瓦解,为秦国立下不朽功劳。所谓"智用于众人之所不能知,而能用于众人之所不能"①。潜谋于无形,常胜于不争不费,此为《鬼谷子》之精髓所在。《孙子兵法》侧重总体战略,《鬼谷子》则专于具体技巧,两者可说相辅相成。《汉书·艺文志》对纵横家的概括是:"纵横家者流,盖出于行人之官。孔子曰:'诵《诗》三百,使于四方,不能专对,虽多亦奚以为?'又曰:'使乎,使乎!'言其当权事制宜,受命而不受辞,此其所长也。及邪人为之,则上诈谖而弃其信。"

杂家是战国末至汉初兼采各家之学的综合学派。特点是"采儒墨之善,撮名法之要"②。杂家虽只是集合众说,兼收并蓄,然而通过采集各家言论,贯彻其政治意图和学术主张。代表著作有《吕氏春秋》和《淮南子》。《汉书·艺文志》对杂家的概括是:"杂家者流,盖出于议官。兼儒、墨,合名、法,知国体之有此,见王治之无不贯,此其所长也。及荡者为之,则漫羡而无所归心。"

农家是先秦时期反映农业生产和农民思想的学术流派,奉神农为祖师,祖述神农,主张推行耕战政策,奖励发展农业生产,研究农业生产问题。《汉书·艺文志》列为九流之一。其代表人物与著作如《神农》二十篇、《氾胜之》十八篇等,共九家百十四篇,但今多已失传。《孟子》中载有许行其人,亦属农家者流。针对当时不少学派鄙视农业生产的现象,许行提出贤者应该与民同耕而食,饔飧而治,反映了古代社会农民群体的一种社会政治理想。由于儒家轻商农,汉朝中期以后农家迅速衰落。吕思勉先生在其《先秦学术概论》中把农家分为两派:一是言种树之事;二是关涉政治。农家对农业生产技术也作了总结。《管子》中的《地员》,《吕氏春秋》中的《上农》《任地》《辩土》《审时》等篇,皆为研究先秦农家的重要资料。后世《齐民

---

① 《鬼谷子·谋篇》。
② 《史记·太史公自序》。

要术》《农书》《农政全书》等著作,为先秦农家学说的继承和发展。《汉书·艺文志》对农家的概括是:"农家者流,盖出于农稷之官。播百谷,劝耕桑,以足衣食,故八政一曰食,二曰货。孔子曰'所重民食',此其所长也。及鄙者为之,以为无所事圣王,欲使君臣并耕,悖上下之序。"①

　　小说家是先秦与西汉杂记民间古事的学派。在春秋战国时期,小说家指的是记录民间街谈巷语的一类人,而小说家被归类于古中国诸子百家中的一家。小说家虽然自成一家,但被视为不入流者,刘歆列九流唯小说家不在其列,影响甚小。然而小说家反映了古代平民思想的侧面,是其他九流学派无法代替的。故有九流十家之说。小说家的代表著作有《伊尹说》二十七篇,《鬻子说》十九篇,《周考》七十六篇,《青史子》五十七篇,等等,均已佚。今据存目观之,小说家著作体例似外史、别传、笔记之类,其立说托诸古人者有《伊尹说》《鬻了说》《师旷》《务成子》《天乙》《黄帝说》;杂记古事者有《周考》《青史子》《虞初周说》《百家》等共十五家一千三百八十余篇。《汉书·艺文志》对小说家的概括是:"小说家者流,盖出于稗官。街谈巷语,道听途说者之所造也。孔子曰:'虽小道,必有可观者焉,致远恐泥,是以君子弗为也。'然亦弗灭也。闾里小知者之所及,亦使缀而不忘。如或一言可采,此亦刍荛狂夫之议也。"

　　春秋战国时期的先贤学者,以他们巨大的热情、雄伟的气魄和无畏的勇气,开创学派,并对宇宙、社会、人生等无比广阔的领域发表纵横八极的议论,开创了中国历史上学术文化的黄金时代。诸子百家各抒己说,相互争鸣,推动着思想文化走向繁荣,成为这一时期思想文化领域最大的成就,为博大精深的中华文化奠定了基础。

　　最后,简要介绍一下韩国的基本情况。

　　就韩国而言,强邻侵占,国土日减,内政混乱,君主暗弱。"韩,晋别国

---

①　《汉书·艺文志》。

也。地墝民险，而介于大国之间，晋国之故礼未灭，韩国之新法重出；先君之令未收，后君之令又下。新故相反，前后相缪，百官备乱，不知所用。"①前后相叠、新旧交替，上下不知所用，怎一个"乱"字了得。

韩国地理位置处于战国纷乱的军事必争之地。西邻秦，南接楚，东有齐，北有赵。"夫秦之所与诸侯争天下者，不在齐、楚、燕、赵也，而在韩、魏之郊；诸侯之所与秦争天下者，不在齐、楚、燕、赵也，而在韩、魏之野。秦之有韩、魏，譬如人之有腹心之疾也。韩、魏塞秦之冲，而蔽山东之诸侯，故夫天下之所重者，莫如韩、魏也。"②居军事要地，不受欺凌，显然是异想天开了。

从表1.2可见，韩国受秦欺凌最甚。韩襄王时期，被两次攻取，斩首六万；韩釐王时期，被三次攻取，斩首二十四万；韩桓惠王时期，被九次攻取，斩首九万。韩釐王、韩桓惠王时期，也是韩非主要的生活时期，此一情景，无疑对韩非影响巨大。

表1.2　战国时期韩国战争史

时间	韩国王号	重要史实	备注
公元前393年	韩烈侯	楚伐韩，取负黍	
公元前358年	韩昭侯	秦败韩于西山	
公元前357年	韩昭侯	宋取韩黄池，魏取韩朱、宅阳	
公元前335年	韩昭侯	秦攻韩宜阳	
公元前319年	韩宣惠王	秦击韩，取鄢	
公元前317年	韩宣惠王	秦败韩赵联军	斩首八万
公元前315年	韩宣惠王	秦取韩石章	荀子生
公元前307年	韩襄王	秦拔韩宜阳	斩首六万

① 《淮南子·要略》。
② 苏辙：《六国论》。

续表

时间	韩国王号	重要史实	备注
公元前 301 年	韩襄王	秦取韩穰	
公元前 298 年	韩襄王	齐魏韩联军攻秦函谷关	韩非生（据陈奇猷说）
公元前 293 年	韩釐王	秦胜韩魏联军	斩首二十四万
公元前 290 年	韩釐王	韩献秦武遂	
公元前 286 年	韩釐王	秦败韩于夏山	
公元前 280 年	韩釐王		韩非生（据陈启天说）
公元前 273 年	韩桓惠王	赵魏联合攻韩	
公元前 265 年	韩桓惠王	秦取韩少曲、高平	
公元前 264 年	韩桓惠王	秦取韩汾水等九城	斩首五万
公元前 263 年	韩桓惠王	秦取韩南阳	
公元前 262 年	韩桓惠王	秦攻韩十城	韩献上党
公元前 261 年	韩桓惠王	秦取韩缑氏	
公元前 259 年	韩桓惠王	韩献桓壅于秦	秦始皇生
公元前 256 年	韩桓惠王	秦取韩阳城、负黍	斩首四万
公元前 249 年	韩桓惠王	秦拔韩成皋	
公元前 244 年	韩桓惠王	秦拔韩十三城	
公元前 234 年	韩王安	秦攻韩	韩非使秦
公元前 233 年	韩王安		韩非自杀
公元前 230 年	韩王安	秦灭韩，俘虏韩王	韩亡

注：参考《史记》中的《韩世家》《六国表》《秦本纪》《秦始皇本纪》，以及杨宽著《战国史》等。

韩国内政，亦是混乱不堪，"主上愈卑，私门益尊"。如表 1.2 所示，韩非前后，韩国有四代君主（韩襄王，公元前 312 年—前 296 年在位；韩釐王，公元前 296 年—前 273 年在位；韩桓惠王，公元前 273 年—前 239 年在位；韩王安，公元前 239 年—前 230 年在位），其间产生了五代权贵（公子长、城阳君、市丘君、山阳君、阳城君）。"对于韩王不务修明法制，不走求人任贤、奖励耕战、走富国强兵的道路，却反而听信虚言浮说，尊重儒侠，放任工商牟利买官，以致法度混乱，禁令不行，廉直忠正的法术之士受制于枉法邪恶的奸臣，韩非十分愤慨。……将自己的满腔热血和愤懑化成了名垂千古的光辉篇章。"①

① 张觉.韩非子考论[M].北京：知识产权出版社，2019：6.

第二章　韩非与《韩非子》

　　任何思想之产生，必有其学术渊源，受其时代影响，并习染个人之性格发挥。"韩非的一生，思想大于行动，立言胜过立功……在先秦时期一流思想家群体中，韩非对于政治实践的介入最深。他生于韩国宫廷，死于秦国宫廷，从这个君主身边辗转到那个君主身边，因此，韩非对于现实政治的理解也是最准确的。"① 韩非的思想，不仅仅集先秦法家之大成，而且是先秦各种思想成果在他头脑中激荡的产物，更是战国时代激烈的政治斗争与复杂诡诈的社会道德在理论界的投影。喻中先生曾对韩非的思想历程做了一个纵向的梳理，他认为少年时代研习申子之学是韩非思想的起点，青年时代深究黄老之学是韩非思想的深化，中年师事荀子是韩非思想的拓展②，壮年学以致用曾上书韩王，晚年出使秦国是韩非思想的定格。③ 有关韩非思

---

　　① 喻中.法与术:喻中读韩非[M].北京:中国法制出版社,2018:8-9.
　　② 关于韩非与荀子的师承关系,白彤东教授有不同认识。他指出,荀韩师承说的前提之一,即二者紧密的师生关系,至少是有可疑之处的。其另一个前提,即思想的相似,问题则更多。至少在人性论上,虽然二者都有关于人趋利避害的观念,但这是对人性的一种常识性判断,也是战国时期流行的观念,所以韩非子并不一定是受了荀子的影响。更重要的是,荀、韩的人性观有几处重大的不同。在这些不同的方面,韩非子倒是与黄老更接近。如果非说师承,那么说韩非子师承黄老,恐怕更有道理。参见白彤东.韩非子继承了荀子的性恶论? ——师承问题的一个案例研究[J].北京大学学报(哲学社会科学版),2022(5):42-50.
　　③ 喻中.法与术:喻中读韩非[M].北京:中国法制出版社,2018:20-34.

想的研究和探讨始终是学界研究领域的一个核心话题。为了更好地把握和了解韩非的相关思想,我们有必要在前辈先贤的基础上对其生平及其著作再做赘述。

第一节　韩非其人其事

关于韩非其人其事的记载,目前最为详尽的当数《史记·老子韩非列传》。"《史记》依然是判断《韩非子》文本真实性的最有力的参照,而从司马迁评价以及篇目数量看,今本《韩非子》与古本并无大的出入。在没有新的出土文献作为更有力的佐证之前,《韩非子》文本的考证结论只能维持现状。"①《史记》中其他可供参考的资料有《秦始皇本纪》《韩世家》《六国表》《李斯列传》等。《史记·老子韩非列传》记云:

> 韩非者,韩之诸公子也。喜刑名法术之学,而其归本于黄老。非为人口吃,不能道说,而善著书。与李斯俱事荀卿,斯自以为不如非。非见韩之削弱,数以书谏韩王,韩王不能用。于是韩非疾治国不务修明其法制,执势以御其臣下,富国强兵,而以求人任贤,反举浮淫之蠹,而加之于功实之上。以为儒者用文乱法,而侠者以武犯禁。宽则宠名誉之人,急则用介胄之士。今者所养非所用,所用非所养。悲廉直不容于邪枉之臣,观往者得失之变,故作《孤愤》《五蠹》《内外储》《说林》《说难》十余万言。然韩非知说之难,为说难书甚具,终死于秦,不能自脱。……人或传其书至秦。秦王见《孤愤》《五蠹》之书,曰:"嗟乎,寡人得见此人与之游,死不恨矣!"李斯曰:"此韩非之所著书也。"秦因急攻韩。韩王始不用非,及急,乃遣非使秦。秦王悦之,未信用。李斯、

---

① 任文启.王权时代的韩非子批评史研究[M].北京:法律出版社,2019:17.

姚贾害之,毁之曰:"韩非,韩之诸公子也。今王欲并诸侯,非终为韩不为秦,此人之情也。今王不用,久留而归之,此自遗患也,不如以过法诛之。"秦王以为然,下吏治非。李斯使人遗非药,使自杀。韩非欲自陈,不得见。秦王后悔之,使人赦之,非已死矣。申子、韩子皆著书,传于后世,学者多有。余独悲韩子为说难而不能自脱耳。

针对《史记》当中的论述,任文启教授归纳出了十五个问题:第一,合传问题;第二,身世问题;第三,归本问题;第四,韩非特质;第五,李斯与韩非;第六,不见用于韩;第七,韩非思想发端的社会基础;第八,韩非文本;第九,司马迁的同情;第十,《说难》的感慨;第十一,秦王看重韩非书;第十二,秦王不信韩非;第十三,姚贾与韩非;第十四,申韩关系;第十五,思想述评。他认为上述十五个问题是韩非研究的基本框架和问题域。由上述十五个问题出发,韩非的研究被清晰地划分为六个方面:其一,韩非之身,即其人及身世问题;其二,韩非之心,即其理论思考的初心和目的;其三,韩非之形,即韩非的文学辞章和写作特色;其四,韩非之神,即韩非思想内容和评价;其五,韩非之体,即韩非文本和真伪;其六,韩非之用,即韩非思想的实学发用或政治实践问题。① 十五个问题,六个方面,抽丝剥茧,甚为详细。

韩非,是韩国的宗族公子,为当时韩国的宗室之后。韩国的祖先,和周同姓,后代事奉晋,被封于韩原,以封地为姓。"韩之先与周同姓,姓姬氏。其后苗裔事晋,得封于韩原,曰韩武子。武子后三世有韩厥,从封姓为韩氏。"② 对韩非的具体身份,施觉怀先生认为:"韩非可能是韩襄王的孙子,韩釐王的侄子,韩桓惠王的堂兄弟,韩王安的叔父或伯父……很可能是公子虮虱的后裔。"③ 杨义先生认为"韩非应该是釐王之子、桓惠王之弟、韩王安

① 任文启.王权时代的韩非子批评史研究[M].北京:法律出版社,2019:92-108.
② 《史记·韩世家》。
③ 施觉怀.韩非评传[M].南京:南京大学出版社,2002:32.

之叔辈"①。陈千钧先生认为"韩非当是釐王或桓惠王之子"②。本书从施觉怀先生的观点。

关于韩非的生卒年，相较而言，其卒年基本可以确定。"王安五年，秦攻韩，韩急，使韩非使秦，秦留非，因杀之。"③韩王安五年为前233年。有异议的是韩非的生年。基本有四种意见，第一种意见以钱穆先生为代表，他基于"与李斯俱事荀卿"的记载，假定韩非、李斯年龄都在30岁左右，及至韩非使秦并被迫自杀，推断韩非生于韩釐王十五年（公元前281年）前后。④第二种观点以陈千钧先生为代表，他根据《韩非子·问田》中棠谿公曾与韩非子对话的记载，参照《外储说右上》棠谿公与韩昭侯（公元前358—前330在位）同时的文献，推断韩非生年应在公元前295年。第三种观点以陈奇猷先生为代表，他根据李斯在秦国从政15年推断，死于公元前233年韩非寿命应为65岁左右，所以韩非生年应在公元前298年左右，生在韩襄王末年。⑤第四种观点以王叔珉先生为代表，认为其生年当韩釐王十九年、周赧王三十八年，即公元前277年，其生卒年为公元前277—前233年。⑥本书从钱穆先生的观点。

韩非其事，即从事的政治活动，便是出使秦国。"在使秦以前，只有学术的表现，没有多大的事业可言。"⑦在容肇祖《韩非子年表》、陈千钧《韩非新传》、钱穆《先秦诸子系年·李斯韩非考》、郭沫若《十批判书·韩非子的批判》、陈奇猷《韩非子集释·韩非年表》、张觉《韩非子全译·前言》等著述中，均有此论。

---

① 杨义.韩非子还原[M].北京：中华书局，2011：63.
② 陈千钧.韩非新传[M].长沙：岳麓书社，1996：90.
③ 《史记·韩世家》。
④ 钱穆.先秦诸子系年[M].石家庄：河北教育出版社，2002：511-513.
⑤ 陈奇猷.韩非子新校注[M].上海：上海古籍出版社，2000：1211-1213.
⑥ 王叔珉.先秦道法思想讲稿[M].北京：中华书局，2007：232.
⑦ 郭沫若，王元化，等.韩非子二十讲[M].北京：华夏出版社，2008：59.

　　韩非是一位爱国者,"见韩之削弱,数以书谏韩王";是一位顺应历史潮流的法术理论家,集法家思想之大成,"韩子立法,其所以异夫子之论者,纷如也。予每探其意而校其事,持久历远,遏奸劝善,韩氏未必非,孔氏未必得也。吾今而后乃知圣人无世不有尔。前圣后圣,法制固不一也。若韩非者,亦当世之圣人也"①。韩非更是一位富有牺牲精神、忠于谋国而拙于谋身的斗士。为国家不遗余力地努力、奔走呼号的精神,集中显现在他千年思想的穿透性和永不湮灭的人格中。"既要用秦,行道于天下,又要存韩,为自己的宗国效力,这个矛盾集合在韩非一人身上,应是一种合理的存在。它表现的是一个性格倔强的书生在天下一统和故国灭亡的复杂形势下的矛盾心境,是中国古代社会发展的保守性质对处于社会转变中的知识分子的巨大影响的一个生动例证。"②

　　此外,还需提及的是,时至今日,为数不少的古今学者将秦亡与韩非直连,将韩非思想与暴政挂钩,此值得商榷。宋洪兵教授认为:"古代学者立足于'仁政'立场谴责法家以及韩非子思想的'暴政'特征,以及近代以来学界大量有关法家思想'专制'属性的阐述,其共同特征其实都是站在儒法对立、古今对立的立场,以'恶'与'非正义'的视角来分析和研究韩非子和法家……韩非子政治思想虽然与现代'民主'政治存在差异与区别,但是并不在于政治动机层面,而在政治实践效果层面。"③笔者深以为是。

---

　　① 《孔丛子·答问》。
　　② 蒋重跃.韩非子的政治思想[M].北京:北京师范大学出版社,2010:24.
　　③ 宋洪兵.韩非子政治思想再研究[M].北京:中国人民大学出版社,2010:80.此外,白彤东教授也指出:研究法家的学者能为现实做什么,"其中一个很重要的影响,是能抵制当代人为了其当下的目的,利用文本去为现在所有发生的事情背书,或者反过来,借古人之口或借批古人去'浇心中块垒'。尤其是其法家,因为背着一个专制的罪名,经常被拿出来,正面的、反面的,去指点现实,这时候一个做理论的人对现实能起的作用,恰恰是揭示这些罔顾文本、罔顾思想去指点现实的局限"。参见白彤东.研究法家的学者能为现实做什么?[J].中国文化研究,2022(1):22-26.

第二节 《韩非子》

《韩非子》五十五篇,具体由谁编订,说法不一。有人认为是在不同的时间、不同的历史环境、不同现实语境中针对不同的实践问题,而被后人写就的。"有人推测《韩非子》是韩非的弟子编定的;有人认为《韩非子》是刘向编定的;有人认为它开始编集于秦代,但最后的编定者还是刘向。"①周勋初认为:"《韩子》不可能是韩非亲自编定的,不可能是韩非的学生编定的,汉初民间已经出现一些初步编就的韩非作品,《韩子》的编者应当是汉代主管中秘书者,编者是刘向。"②张觉认为:"《韩非子》应是秦灭韩后至李斯被杀前(公元前230年至公元前208年之间)秦朝主管图书档案的御史编定的。"③王叔珉认为:"汉志法家韩子五十五篇,隋书经籍志同。今本亦五十五篇,乃后人有所附益汇集而成。"④"总体来说,学界基本没有人主张今本五十五篇《韩非子》全部为韩非子亲手所做,然而在具体篇章的文献学考订方面仍然存在较大的分歧。"⑤

从文本来看,透露着深厚的上书体痕迹,时刻流露出危急存亡的"峻言"语境,"我们看不到他有不满韩王而欲取而代之的端倪,也看不到他为了朝堂上政治斗争的获胜而争夺话语权,只看到他一心一意地进谏韩王,希望君王能够听信他的进言,让韩国摆脱积贫积弱的现状,实现富国强兵,从而保有国家社稷……他一直处于权力的边缘,正是因为这种边缘化,使

---

① 张觉.韩非子考论[M].北京:知识产权出版社,2019:21.
② 周勋初.《韩非子》札记[M].南京:凤凰出版社,2021:13-17.
③ 张觉.韩非子考论[M].北京:知识产权出版社,2019:26.
④ 王叔珉.先秦道法思想讲稿[M].北京:中华书局,2007:230.
⑤ 宋洪兵,孙家洲.韩非子解读[M].北京:中国人民大学出版社,2010:10.

韩非子即便不是在进谏君主，也是在为进谏君主做准备，或者希望自己的论著能够为君主所采纳"①。韩非一直在努力劝谏，始终在上书进言。

一、《韩非子》书名的变迁

《韩非子》一书，历史上有称为《韩子》，又称为《韩非子》。宋代开始，由于古文家韩愈被称为"韩子"，为了避免与韩非书相混，有人就改称韩非的书为《韩非子》，如宋晁公武《郡斋读书志》，清孙星衍《孙氏祠堂书目》《廉石居藏书记》、黄丕烈《士礼居藏书题跋记》、张之洞《书目答问》、梁启超《要籍解题及其读法》等。现在大多数人称韩非的书为《韩非子》，只有少数人称《韩子》，如尹桐阳《韩子新释》、梁启雄《韩子浅解》等。本书沿袭现今大多数人的使用，以《韩非子》为题。

二、《韩非子》的篇目和卷数

关于《韩非子》一书的篇目和卷数，在记载上也稍有差异。《史记·韩非传》云："非为人口吃，不能道说，而善著书……作《孤愤》《五蠹》《内外储》《说林》《说难》十余万言。"没有具体说明《韩非子》到底有多少篇多少卷，只是列举了若干篇目。《汉书·艺文志》诸子法家类称有"五十五篇"。张守节《史记正义》引梁阮孝绪《七录》称有"二十卷"。《隋书·经籍志》子部书法家类称有"二十卷，目一卷"。现在流传的《韩非子》各种版本都是二十卷五十五篇，篇数与《汉书·艺文志》的记载相同，卷数与《隋书·经籍志》、张守节《史记正义》的记载相同。

---

① 任文启.王权时代的韩非子批评史研究［M］.北京:法律出版社,2019:247.

三、《韩非子》篇目的真伪

关于《韩非子》的真伪问题直到宋代才被提起,各家对《韩非子》真伪的怀疑主要集中在《初见秦》《存韩》《主道》《有度》《扬权》《解老》《喻老》《饰令》《用人》《功名》《大体》《难四》《难势》《人主》《忠孝》《制分》等篇。而在这些篇目的真伪问题上,现今各家的意见并不统一,但大家越来越倾向于认为,《韩非子》中的伪作很少。比如高亨就认为,"韩非子五十五篇,其中有可以断定非韩非所作者,如《初见秦》《存韩》后半篇及《有度篇》是也"[①]。周勋初还否定了《有度》篇是伪作的说法,他说:"《有度》之中详记安釐王的战功。这里不但提到了魏灭卫事,而且一直叙述到魏安釐王之死,写作时间也是明确的。魏安釐王享国三十四年,死在公元前 243 年,《有度》作于是年之后,已是韩非晚期的作品了。"[②]陈奇猷对有关《韩非子》篇目真伪问题的讨论做了整理,并进行了驳议,最后总结说:"总上所述,《韩非子》中,的确有不是韩非的作品。已有定论的是《存韩》篇后半,那是李斯的言论。的确可疑的有《人主》《制分》,以及《难四》《难势》中反驳责难的段落。其他篇章,除《初见秦》争论较大尚需谨慎对待外,一般的篇章,即使有个别词句有问题,我们都不宜否定它们是韩非所作。我们不要再被那些危言耸听的结论弄得疑虑重重了。"[③]但陈奇猷也曾经主张《初见秦》篇是韩非所作。施觉怀对《初见秦》《存韩》《主道》《有度》《扬权》《解老》《喻老》《饰令》《用人》《功名》《大体》《忠孝》诸篇逐一进行了考证,认为"《韩非子》中各篇,除《初见秦》或有可疑之处外,其他各篇均可信为韩非所作"[④]。蒋重跃认为:"在《史记》的基础上,今本《韩非子》基本上是真实的,目前没有比《史记》更可靠的

---

①　高亨.诸子新笺[M].济南:齐鲁书社,1980:189.
②　周勋初.《韩非子》札记[M].南京:江苏人民出版社,1980:127.
③　陈奇猷,张觉.韩非子导读[M].成都:巴蜀书社,1990:78-79.
④　施觉怀.韩非评传[M].南京:南京大学出版社,2002:83.

证据可以否定这一点。"①张觉在对史实、文章风格、文体特点等进行考证后认为："除《初见秦》争论较大尚需谨慎对待外，一般的篇章，即使有个别词句有问题，我们都不宜否定它们是韩非之作。司马迁说韩非的著作有《孤愤》等十余万字，班固说《韩子》有五十五篇，都是可靠的。现今的本子，篇数、字数与他们的说法相合，应该就是秦汉时期的传本。"②笔者赞成这一观点。"后世对韩非子思想及身世、人格的研究和评论，基本都围绕着《韩非子》展开，即使人们都意识到《韩非子》并非一定为韩非子亲手所做，但同时又基本认同《韩非子》与韩非子本人的思想内涵不相冲突。"③诚如斯言。

四、《韩非子》版本

张觉在《韩非子考论》一书中对《韩非子》的版本流传有详细的考证。他指出《韩非子》的宋刊本亡于清代，现在已经全部失传。但明清刻本一直流传至今，较重要的有三种：一是万历六年(1578)的《韩子迂评》本，原文五十三篇。由吴郡人门无子(姓俞)在何犿原校本的基础上，做了订正、评注。二是万历十年(1582)的"赵用贤本"或"管韩合刻本"，计五十五篇。赵用贤用宋本《韩非子》，参考当时流行的各种本子校勘改定后与《管子》一起刊出。由于它是五十五篇的足本，后世翻刻者很多，清代校勘学家更称之为"今本"。三是正统十年(1445)的《道藏》，该书与《韩子迂评》初刻本基本相同。里面《和氏》和《奸劫弑臣》都有残缺，连成了一篇；《说林》下有残缺，和《说林》上连成了一篇。这就是所谓五十三篇本，是现在所能看到的五十三篇本中最早的本子。明代还有很多评本或节录类编本流行，如托名归有光辑评的《诸子汇函》本，焦竑注释、翁正春点评的《注释九子全书》本，陈深的

---

① 蒋重跃. 韩非子的政治思想[M]. 北京：北京师范大学出版社，2010：2.
② 张觉. 韩非子校注[M]. 长沙：岳麓书社，2006：16.
③ 宋洪兵，孙家洲. 韩非子解读[M]. 北京：中国人民大学出版社，2010：13.

《诸子品节》本，陈仁锡的《诸子奇赏》本，等等。

清代人的刻本当中，目前能见到的反映宋刻本面貌的影抄本及仿刻本主要有三种：一是张敦仁在乙丑年（1805）借到了李奕畴所藏的宋刻本后请人影抄的，后未刊行，影响不大。二是吴鼒在丙子年（1816）借到李书后让人影抄的，次年付梓，由顾广圻负责校刊，于戊寅年（1818）刻成，顾广圻所作的《韩非子识误》也附刊于后。这个本子文字比较完整，窜乱较少，是五十五篇的足本。由于吴鼒将其题名为《乾道本韩非子廿卷》，所以习称"乾道本"，是学术界公认的善本。三是清代钱曾述古堂影抄的乾道本《韩非子》，黄丕烈曾用李书年所藏的原印本对它做过精心的校勘。此书基本保存了宋刻本的原貌，学术价值较高。后为上海涵芬楼所藏，1919 年被编入《四部丛刊·子部》影印出版，俗称"《四部丛刊》本"。此外，王先慎于光绪丙申（1896）撰成并刊行的《韩非子集解》也值得重视。此书也是足本，校释虽然较为粗疏，但还是有所发明的，特别是它汇集了多家校释，便于阅读，成为 20 世纪最通行的版本之一。

第二节　韩非道法思想的研究现状

郑良树先生指出："（秦以后）二千多年，天下的显学除了儒家，就是法家。"[①]他对韩非之学在汉到清末的发展做了详细的说明。"战国法家著作里，以《商君书》及《韩非子》二书保存得最为完整。《韩非子》于嬴秦统一天下前后编成，在编辑过程中，也附入了一些未完成的作品及其他资料。编成之后，至汉代为止，它不断引起学者们的注意，《淮南子·泰族训》言及韩非，《盐铁论》在《刑德》及《申韩》辩论了韩非的思想，扬雄在《法言·问道》非议了韩非，此外，王充有《非韩》，刘陶有《反非韩》，孔鲋更有'韩非非圣

---

① 郑良树.诸子著作年代考［M］.北京:北京图书馆出版社,2001:239.

人'的言论;总而言之,在讨论社会及政治等课题时,它成为学者们喜爱征引及评论的对象。"①就目前所了解的研究成果而言,大致有三类:第一类是传承乾嘉以来的学术风气和研究方法的作品,主要是对《韩非子》一书的版本源流和篇目真伪进行校勘、注释和翻译;第二类是语言、文学类专家的作品,主要是对《韩非子》一书的行文风格、语言特色等问题进行探讨;第三类是借鉴西学的话语体系和表述方法,进行比较、借鉴和融合,主要研究《韩非子》的政治、法律、哲学思想之类的问题。

在中国知网中以"韩非"为主题词进行检索,在 1955—2022 年的时间跨度中,共有 3911 条检索记录。在万方数据服务平台以"韩非"为主题词进行检索,在 1933—2022 年的时间跨度中,共有 6027 条检索记录。当然,不同的检索平台,收录标准有异,导致检索条目与检索数量出入有差。现仅以中国知网的检索结果为例来说明韩非思想研究的基本情况。

考察韩非思想研究的主题分布,发现学界对《韩非子》文本的研究最集中,共有 275 篇文献,其后是韩非子(251 篇)、法治思想(115 篇)、法家思想(89 篇)、先秦法家(80 篇)等。

在主要研究学科方面,哲学类研究居多,占 37.7%,其后是法学(11.09%)、文学(9.16%)、中国古代史(8.14%)、政治学(7.48%)等。

在研究作品的发表年度方面,2000 年之前的研究基本趋于稳定,2000—2016 年出现了爆发式的增长,之后有所减缓。

在研究层次方面,绝大多数学者基本一致,以应用基础研究为主,共有 443 篇文献,其后是应用研究(92 篇)、应用研究—政策研究(21 篇)、开发研究—政策研究(6 篇)、基础研究(2 篇)等。

在韩非思想研究的文献来源方面,《管子学刊》居于首位,占比 5.94%,其后是东北师范大学(4.52%)、山东大学(3.87%)、《齐鲁学刊》(3.87%)、

---

① 郑良树.诸子著作年代考[M].北京:北京图书馆出版社,2001:239.

《哲学研究》(3.23％)等。

在韩非思想主要的研究者中,周四丁教授的研究成果数量最多(20篇),其后是喻中教授(18篇)、马世年教授(16篇)、蒋重跃教授(14篇)、魏义霞教授(13篇)、宋洪兵教授(13篇)等。

在韩非思想研究的机构分布方面,山东大学居于首位,共有76篇文献,其后是中国人民大学(72篇)、东北师范大学(58篇)、西北师范大学(58篇)、黑龙江大学(53篇)等。

在对韩非思想研究的基金支持方面,国家社会科学基金资助最多,共有136篇文献受其资助,其后为湖南省哲学社会科学基金、中国博士后科学基金、国家自然科学基金、教育部人文科学研究项目等。

关于《韩非子》的研究,本书也按照时间界限,以20世纪为界,分为两个阶段。

第一,20世纪前的研究。从秦汉到20世纪是《韩非子》的传统研究从开始到全盛的阶段。根据不同历史时期的不同研究特点,又可以将其分为几个阶段。

秦代萌芽时期。这是《韩非子》研究的开端时期,由此开启了韩非之学的实践与研究之门。据《史记·李斯列传》记载,秦二世和李斯都曾征引《韩非子》以证成已说,其对韩非思想的熟悉程度可见一斑。当然李斯的评论多出于政治上的需要,而非纯粹的学术研究。他们对韩非思想的理解,较为偏颇与片面,有些甚至是完全错误的。"秦朝政治实践表明,其论证统治正当性的意识形态理论,并非以韩非子的道法同构理论为依据,而是阴阳家与法家重刑理论的杂糅。秦朝政治实践背离了韩非子的基本政治理论……作为一个思想家,韩非子对秦朝暴政及二世而亡,应该负有一定的历史责任,但仅局限于作为一个特定历史时代的思想家所应承担的责任。

有效约束君权,并非先秦时期的思想家所能解决的政治理论问题。"①

汉代誉毁时期。秦亡汉兴,韩非之学经历了由"誉"到"毁"的剧烈变动时期。此一时期学者对韩非及其著作多有评述,司马谈《论六家要旨》、司马迁《史记·老子韩非列传》、班固《汉书·艺文志》、《淮南子·泰族训》、《盐铁论》中的《刑德》《周秦》和《申韩》、扬雄《法言》中的《问道》及《问明》、王充《论衡·非韩》、刘陶《反韩非》(已亡佚),孔子后裔孔鲋《孔丛子·答问》之《韩非非圣人辨》等,都曾论及韩非的人格、身世、思想。其中司马迁的《史记·老子韩非列传》一直是韩非思想研究中的重要资料,他不但对韩非的生平为人、《韩非子》篇目以及韩非在当时的政治影响有所记述,而且总结了韩非的写作意图、文章风格、学术思想及学术渊源。

魏晋南北朝边缘时期。适逢乱世,玄学与佛学兴起,韩非之学鲜有突出的学术研究者。其中北魏的刘昞曾注过《韩非子》,南朝齐梁时期的刘勰也在《文心雕龙·诸子》中论及《韩非子》的文学技巧,开辟了一个研究的新领域。

隋唐注释时期。这一时期的研究除了关注《韩非子》的文辞外,主要集中在对《韩非子》的注释上。唐尹知章也有《韩子注》(《新唐书·艺文志》),已亡佚。又据元代何犿《校韩子序》谓有李瓒注,学者多以为是今本存之旧注。中唐之后,人们以"韩子"称韩愈,为了区别,遂改称为《韩非子》。

宋元注解时期。从北魏至宋代以前,学者对《韩非子》的研究主要集中在《韩非子》的校勘和注解方面。及至宋代,大批学者对韩非其人及其思想进行了研究,欧阳修《崇文总目叙释》、苏轼《韩非论》、苏辙《韩非论》、朱熹《朱子语类》、王应麟《困学纪闻》、高似孙《子略》、晁公武《郡斋读书志》、黄震《黄氏日钞》、司马光《资治通鉴》等,大都以对韩非的思想评论为主,元代何犿曾有《韩非子注》。

---

① 宋洪兵.韩学源流[M].北京:法律出版社,2017:4-5.

明清校勘时期。明清时期,《韩非子》研究掀起了新的热潮,大量学者如明代的赵用贤、杨慎、门无子、焦竑、陈深,清代的王念孙、顾广圻、孙诒让、王先慎、俞樾等,均在《韩非子》的整理、校勘、考订方面用力甚勤,成就斐然。

清末民初,《韩非子》研究呈现繁荣局面。梁启超、陈三立、章太炎、严复等都有相当细致的分析探究。刘师培、林语堂、胡适、陈启天、曹谦、冯友兰、郭沫若、高亨等对《韩非子》进行了全面的研究。这些研究梳理了秦对韩非的不同评价及代表人物,有肯定的,有一味贬斥的,还有两可之间的,"根据陈启天《增订韩非子校释》一书附录分析,秦后对韩非主要持肯定态度的有:李斯(秦)、武臣(秦)、司马迁(西汉)、诸葛亮(北魏)、公孙表(北魏)、李先(北魏)、苏绰(北魏)、刘勰(梁)、欧阳修(北宋)、黄震(南宋)、何犿(元)、杨慎(明)、张鼎文(明)、周孔教(明)、张居正(明)、陈深(明)、门无子(明)、赵用贤(明)、茅坤(明)、王道焜(明)、梅曾亮(清)、俞樾(清)、王先谦(清)。主要持贬斥立场的有刘安(西汉)、扬雄(西汉)、桓谭(西汉)、班固(东汉)、王充(东汉)、刘陶(东汉)、孔鲋(汉魏)、苏轼(北宋)、苏辙(北宋)、吕公著(北宋)、陈祖范(清)、陈澧(清)、吴汝纶(清)。另有朱熹(南宋)、高似孙(南宋)、胡应麟(明)、王菼(清)等,可谓褒贬互参"①。

总体看来,"两千多年来的《韩非子》研究,可谓发轫于秦代,奠基于汉代,萧条于六朝,转机于唐宋,泛滥于明代,蓄积于清代,昌盛于现代"②。20世纪前的研究主要包括作者生平、文献整理、思想评论、文学评点几个方面。其中文献整理成就显著,具体涉及《韩非子》一书的编集、真伪、版本、校注等内容;思想方面则以对韩非的思想评析为主。

第二,20世纪以来的研究。近百年来的《韩非子》研究,一方面受到传

---

① 任文启.王权时代的韩非子批评史研究[M].北京:法律出版社,2019:15.
② 张觉.韩非子考论[M].北京:知识产权出版社,2019:224.

统影响,另一方面又呈现新气象。从时间段看,大体可分为三个时期。

新中国成立前的考证阶段。五四以后,在疑古思潮的影响下,韩非的生平与《韩非子》篇目的真伪受到更多关注,出现了一些很有价值的考证论著,如容肇祖《韩非子年表》《韩非子考证》、钱穆《先秦诸子系年·李斯韩非考》、陈祖鎏《韩非别传》、陈千钧《韩非子书考》、陈启天《韩非及其政治学》、蒋伯潜《诸子通考》、郭沫若《青铜时代》《十批判书·韩非子的批判》等。另外,梁启超、胡适、谢无量、孙楷第、刘汝霖、高亨、冯友兰等人也有专门的论述。在校释方面,有尹桐阳《韩子新释》、叶玉麟《韩非子白话句解》、陈启天《韩非子校释》、邵增桦《韩非子今注今译》等。以上很多也是综合研究,对韩非的思想学说作了全新的考察,这也是该时期研究的一个特点。此外,陈千钧《历代韩学述评》、陈启天《韩非子参考书辑要》为研究史之研究。

20 世纪 50—70 年代的文本研究阶段。学界基本沿着唯物史观的研究思路和理论框架,对韩非的阶级属性、基本思想、韩非思想与先秦诸子思想的关联等诸多理论问题展开讨论。一方面,这一时期的研究集中在注释与思想上。陈奇猷《韩非子集释》、梁启雄《韩子浅解》、王焕镳《韩非子选》是前者的代表之作,学术价值很高;梁启雄《韩非思想述评和探源》、杨荣国《韩非思想探微》、任继愈《韩非》等则是后者的力作。另一方面,60 年代中期以后,思想研究受政治影响太大,完全脱离了正常的学术轨道,呈现出一种不正常的局面,也几无学术价值可言。值得注意的是台湾地区的研究。熊十力《韩非子评论》、潘重规《韩非子考证》、封思毅《韩非子思想散论》、王静芝《韩非思想体系》、赵海金《韩非子研究》、张素贞《韩非子思想体系》等均有较高的价值。

20 世纪 80 年代以来的综合研究阶段。这是《韩非子》研究的新阶段,在各个方面都有大的成就。其间也有少量优秀著作问世,如周勋初的《〈韩非子〉札记》,《韩非子》校注组的《韩非子校注》,周钟灵等的《韩非子索引》,陈奇猷、张觉的《韩非子导读》,张纯、王晓波的《韩非思想的历史研究》,谷方的《韩非与中国文化》，蒋重跃的《韩非子的政治思想》，施觉怀的《韩非评传》，韩东育的《日本近世新法家研究》等，对于深化韩非思想研究亦有所贡献。同时，朱伯崑的《先秦伦理学概论》、童书业的《先秦七子思想研究》、李泽厚的《中国古代思想史论》和刘泽华的《中国古代政治思想史》等著作，也都以相当篇幅对韩非思想进行了研究和阐释。

进入 21 世纪以来，《韩非子》研究继续向纵深发展。

考证类研究。马世年《韩非师从荀卿考论——兼及荀、韩思想之"异"与"同"》根据《史记》之《老子韩非列传》和《李斯列传》，以及《荀子》《韩非子》等材料，对韩非早年求学荀卿的经历作了考论：时间在公元前 255 年至公元前 247 年（荀卿重返楚任兰陵令），地点即在楚之兰陵，所学更多的是有关"帝王之术"的内容。[1] 陈志扬《苏辙〈韩非论〉的文本形成》指出苏辙《韩非论》是宋代韩非学重要文献，后人辑录此文或不注明出处，或所注出处有误。单篇《韩非论》史论散文原本并不存在，实由苏辙学术著作《古史》之《老子列传第十》篇中评语析出而成。[2] 杨玲《文本差异与思想分歧——〈韩非子〉与〈孔子家语〉"重文"现象研究》指出《韩非子》与《孔子家语》"重文"的原因是它们使用了相同的源文献。这批文献由韩非的老师荀子收集、整理，后辗转流传至汉，成为《韩非子》《孔子家语》《说苑》等典籍共同的素材。[3]

范畴类研究。戴木茅《韩非"术"论澄释》指出，在中国哲学的研究传统中，韩非的"术"论被视为阴谋论，但是这些研究没有注意到《韩非子》中的"术"具有七种含义、八种用法，从而导致了偏颇。[4] 王威威《"理"、"势"、"人

[1] 马世年.韩非师从荀卿考论：兼及荀、韩思想之"异"与"同"[J].河南师范大学学报（哲学社会科学版）,2008(6):188-192.
[2] 陈志扬.苏辙《韩非论》的文本形成[J].学术研究,2020(8):173-176.
[3] 杨玲.文本差异与思想分歧：《韩非子》与《孔子家语》"重文"现象研究[J].中州学刊,2022(6):146-147.
[4] 戴木茅.韩非"术"论澄释[J].哲学动态,2016(9):47-53.

情"与"自然"——韩非子的"自然"观念考察》指出,"自然"在韩非思想中的意义是"本来如此""非人为如此",又可名词化,指万物(包括人及社会)非人为的本来状态或发展趋势。这一状态以"道"为原因、依据,以"理"为最主要的内容,人行事若采取"因自然"的态度,就可获得成功。[①] 刘亮在《〈韩非子·解老〉"德"论锥指》和《〈史记〉韩非子"归本于黄老"锥指》中分别阐释了"德"与韩非思想的派别归属。[②]

比较类研究。颜世安《荀子、韩非子、庄子性恶意识初议》区分了先秦诸子最有代表性的三家的性恶意识。[③] 王威威《老子与韩非的无为政治之比较——从权力与法的角度看》指出,无为政治虽然在道家思想中尤其受到关注,但并不是道家独有的主张,而是各家各派广泛推崇的政治理念,只是不同的学派、不同的思想家对无为政治的内涵有不同的理解。[④] 张明《荀子与韩非及法家关系诸问题:一种观念史的视角》指出,荀子与韩、李及法家的关系被旧事重提,其性恶论也遭到了严厉批判,最终荀子与荀学在程朱理学那里被贴上了法家标签并遭受全盘否定。这一过程实质上是荀学不断被曲解与遮蔽的过程,可通过观念史的回溯与还原来消解其中的郁结,澄清荀学的真面目。[⑤] 郑博思《战国中晚期法道两家对"忠"德的反思——以〈慎子〉〈韩非子〉〈庄子〉为核心》将"忠"作为"臣德"的重要内容之一。在战国中晚期的一段时期内,以《慎子》《韩非子》《庄子》为代表,出现

① 王威威."理"、"势"、"人情"与"自然":韩非子的"自然"观念考察[J].晋阳学刊,2019(2):131-137.
② 刘亮.《韩非子·解老》"德"论锥指[J].南开学报(哲学社会科学版),2020(3):150-156;刘亮.《史记》韩非子"归本于黄老"锥指[J].江海学刊,2020(3):185-193.
③ 颜世安.荀子、韩非子、庄子性恶意识初议[J].南京大学学报(哲学·人文科学·社会科学版),2010(2):63-78,159.
④ 王威威.老子与韩非的无为政治之比较:从权力与法的角度看[J].哲学研究,2013(10):42-48.
⑤ 张明.荀子与韩非及法家关系诸问题:一种观念史的视角[J].山东社会科学,2020(9):162-167.

了较为集中的对于"忠"这一德目的反思现象。《韩非子》从君主利益角度出发，在"趋利避害"的人性的基础上，通过"刑""德"两种手段对臣加以操纵利用，以此根本取代"忠"德的作用。① 刘巍《王霸分张与儒法争流——周秦之际治道的传承、裂变、分化》从政治文明的角度探讨周秦之际治道的传承、裂变、分化，可以发现，法家变更"法"意，张扬霸道，主以刑法，期以富强，力主法自君出，去私明公，以权势为杠杆，以法令刑罚为工具，以吏治为入手，以强力独裁为价值追求，以严肃尊卑、恪守名分、维护君上之权为依归，可以得短时一统之盛，而不能长治久安。②

宏观体系类研究。蒋重跃《论法家思想中的变法与定法》《试论道法两家历史观的异同》分别阐明了韩非的历史观以及法术思想。③ 宋洪兵《韩非子政治思想再研究纲要——共识视域中政治价值与政治措施的有机融合》强调先秦诸子在基本的政治价值和政治理想层面存在的"政治共识"，为韩非政治思想提供了政治正义性。④ 相对于儒家突出强调相关政治价值、政治理想的理想主义而言，韩非更倾向于关注如何在现实政治实践中将政治正义贯彻落实，韩非政治思想的现实主义品格由此得以凸显。韩东育《法家的发生逻辑与理解方法》以唯物史观的科学态度对待这一份历史遗产，认真总结其中的经验教训，以服务于现代社会。⑤ 宋洪兵《先秦法家政治正当性的理论建构》认为，从子产到韩非，先秦法家学说完成了从救世理论到治世理论的蜕变过程；其《一种新解读：论法家学说的政治视角与法治视

① 郑博思.战国中晚期法道两家对"忠"德的反思：以《慎子》《韩非子》《庄子》为核心[J].中国哲学史,2022(5):34-40.
② 刘巍.王霸分张与儒法争流：周秦之际治道的传承、裂变、分化[J].社会科学研究,2022(1):168-182.
③ 蒋重跃.论法家思想中的变法与定法[J].中国哲学史,2002(1):60-66;蒋重跃.试论道法两家历史观的异同[J].文史哲,2004(4):73-80.
④ 宋洪兵.韩非子政治思想再研究纲要：共识视域中政治价值与政治措施的有机融合[J].东北师大学报(哲学社会科学版),2007(2):38-43.
⑤ 韩东育.法家的发生逻辑与理解方法[J].哲学研究,2009(12):32-40.

角》指出,法家学说明确区分了以"君"的"术""势"为核心的政治与以"法"为核心的法治,两者是并行不悖的关系。① 马世年《韩学文献整理研究的构想及意义》指出,韩学文献整理与研究既是对诸子学研究新领域的开拓与新范式的探索,也是对新时代古籍整理工作的具体实践。②

自身文本类研究。周炽成《论韩非子不两立的思维方式》认为韩非子具有一种别具一格的思维方式,并对其不两立思维方式的内容、性质、特点、不足、历史影响等进行了探讨。③ 许建良《韩非"以法为教"的德化思想论》指出,韩非认为无论是人的素质还是人性的现实,都处在不甚完美的境地,因此,施行"以法为教"的德化是必要的。④ 宋洪兵《论熊十力的"韩非学"研究——兼及"了解之同情"何以可能?》指出,作为现代新儒家代表人物之一的熊十力,本着学术的良知以韩非思想的题中应有之义为出发点,对韩非子人格作出高度肯定的同时,也从各方面深刻剖析了韩非思想中的真意,许多新颖独到的见解发此前儒者之所未发,足堪为后来研究法家及韩非子者借鉴。⑤ 周四丁《论韩非的无为领导方略》指出,韩非无为领导的核心含义是"君道无为,臣道有为",强调君主由依靠自身美德操守和文韬武略转向充分发挥臣民的聪明才智,以达到维护权力稳定和富国强兵的目的。⑥ 喻中《论韩非学术思想的演进历程》指出,韩非的学术思想是中国法律文化的一个重要纽结。历史性地理解韩非学术思想的起点、深化、拓展

---

① 宋洪兵.先秦法家政治正当性的理论建构[J].北京师范大学学报(社会科学版),2017(6):68-85;宋洪兵.一种新解读:论法家学说的政治视角与法治视角[J].中国人民大学学报,2022(1):67-81.

② 马世年.韩学文献整理研究的构想及意义[J].西北师大学报(社会科学版),2022(6):56-66.

③ 周炽成.论韩非子不两立的思维方式[J].华南师范大学学报(社会科学版),2004(1):3-6,24.

④ 许建良.韩非"以法为教"的德化思想论[J].现代法学,2006(3):28-36.

⑤ 宋洪兵.论熊十力的"韩非学"研究:兼及"了解之同情"何以可能?[J].求是学刊,2013(5):14-22.

⑥ 周四丁.论韩非的无为领导方略[J].江淮论坛,2016(4):85-91.

与定格，是全面理解韩非学术思想的必要环节，是深入阐述中国法律文化的必要准备。① 戴木茅《法治臣民、术防重臣——韩非法术观论析》《政治真实与知人之术——基于〈韩非子〉术论的分析》对韩非之术进行了深入的探究。② 周四丁《韩非交易机制的新制度主义解读——以秦亡为切入点》认为秦二世而亡的问题可以转化为韩非的交易制度为何在大一统前有效而在大一统后无效的问题。③ 张福如《论韩非政治哲学的推演方法》指出，韩非政治哲学的推演方法有两个特点：第一，理论前提力求"面向真实"，此中"真实"包括事实、共识、不证自明的原理和已经证成的道理；第二，大量运用包括演绎推理、归纳推理、类比推理等形式逻辑的推理形式。④ 宋洪兵《韩非子道论及其政治构想》指出，"道、理、形、名、法"构成了韩非子道法思想的关键逻辑链条，韩非子的法也因此获得了道的品格。法、术、势同源而异用，皆以道为依归，又各具独特的政治功能，共同撑起了韩非子的政治理论大厦。⑤ 邱忠来《论韩非明君人格的构成要素及其特征》指出，君主健全人格是国家治理成功的关键，也是国家管理法制化、规范化的内在保障，因此，韩非着力塑造了明君人格。⑥ 乔健、王宏强《论韩非"君道论"的内在矛盾》认为韩非追求"中主"在践行其君道论的基础上成为"明主"，但是拥有绝对权力的中主必然会依道弄法和贪躁妄为，最终沦落为"暗主"，暗主却又是韩非明确反对的。韩非君道论因而呈现出深刻的内在矛盾。⑦ 戴木茅

① 喻中.论韩非学术思想的演进历程[J].政法论丛,2017(6):60-67.
② 戴木茅.法治臣民、术防重臣:韩非法术观论析[J].政治思想史,2017(4):1-18;戴木茅.政治真实与知人之术:基于《韩非子》术论的分析[J].中国哲学史,2017(4):9-14,22.
③ 周四丁.韩非交易机制的新制度主义解读:以秦亡为切入点[J].江淮论坛,2017(3):34-39.
④ 张福如.论韩非政治哲学的推演方法[J].学术研究,2018(8):27-31.
⑤ 宋洪兵.韩非子道论及其政治构想[J].政法论坛,2018(3):51-65.
⑥ 邱忠来.论韩非明君人格的构成要素及其特征[J].社会科学家,2018(2):56-50.
⑦ 乔健,王宏强.论韩非"君道论"的内在矛盾[J].暨南学报(哲学社会科学版),2019(6):31-42.

《韩非君主观论析》指出,韩非的现世君主观实现了对君主理解的转向,将先秦时理想的君主拉回到现实。[①] 李友广《政治的去道德化努力——韩非对政治与道德关系之思考》指出,在战争四起、社会动荡的诸子时代,政治的正当性与有效性是诸子无可回避的重大理论与现实问题。有鉴于对人性的不信任及道德在政治运作当中可能产生的负面影响,韩非的思想彰显了一种去道德化的政治理论建构之努力。[②] 周四丁《论韩非法治学说的目标体系》指出,韩非法治学说追求的目标是多层次的目标体系,包括基本目标、核心目标、终极目标。韩非法治学说的基本目标是富国强兵,核心目标是铸就霸王,终极目标是实现天下大治。[③] 解启扬《现代性视域下的韩非法思想研究》从现代性视域审视韩非法思想,发掘其中的现代性基因,并运用哈贝马斯的现代性思想对韩非法思想做现代性诠释,注入符合时代精神与现代文明的内涵,使韩非法思想现代化。这既是中国传统思想的现代绵延,又是中国传统的创造性转生。[④] 刘亮《〈韩非子〉惠民竞技寓言及其蕴含的"民意论"》指出,《韩非子·外储说右上》所载齐景公与宗室权臣展开"惠民"方面竞争的寓言,含有民众通过和平方式选择统治者的设想,亦即有意统治权之人在惠民方面展开竞争,更得民心者获胜。[⑤] 戴木茅《论〈韩非子〉中"悚惧"的逻辑展开与异化——以君主对臣属的心理震慑为核心》认为,为了有效维持政治秩序,韩非提出以内心恐惧约束行为。《韩非子》中的"恐惧"分为两个层级:基础级为畏惧法律,进阶级为悚惧君主。秦汉皇权建立后,思想与现实产生共振,本欲震慑重臣使其不敢为非的"悚惧"显露

①　戴木茅.韩非君主观论析[J].哲学动态,2019(2):56-62.
②　李友广.政治的去道德化努力:韩非对政治与道德关系之思考[J].哲学动态,2019(2):63-70.
③　周四丁.论韩非法治学说的目标体系[J].江淮论坛,2019(1):129-135.
④　解启扬.现代性视域下的韩非法思想研究[J].中国政法大学学报,2020(4):5-14.
⑤　刘亮.《韩非子》惠民竞技寓言及其蕴含的"民意论"[J].南开学报(哲学社会科学版),2021(6):102-110.

两种异化危险：其一为增强君主独断性；其二为悚惧泛化，最终可能导致一切人对一切人的悚惧。① 王威威《韩非子的解释学建构》认为，韩非不仅对《老子》文本进行了解释，其解释活动中还贯穿着他对解释活动本身有意识的理解。② 白彤东《韩非子继承了荀子的性恶论？——师承问题的一个案例研究》指出，在人性论上，韩非子的思想更近黄老，而与荀子有关键区别。③ 武梦云《韩非子的"连类比物"论证思想研究》认为，"多言繁称，连类比物"是《韩非子》的一大特征。在论证时，其通过举"正类"（支持结论的理由）与"反类"（反对结论的理由）两方面来增强说服的效果。④ 马世年、马群懿《〈韩非子〉序跋的韩学史意义》指出，就韩学发展的外在形态来说，文献、思想、文学、接受四个维度，在《韩非子》序跋中都已基本形成，传统韩学的转型与现代韩学的建构，就是依照这四个维度展开的。⑤

有学者指出，"正本清源式的法家研究，有三个层次：第一，解决'是什么'的问题，涉及法家文献的全面理解；第二，解决'为什么'的问题，涉及法家思想源流及历史背景、思想家的个人偏好等；第三，解决'怎么样'的问题，对法家思想进行判断，尤其需要研究者对自身立场和价值的反思和自觉，这个层次最难，很多争论都是立场之争"⑥。诸多专家学者的研究成果未能一一列出，但丝毫不影响对韩学发展的推动和深入。这些研究成果，都不断地推动着韩非思想研究的发展。仅就中国大陆而言，各级学术刊物公开发表的论文可谓卷帙浩繁，兹不详列。港台地区的郑良树、王邦雄、封

① 戴木茅.论《韩非子》中"悚惧"的逻辑展开与异化：以君主对臣属的心理震慑为核心[J].江淮论坛,2021(5):100-105.

② 王威威.韩非子的解释学建构[J].哲学动态,2021(8):44-52.

③ 白彤东.韩非子继承了荀子的性恶论？——师承问题的一个案例研究[J].北京大学学报（哲学社会科学版）,2022(5):42-50.

④ 武梦云.韩非子的"连类比物"论证思想研究[J].逻辑学研究,2022(5):70-84.

⑤ 马世年,马群懿.《韩非子》序跋的韩学史意义[J].中南民族大学学报（人文社会科学版）,2023(1):131-140.

⑥ 宋洪兵.法家研究的"照着讲"与"接着讲"[J].中国文化研究,2022(1):26-31.

思毅、赵海金、王赞源、高柏园、姚蒸民、张素贞、卢瑞钟、林纬毅等学者撰写的专著就有 30 多部，这些研究均有独到的分析和见解。

　　日本学界的"韩非学"研究主要集中于《韩非子》的校勘及考释方面，部分学者对韩非子的人格、身世和思想有所评论；日本近世学者荻生徂徕撰写的《读韩非子》，堪称日本学界《韩非子》早期注释本的代表。

第三章　道在先秦的发展脉络

　　太史公在《史记》中将老、庄、申、韩四子合传的深层原因即在于道家与法家在哲学思想上"皆原于道德之意"。"老子所贵道，虚无，因应变化于无为，故著书辞称微妙难识。庄子散道德，放论，要亦归之自然。申子卑卑，施之于名实。韩子引绳墨，切事情，明是非，其极惨礉少恩，皆原于道德之意，而老子深远矣。……庄子者……其学无所不窥，然其要本归于老子之言……申子之学本于黄老而主刑名……韩非……喜刑名法术之学，而其归本于黄老。"①据此可知，司马迁是由于道家与法家在思想上具有渊源和承变关系，因而将老、庄、申、韩四子合为一传。以老子为代表的道家思想在周季的发展演变大致可以分为两股流向：一股流向以庄子为代表，偏于继承发展老子的形上之道，注重在精神世界中追求价值理想；另一股流向以稷下黄老为代表，偏重继承发展老子的形下之道，积极用世，注重现实的政治和人生。庄子与申不害、韩非虽然"皆原于道德之意"，但在思想的渊源和继承方面是有所不同的，庄子是直接源于老子，申、韩则是承源于黄老道家。申、韩就是通过"本于黄老"，亦即远绍老子，近承战国黄老之学，而形成其法家思想的。"法家两学派（注：晋法家和齐法家）分别出自儒家和道

---

　　①　《史记·老子韩非列传》。

家;儒家和道家是法家的两个源头,并且这两股源流在韩非那里有所汇合。"①

儒、道、法三家对中国学术影响巨大。整体而言,"儒家:重仁义,合人情,长于守成,流于迂腐或虚伪。道家:重道德,超人情,长于应变,流于消极或阴险。法家:重法术,矫人情,长于收效,流于残酷或专制。"②有鉴于此,本章就道在先秦道家、儒家、稷下黄老学派的发展略陈管见。

第一节 先秦道家之道

"道",《说文解字》释作:"道,所行道也。从辵,从首,一达谓之道。"《释名·释道》曰:"一达曰道路。道,蹈也;路,露也。言人所践蹈而露见也。"阮元认为道本字为导。"导字见石鼓文,铭中数导字皆读为道,地名也。"③道本指行走之路,后来泛指人们遵行的宗旨、主张、方法;引入哲学领域,意为事物运行的轨道、法则,宇宙之本根等。

道作为行走之道路的用法,在周秦文献中多次出现,这也是最基本的意思。《易经》多次提及道,皆做道路之意讲。"复自道,何其咎?"④"履道坦坦,幽人贞吉。"⑤"有孚在道,以明,何咎?"⑥"反复其道,七日来复,利有攸往。"⑦由于道路是人行走出来的,又引导着人们行走,所以道字又用作动词表示行走、经过、疏导、引导等动作。《书·禹贡》:"九河既道。"此道即开

---

① 黄辉明.晋法家源流研究[M].上海:上海交通大学出版社,2021:54.
② 王叔珉.先秦道法思想讲稿[M].北京:中华书局,2007:6.
③ 张立文.中国哲学范畴发展史(天道篇)[M].北京:中国人民大学出版社,1988:392.
④ 《周易·小畜·初九》。
⑤ 《周易·履·九二》。
⑥ 《周易·随·九四》。
⑦ 《周易·复·卦辞》。

辟、疏导义。《荀子·王霸》:"故古之有大功名者必道是者也。"杨倞注云:"道,行也。"《释名·释言》:"道,导也,所以通导万物也。"借助于道路,人们可以从所在的地方通往某个目的地,达到某个目标,从这个意义上又引申出道作为比较抽象的途径、手段、方法的意义。如"诞后稷之穑,有相之道"①,此道即指种植的方法。在此基础上进一步抽象提升,道又具有道理、规则的意义。《周易·系辞上》曰:"一阴一阳谓之道。"于是有天道、人道、王道等说法。

任继愈先生主张先秦并无"道家"一说,"道家"之谓是汉人研究先秦诸子的理论成果。"道家一词,实始于陈平(? —前一七八年)。然此所谓道家,乃泛称,并未以道家一词代表一学派。以道家一词代表一学派,实始于司马迁(前一四五—前八六)之父司马谈。"②道作为中国文化的徽标,在先秦诸子中是一个被共享的概念,许多思想家都有各自的"道论"体系。老子是道家学派的开创者。学界一般将所谓的先秦道家合而言之为老庄学派,分而言之为老聃学派和庄周学派。所以本节论先秦道家以老庄为主。

道家总的基调是自然、无为、为我、贵生、养性、全形,追求个体自由和个性的自然发展,在自发的天然秩序中各有所属、各有所得。因此,道家对一切人为的文化和文明创造,尤其是妨碍自然天性发展的政治伦理始终保持一种否定性的批判态度,尽力揭示其异化现象和负面影响。无论是知识智慧、科学技术、政治制度、道德伦理、人文教育,道家都力图做一种置于"自然天性"下的价值重估,力主绝圣弃智、绝仁绝义、绝巧弃利、返璞归真、复归于婴儿,在纯任自然、无知无欲的"小国寡民"或"至德之世"中实现个体的自在发展和社会的"自然之治"。

对于道家之道,已有多家论述。

---

① 《诗经·大雅·生民》。
② 王叔珉.先秦道法思想讲稿[M].北京:中华书局,2007:14.

高亨指出："绌绎《道德经》文,得道之主要性质十端:一曰道为宇宙之母;二曰道体虚无;三曰道体为一;四曰道体至大;五曰道体长存而不变;六曰道运循环而不息;七曰道施不穷;八曰道之体用是自然;九曰道无为而无不为;十曰道不可名不可说。"①

方东美指出:"'道'之概念,乃是老子(约纪元前五六一——前四六七年)哲学系统中之无上范畴,约可分四方面而讨论之。""就'道体'而言,道乃是无限的真实存在实体(真梵或本体)","就'道用'而言,无限伟大之'道',即是周溥万物、遍在一切之'用'(或功能),而取之不尽,用之不竭者","就'道相'而言,道之属性与涵德,可分两类,属于天然者,与属于人为者","就'道征'而言,凡此种高明至德,显发之而为天德,原属道","而圣人者,道之具体而微者也,乃道体之当下呈现,是谓'道成肉身'"。② 方东美通过对道的四个层面的分析,认为在老子哲学中,道是无限真实存在的太一或元一,它是天地之根、万物之宗,它周溥万物,遍在一切,其性无尽,其用无穷,既是万物之所由生,也是万物之最后归趋。他指出:"老子的根本哲学,不能够拿寻常的本体论来概括,而应当在本体论上面有所谓的超本体论。"③

傅伟勋认为:"依照我所了解的老子思想的哲理本末次序,道的六大层面是:道体、道原、道理、道用、道德以及道术。从道原到道术的五个层面,又可以合称为'道相'。"④

张立文主张:"道是天地万物的本原或本体,以及最后的根源或依据;道是自然界事物发展变化的过程,即气化的进程,亦是人类社会运动演化的过程;道无所不包,无处不在,其大无外,其小无内,其自身蕴含着阴阳、有无、一两、动静、理气、道器等等的矛盾对立统一;道相对于具体规律、特

---

①　高亨.老子正诂[M].北京:中国书店,1988:2-3。
②　方东美.原始儒家道家哲学[M].台北:黎明文化事业公司,1985:167-170.
③　蒋国保,余秉颐.方东美思想研究[M].天津:天津人民出版社,2004:330.
④　傅伟勋.从西方哲学到禅佛教[M].北京:生活·读书·新知三联书店,1989:384-385.

殊规律是一个普遍规律、一般规律或总规律;道是整体世界的本质,亦是人类社会的本质;道是认识世界的指向,亦是处世治国的方法以及伦理道德规范。"①

"道"是老子哲学的最高范畴。"道"字在《老子》中出现了七十多次,其意义、内容各有区别,现归纳如下:

《老子·一章》:"道可道,非常道。"

《老子·四章》:"道冲而用之或不盈,渊兮似万物之宗。"

《老子·八章》:"水善利万物而不争,处众人之所恶,故几于道。"

《老子·九章》:"功遂身退,天之道也。"

《老子·十四章》:"执古之道,以御今之有。能知古始,是谓道纪。"

《老子·十五章》:"古之善为道者,微妙玄通,深不可识。……保此道者,不欲盈。"

《老子·十六章》:"知常容,容乃公,公乃全,全乃天,天乃道,道乃久。"

《老子·十八章》:"大道废,有仁义。"

《老子·二十一章》:"孔德之容,惟道是从。道之为物,惟恍惟惚。"

《老子·二十三章》:"故从事于道者,同于道;德者,同于德;失者,同于失。同于道者,道亦乐得之。"

《老子·二十四章》:"企者不立,跨者不行;自见者不明;自是者不彰;自伐者无功;自矜者不长。其在道也,曰:余食赘形。物或恶之,故有道者不处。"

《老子·二十五章》:"有物混成,先天地生。寂兮寥兮,独立而不改,周行而不殆,可以为天下母。吾不知其名,强字之曰道,强为之名曰大。大曰逝,逝曰远,远曰反。故道大,天大,地大,人亦大。域中有四大,而人居其一焉。人法地,地法天,天法道,道法自然。"

---

① 张立文.中国哲学范畴发展史(天道篇)[M].北京:中国人民大学出版社,1988:48-49.

《老子·三十章》："以道佐人主者,不以兵强天下。……物壮则老,是谓不道,不道早已。"

《老子·三十一章》："夫兵者,不祥之器,物或恶之,故有道者不处。"

《老子·三十二章》："道常无名朴。虽小,天下莫能臣。……譬道之在天下,犹川谷之于江海。"

《老子·三十四章》："大道氾兮,其可左右。万物恃之以生而不辞,功成而不有。"

《老子·三十五章》："道之出口,淡乎其无味,视之不足见,听之不足闻,用之不足既。"

《老子·三十七章》："道常无为而无不为。侯王若能守之,万物将自化。"

《老子·三十八章》："前识者,道之华,而愚之始。"

《老子·四十章》："反者道之动,弱者道之用。"

《老子·四十一章》："上士闻道,勤而行之;中士闻道,若存若亡;下士闻道,大笑之。不笑不足以为道。故建言有之:明道若昧;进道若退;夷道若纇……道隐无名,夫唯道善贷且成。"

《老子·四十二章》："道生一,一生二,二生三,三生万物。"

《老子·四十六章》："天下有道,却走马以粪。天下无道,戎马生于郊。"

《老子·四十七章》："不出户,知天下;不窥牖,见天道。其出弥远,其知弥少。"

《老子·四十八章》："为学日益,为道日损。损之又损,以至于无为。"

《老子·五十章》："道生之,德蓄之,物形之,势成之。是以万物莫不尊道而贵德。道之尊,德之贵,夫莫之命而常自然。故道生之,德蓄之;长之、育之;成之、熟之;养之、覆之。生而不有,为而不恃,长而不宰。是谓玄德。"

《老子·五十三章》:"使我介然有知,行于大道,唯施是畏。大道甚夷,而民好径;朝甚除,田甚芜,仓甚虚;服文彩,带利剑,厌饮食,财货有余;是谓盗夸,非道也哉。"

《老子·五十五章》:"知和曰常,知常曰明,益生曰祥,心使气曰强。物壮则老,谓之不道,不道早已。"

《老子·五十九章》:"是谓深根固柢,长生久视之道。"

《老子·六十章》:"以道莅天下,其鬼不神。"

《老子·六十二章》:"道者万物之奥。……人之不善,何弃之有? 故立天子,置三公,虽有拱璧以先驷马,不如坐进此道。古之所以贵此道者何? 不曰:求以得,有罪以免邪? 故为天下贵。"

《老子·六十五章》:"古之善为道者,非以明民,将以愚之。"

《老子·六十七章》:"天下皆谓我道大,似不肖。"

《老子·七十三章》:"天之道,不争而善胜,不言而善应,不召而自来。"

《老子·七十七章》:"天之道,其犹张弓欤? 高者抑之,下者举之;有余者损之,不足者补之。天之道,损有余而补不足。人之道,则不然,损不足以奉有余。"

《老子·七十九章》:"天道无亲,常与善人。"

《老子·八十一章》:"天之道,利而不害;圣人之道,为而不争。"

由上可以发现,一章、四章、十四章、二十一章、二十五章、三十二章、三十四章、四十二章、五十一章等皆就形而上之"道"而言的,其余各章之"道",皆就人生、社会政治而言。老子多言"天之道"以推"人之道",这是以上道论中的突出反映。

老子之"道"既是生育万物的本体,也是作为事物运动变化的规律。换言之,"道"兼具宇宙的本原和根本法则这两种意义。作为宇宙本原的"道","有物混成,先天地生。寂兮寥兮,独立而不改,周行而不殆,可以为

天下母。吾不知其名,强字之曰道,强为之名曰大"①。具体表现在:第一,
道是有无的统一体。"道之为物,惟恍惟惚。惚兮恍兮,其中有象;恍兮惚
兮,其中有物;窈兮冥兮,其中有精,其精甚真,其中有信。"②第二,道体虚
无,其用无穷。"道冲而用之或不盈,渊兮似万物之宗。……湛兮似或存。
吾不知谁之子,象帝之先。"③道体虚状,但它作用无穷,蕴藏无尽的创造力,
是万物的根源。第三,道是无始无终,超越时空无限存在,独立不改,唯一
常存,变动不居;同时也是先天地而存,自本自根,万物之母,它超越了我们
感觉知觉,为我们的感官所无法把握。"道"作为根本法则,"人法地,地法
天,天法道,道法自然"④。"道法自然"就是说道的运动以"自然"为法,以自
然为归,道的本性就是自然。道以它自己的状况为依据,以它内在的原因
决定了本身的存在和运动,而不必靠外在其他的原因。⑤ 道作用于万物时
则辅万物之自然而不敢为,道对于万物是居于辅助的立场,只是依照万物
本然状态去发展,而天地万物的生成、变化发展都是自然而然的。以至于
万物都不知道这是道的作用。所以说"道常无为而无不为"⑥。"无为"即是
对万物不有、不持、不宰;"无不为"即是长之、育之、宰之、毒之、养之、覆之。
正是任万物自生,让万物以自己本然的状态自由呈现,才无物不生。道正
是以这种"无为而无不为"的方式创生发展万物,被万物尊崇。"道家的'无
为'政治主张圣人'无为'的同时,其实已将'道'视为一种能够有效克服儒
家德化思想缺陷的标准和尺度。"⑦

老子有三个基本的思想框架,即"道与物相分,道与得相对,无为与自

---

① 《老子·二十五章》。
② 《老子·二十一章》。
③ 《老子·四章》。
④ 《老子·二十五章》。
⑤ 陈鼓应.老庄新论[M].上海:上海古籍出版社,1992:26.
⑥ 蒋锡昌.老子校诂[M].上海:商务印书馆,1937:240.参见"锡昌按:道常者,道之真,一章
所谓常道也。无为者,言其体;无不为者,言其用"。
⑦ 宋洪兵.韩非子政治思想再研究[M].北京:中国人民大学出版社,2010:197.

然相应"①。老子之"道"的意义在于从理论上直接否定了殷商流传下来的创世之说。在其时,儒家信奉天命,宣扬死生有命、富贵在天。墨子崇尚天志,认为天有意志,能行赏罚,"顺天意而得赏,反天意而得罚"②。他们都把天尊奉为最高人格神。对于这种天神崇拜,老子认为,天不是至高无上的,在天帝之先还有一个道,它先于天帝而存在,世间的一切,也不是由天帝来安排,而是由道派生出来的。这就从根本上否定了天是最高人格神的地位。"老子的最大发明,便是取消了殷商以来人格神的天之至上权威。"③更有张松如指出:"老子是中国古代第一个以理论形式宣传无神论的思想家,他提出了道这个至高无上的宇宙本体,批判了殷商以来的帝、天、鬼神观为基础的宗教神学宇宙观。他的道论的出现,标志着春秋以来无神论思想发展到了一个理论化的阶段。"④

庄周派是庄子及其后学而形成的道家派别。庄子也是老子之后先秦道家的集大成者。庄子思想主要集中在《庄子》中,今本《庄子》三十三篇,内七篇,外十五篇,杂十一篇,这是晋人郭象注《庄子》时所定。内篇代表庄子本人的思想,外篇和杂篇是其后学的继续。

庄子之学本归于老子之言,也以"道"为其哲学最高范畴,将"道"作为产生世界万事万物的最后本体。《庄子·大宗师》说:"夫道有情有信,无为无形;可传而不可受,可得而不可见;自本自根,未有天地,自古以固存;神鬼神帝,生天生地;在太极之先而不为高,在太极之下而不为深,先天地生而不为久,长于上古而不为老。"在庄子看来,"道"尽管无为无形,却是一种真实的存在,但这种真实的存在是超越时空的,它不表现为具体的事物,人们靠感官无法感应它的存在,只有用心灵才能对之加以体悟。这种感官无

---

① 曹峰.文本与思想:出土文献所见黄老道家[M].北京:中国人民大学出版社,2018:14.
② 《天志·上》。
③ 郭沫若.郭沫若全集:考古编(第1卷)[M].北京:科学出版社,2002:351.
④ 张松如.老子校读[M].长春:吉林人民出版社,1981:455.

法感应的道无处不在、无时不有，并非高不可攀，而是内附于万物。庄子指出，"道"虽然产生天地万物，但"道"产生万物的过程却没有任何意识性和目的性，万物生长都是自然、自发，无任何主宰和创造。"道无始终，物有死生，不恃其成。……物之生也，若骤若驰，无动而不变，无时而不移。何为乎，何不为乎？夫固将自化。"①这与老子的"道法自然"是一致的。

后期庄子学派对老子道的本体实在意义也做了较多的继承和发展。首先，在宇宙生成论上，庄子学派继承了老子"道生一，一生二，二生三，三生万物，万物负阴而抱阳，冲气以为和"的道造天地万物过程，提出"泰初有无，无有无名；一之所起，有一而未形，物得以生，谓之德；未形者有分，且然无间，谓之命；留动而生物，物成生理……谓之性"②。即宇宙始源是"无"。没有"有"、没有"名"，呈现混一状态，还没有成形体。万物得道生成，即是"德"，没有成形体却有阴阳之分且流行无间，称为"命"；阴阳之气运动又产生了万物，万物生成有了各种形态，就叫做"形"；形得而保有精神，各有规律，就称为"性"。显然，庄子学派宇宙创造说受了老子宇宙生成论的影响，老子道生的"一"是浑然一体的状态，"二"是阴阳二气，"三"是阴阳交和的冲气产生万物。其次，在宇宙始源终极论上，庄子学派沿袭了老子的思想，以"无"为终极观念："万物出乎无有，有不能以有为有，必出乎无有，而无有一无有，圣人藏乎是。"③即万物都是有，所以都出于无有。上文"泰初有无，无有无名"也说明了庄子学派把宇宙的始源看作无。但庄子本人并不把"无"视为宇宙本原，而以"无"为相对状态。他说，如果无是有的根本，无无是无的根本，未有无无，又是无无的根本。"有始也者，有未始有始也者，有未始有夫未始有始也者。有有也者，有无也者，有未始有无也

---

① 《庄子·秋水》。
② 郭庆藩.庄子集释[M].北京:中华书局,1982:424.
③ 郭庆藩.庄子集释[M].北京:中华书局,1982:800.

者,有未始有夫未始有无也者。"①按庄子的思路上溯下去乃至于无无,宇宙无所谓终极。

老子谈及道作为规律的方面比较多,老子所说的作为规律的道与万物关系是:道作为规律是存在于万物之上的,道作为一种万物之上的规律,运作万物,万物只能无条件地遵从。而在庄子本人思想中总体上来说是没有把道作为规律来谈的。万物之所以那样,是万物自化,与外界无关。"夫吹万不同,而使其自己也,咸其自取,怒者其谁邪?"②万物发出不同的声音,不是由于风吹,而是万物本身的因素使其在受到风吹时发出不同的声音。

外篇中道在很多时候是作为"规律"来论述的。这个规律不再存在于万物之外,而是存在于万物之内。正是由于这个道,万物才能按本身的原理特性去生成与发展。"东郭子问于庄子曰:所谓道,恶乎在? 庄子曰:无所不在。东郭子曰:期而后可。庄子曰:在蝼蚁。曰:何其下邪? 曰:在稊稗。曰:何其愈下邪? 曰:在瓦甓。曰:何其愈甚邪? 曰:在屎溺。……汝唯莫必,无乎逃物。"③这说明道是普遍内附于万物的。"冉求问于仲尼曰:未有无地可知邪? 仲尼曰:可,古犹今也。……仲尼曰:昔之昭然也……无古无今。无始无终,未有子孙而有子孙,可乎? ……物物者非物,物出不得先物也。"④"物物者非物"就表明物之所以成为物的原理、根据不是外物而是其内在规律理则。正是由于内化万物中作为万物的自身原理的道,万物变化才表现为自身的本然性、固然性、自然性,即"自化"。"天地固有常矣,日月固有明矣,星辰固有列矣,禽兽固有群矣,树木故有立矣。……循道而

---

① 郭庆藩.庄子集释[M].北京:中华书局,1982:79.
② 《庄子·齐物论》。
③ 郭庆藩.庄子集释[M].北京:中华书局,1982:749.
④ 郭庆藩.庄子集释[M].北京:中华书局,1982:726.

趋,已至矣。"①这说明天地高广且永远长存,日月运行发光,星辰有其序列等,万物之所以千姿百态,是其自身自然性、固然性的结果,而万物自然性、固然性是道使之然的。在《庄子·则阳》篇中,庄子借批评季真、接子的两种观点引出自己的观点,万物的存在变化,有其内在原因和相互关系,这种内在原因和相互关系就是道。道是存在万物中不得不然的理法,是万物的生成变化之所以如此的内在原理与根据。

庄子之"道"是个整体,任何事物的本质都是"道",因而可以齐万物、齐是非、齐物我。他把"道"与个人的体验修养紧密联系在一起,把体道之人称为至人、圣人、神人、真人,并描述了其不同的体道境界。至人"上闻晴天,下潜黄泉,挥斥八极,神气不变"②。圣人"不从事于务,不就利,不违害,不喜求,不缘道,无谓有谓,有谓无谓,而游乎尘垢之外"③;神人"乘云气,御飞龙,而游乎四海之外"④;真人"登高不栗,入水不濡,入火不热"⑤。这种理想境界达到了"天地与我并生,而万物与我为一""独与天地精神往来"的目的。⑥

老庄密切相连,老无庄无以扬其波,庄无老无以溯其源。关于二者思想之差异,世之学者已有较多的深入研究。值得一提的是周可真教授从老庄思想的出发点、宇宙观、社会观、人生观、知行观、自由观等具体条目进行了同异研究(见表 3.1)。⑦ 笔者深以为是。

---

① 郭庆藩.庄子集释[M].北京:中华书局,1982:479.
② 《庄子·田子方》。
③ 《庄子·齐物论》。
④ 《庄子·逍遥游》。
⑤ 《庄子·大宗师》。
⑥ 《庄子·齐物论》。
⑦ 周可真.哲学与文化研究[M].南京:江苏人民出版社,2005:98-111.

表 3.1　老庄思想的比较

维度	老子	庄子
出发点	治国	治身
宇宙观	气为道之实体	道为气之本原
社会观	小国寡民	至德之世
人生观	严肃认真	玩世不恭
知行观	不行而知	以无知知
自由观	行动上的无不为	思想上的逍遥游

资料来源:周可真.哲学与文化研究[M].南京:江苏人民出版社,2005:98-111.

　　概而言之,先秦道家之道可从以下三方面理解:本根之道,即道是天地万物的总根源和构成天地万物最原始的混沌未分的始基或材料;法则之道,也就是把道看作自然界的内在秩序和必然性,具有客观法则和规律的意义;无为之道,"道常无为而无不为"①。无为并非无所作为,而是无为无不为,是为无为,是不乱为,是无所为而为。前两种理解都是就道本身之特性而言,无为之道则是就道的现实政治意蕴而言。

(一)本根之道

　　在道家看来,道是天地万物之本原。老子认为:"有物混成,先天地生。寂兮寥兮,独立而不改,周行而不殆。可以为天下母,吾不知其名,字之曰道。强为之名曰大,大曰逝,逝曰远,远曰反。"②周行无所不至而免殆,能生全大形也,故可以为天下母也。庄子亦有是论:"夫道,有情有信,无为无形;可传而不可受,可得而不可见;自本自根,未有天地自古以固存;神鬼神帝,生天生地;在太极之上而不为高,在六极之下而不为深,先天地生而不

---

① 《老子·三十七章》。
② 《老子·二十五章》。

为久,长于上古而不为老。"①道是先于天地之本原之存有。"道之为物,惟恍惟惚,惚兮恍兮,其中有象,恍兮惚兮,其中有物。窈兮冥兮,其中有精,其精甚真,其中有信。自古及今,其名不去,以阅众甫。"②道作为先天地而在之在,只是一种在,只是一种纯粹的存有。道作为纯粹之在,只是一逻辑上之抽象,所以其为"无状之状,无物之象"③。这种"自本自根""生天生地"之原始存在,在天地未有之前是独一无二、无以名状的。你不能说它是什么或不是什么,是什么、不是什么对于道均不适用,道就是道,道除了是道之外什么也不是。就此而言,道也可以说是"大"。"大"即太。太者,无以复加、无有应对之谓也。所以,《吕氏春秋》曰:"道也者,至精也,不可为形,不可为名,强为之(名),谓之太一。"④道是太,是太一。太是极至,一是独一无二,所以太是一,一也是太,太一既是太,也是一。道名为太或太一,不是表明道与太或太一有别,而是表明道就是它自身,道无有制约、无有限制,道只能自己设定自己,自己限定自己。所以《淮南子》曰:"凡物有朕,唯道无朕;所以无朕者,以其无常形势也。"⑤"朕"即朕兆、痕迹。道无朕,亦即道无形无状,无以复加,无以应对。所以,严遵曰:"道之为物,窥之无户,察之无门,指之无体,象之无容,意不能尽而言不能通。万物以生,不为之损;物皆归之,不为之盈。上下不穷,广大无涯;消息赢绌,不可度訾。游于秋毫,不以为少;包裹万天,不以为多。"⑥这种无形无状、无物之象、无以复加、无以应对之在,这种所谓先天地而生、"自本自根""生天生地"的道,既可说是有,亦可说是无,它是有与无的统一。

---

①　《庄子·大宗师》。

②　《老子·二十一章》。

③　《老子·十四章》。

④　《吕氏春秋·仲夏纪·大乐》。

⑤　《淮南子·兵略训》。

⑥　《老子指归·道生篇》。

（二）法则之道

道固然是无形而不可见，恍惚而不可随，但它作用于事物时表现了某种规律。"反者道之动"。① 老子认为自然界中事物的运动变化莫不依循着某些规律，其中之一就是"反"。事物向相反的方向运动发展，同时，其运动发展总要回到基始状态。"有无相生，难易相成，长短相形，高下相倾，音声相和，前后相随。"② 人的存在价值也是相对形成的。"天下皆知美之为美，斯恶矣；皆知善之为善，斯不善矣。"③ 老子还指出："天之道，损有余而补不足。人之道则不然，损不足以奉有余。孰能有余以奉天下？唯有道者。"④ 按照老子的思想，作为宇宙本原的道具有周流不息运行的特点，它当然应该有自身的运行法则。所谓道法自然，便是说道遵从自然法则而周行。这个自然其实也就是宇宙法则意义上天之道的根本内容。

（三）无为之道

有、无是先秦道家论道的两个方面。主张守无，反对执有，是老子哲学思想方法论的核心。所谓为无为、贵柔、守雌，无不是在守无。反映在具体的治国理路上，"不以智治国"，"道常无为而无不为"，"为者败之，执者失之。是以圣人无为故无败，无执故无失"。⑤ 所谓无为，并非无所作为，而是无为无不为，是为无为，是不乱为，是无所为而为。换句话说，无为是为而不争，这里的争是争名争主而言。天下莫能与道争名争主，道作为天下母的名分和地位是不争的、绝对的。周可真教授认为："无不为是老子所追求

---

① 《老子·十四章》。
② 《老子·二章》。
③ 《老子·二章》。
④ 《老子·七十七章》。
⑤ 《老子·六十四章》。

的自由,无为则是实现其自由的条件。无为和无不为是老子自由观的两个
基本范畴……无为是作为一种政治主张提出来的,它有以下几个要点:
(1)无为是大为,即一般的、笼统的为,是为全局范围之事。(2)无为即是抓
根本大事而不拘小节。(3)无为是以柔制刚,是以顺从客体的手段来达到
支配客体的目的,亦即是从对象出发,根据对象的客观要求和实际情况来
采取相应的措施。(4)无为即无名,也就是给被管理者以充分的自由度,对
他们的行为不做过细的具体规定,而只做一般的原则规定;并且一旦规定
下来,即保持相对的稳定,而不随意经常地变动。"①道家哲学是消极无为的
看法,其实并未把握道家哲学的真谛。

第二节　先秦儒家之道

　　人们一说起道,马上就联想到道家,因为道是道家哲学的最高范畴,是
建构其思想体系的理论基石。然而,道并非道家的专利品,在先秦哲学中,
道是一个极为普遍的范畴,各家各派都用道说明自己的理论。儒家亦不例
外,道在儒家哲学中也占有极其重要的地位。

　　儒家强调道的人伦含义,主张"人能弘道,非道弘人"②,"道不远人,人
之为道而远人,不可以为道"③。道是离不开人的,所以"君子之言也,不下
带而道存焉"④。在早期的儒家经典中,孤立地讲道的并不多,更多的是讲
"圣人之道""尧舜之道""君子之道"等。儒家之道从本质上讲就是人道,正
如荀子所说:"先王之道,人之隆也,比中而行之。曷谓中?曰:礼义是也。

---

① 周可真.哲学与文化研究[M].南京:江苏人民出版社,2005:109.
② 《论语·卫灵公》。
③ 《中庸》。
④ 《孟子·尽心下》。

道者,非天之道,非地之道,人之所以道也,君子之所道也。"①意即先王之道,是仁的最高表现,它是依顺着中正之道实行的。什么叫中正之道呢?礼义即是。道,不是指天地的运动和变化规律,而是人们所遵循的礼义准则。

就孔子而言,对其"道"思想的研究有不同的看法。有学者认为,孔子"道"的思想可以分为天道观和人道观两大范畴,而人道观是重心所在。②也有学者认为,人道表现为忠恕之道,为人处世要依"礼"而行。③ 还有学者认为,孔子的"道"是"天道""仁道"和"人道",其中"仁道"是"天道"和"人道"的交融体现。④ 笔者比较赞同第三种观点。孔子之"道"基本聚集在人生观、道德观、社会观等方面。在《论语》中,孔子论及"道"的地方多达八十九次。除少数是指"道路,路途"及"言说"外,大多是被作为抽象的理论概念来使用的。就其抽象意义而言,孔子的"道"范畴具有丰富的内涵,但又不同于老子哲学中以形上本体为旨归的"道"范畴。孔子的"道"范畴更多地反映出一种人文主义的现实关怀,它以构建完善的社会价值体系为主旨,以个体的现实践履为法则。诚如顾立雅所言:"孔子认为,'道'所要保持的是一种行动方式,或者是行动的大道。"⑤也就是说,孔子的"道"范畴主要指向现实社会的个体行为,它与孔子思想中的诸范畴存在着内在的关联。

《论语》中关于道的论述汇总如下。

《论语·学而》:

> 有子曰:"其为人也孝弟,而好犯上者,鲜矣;不好犯上,而好作乱

① 《荀子·儒效》。
② 颜炳罡.孔子"道"的形上学意义及精神价值[J].贵州社会科学,2010(2):12-18.
③ 马遥.浅析老子"道"的思想[J].安阳师范学院学报,2008(1):32-33.
④ 李泽厚.中国古代思想史论[M].北京:生活·读书·新知三联书店,2009:79.
⑤ 顾立雅.孔子与中国之道[M].郑州:大象出版社,2000:150.

者,未之有也。君子务本,本立而道生。孝弟也者,其为仁之本与!"

子曰:"道千乘之国,敬事而信,节用而爱人,使民以时。"

子曰:"父在,观其志;父没,观其行;三年无改于父之道,可谓孝矣。"

有子曰:"礼之用,和为贵。先王之道斯为美,小大由之。有所不行,知和而和,不以礼节之,亦不可行也。"

子曰:"君子食无求饱,居无求安,敏于事而慎于言,就有道而正焉,可谓好学也已。"

《论语·为政》:

子曰:"道之以政,齐之以刑,民免而无耻。道之以德,齐之以礼,有耻且格。"

《论语·八佾》:

子曰:"射不主皮,为力不同科,古之道也。"

仪封人请见。曰:"君子之至于斯也,吾未尝不得见也。"从者见之。出曰:"二三子何患于丧乎? 天下之无道也久矣,天将以夫子为木铎。"

《论语·里仁》:

子曰:"富与贵,是人之所欲也;不以其道得之,不处也。贫与贱,是人之所恶也;不以其道得之,不去也。君子去仁,恶乎成名? 君子无终食之间违仁,造次必于是,颠沛必于是。"

子曰:"朝闻道,夕死可矣。"

子曰:"士志于道,而耻恶衣恶食者,未足与议也。"

子曰:"参乎! 吾道一以贯之。"曾子曰:"唯。"子出,门人问曰:"何谓也?"曾子曰:"夫子之道,忠恕而已矣!"

子曰："三年无改于父之道，可谓孝矣。"

《论语·公冶长》：

子谓南容："邦有道，不废；邦无道，免于刑戮。"以其兄之子妻之。

子曰："道不行，乘桴浮于海。从我者，其由与？"子路闻之喜。子曰："由也好勇过我，无所取材。"

子贡曰："夫子之文章，可得而闻也；夫子之言性与天道，不可得而闻也。"

子谓子产："有君子之道四焉：其行己也恭，其事上也敬，其养民也惠，其使民也义。"

子曰："宁武子，邦有道，则知；邦无道，则愚。其知可及也，其愚不可及也。"

《论语·雍也》：

冉求曰："非不说子之道，力不足也。"子曰："力不足者，中道而废，今女画。"

子曰："谁能出不由户？何莫由斯道也？"

子曰："齐一变，至于鲁；鲁一变，至于道。"

《论语·述而》：

子曰："志于道，据于德，依于仁，游于艺。"

《论语·泰伯》：

曾子有疾，孟敬子问之。曾子言曰："鸟之将死，其鸣也哀；人之将死，其言也善。君子所贵乎道者三：动容貌，斯远暴慢矣；正颜色，斯近信矣；出辞气，斯远鄙倍矣。笾豆之事，则有司存。"

曾子曰："士不可以不弘毅，任重而道远。仁以为己任，不亦重乎？死而后已，不亦远乎？"

子曰："笃信好学,守死善道。危邦不入,乱邦不居。天下有道则见,无道则隐。邦有道,贫且贱焉,耻也;邦无道,富且贵焉,耻也。"

《论语·子罕》:

子疾病,子路使门人为臣。病间,曰："久矣哉,由之行诈也! 无臣而为有臣。吾谁欺,欺天乎! 且予与其死于臣之手也,无宁死于二三子之手乎! 且予纵不得大葬,予死于道路乎?"

子曰："衣敝缊袍,与衣狐貉者立,而不耻者,其由也与。'不忮不求,何用不臧?'"子路终身诵之。子曰："是道也,何足以臧?"

子曰："可与共学,未可与适道;可与适道,未可与立;可与立,未可与权。"

《论语·先进》:

子张问善人之道。子曰："不践迹,亦不入于室。"

季子然问:"仲由、冉求,可谓大臣与?"子曰:"吾以子为异之问,曾由与求之问。所谓大臣者,以道事君,不可则止。今由与求也,可谓具臣矣。"曰:"然则从之者与?"子曰:"弑父与君,亦不从也。"

《论语·颜渊》:

季康子问政于孔子曰:"如杀无道,以就有道,何如?"孔子对曰:"子为政,焉用杀? 子欲善而民善矣。君子之德风,小人之德草,草上之风,必偃。"

子贡问友。子曰:"忠告而善道之,不可则止,毋自辱焉。"

《论语·子路》:

子曰:"君子易事而难说也。说之不以道,不说也;及其使人也,器之。小人难事而易说也。说之虽不以道,说也;及其使人也,求备焉。"

《论语·宪问》:

宪问耻。子曰:"邦有道,谷;邦无道,谷,耻也。""克、伐、怨、欲不行焉,可以为仁矣?"子曰:"可以为难矣,仁则吾不知也。"

子曰:"邦有道,危言危行;邦无道,危行言孙。"

子言卫灵公之无道也,康子曰:"夫如是,奚而不丧?"孔子曰:"仲叔圉治宾客,祝鮀治宗庙,王孙贾治军旅。夫如是,奚其丧?"

子曰:"君子道者三,我无能焉:仁者不忧,知者不惑,勇者不惧。"子贡曰:"夫子自道也。"

公伯寮诉子路于季孙。子服景伯以告,曰:"夫子固有惑志于公伯寮,吾力犹能肆诸市朝。"子曰:"道之将行也与,命也;道之将废也与,命也。公伯寮其如命何!"

《论语·卫灵公》:

子曰:"直哉史鱼!邦有道如矢,邦无道如矢。君子哉蘧伯玉!邦有道则仕,邦无道则可卷而怀之。"

子曰:"吾之于人也,谁毁谁誉。如有所誉者,其有所试矣。斯民也,三代之所以直道而行也。"

子曰:"人能弘道,非道弘人。"

子曰:"君子谋道不谋食。耕也,馁在其中矣;学也,禄在其中矣。君子忧道不忧贫。"

子曰:"道不同,不相为谋。"

师冕见,及阶,子曰:"阶也。"及席,子曰:"席也。"皆坐,子告之曰:"某在斯,某在斯。"师冕出,子张问曰:"与师言之道与?"子曰:"然,固相师之道也。"

《论语·季氏》：

孔子曰："天下有道，则礼乐征伐自天子出；天下无道，则礼乐征伐自诸侯出。自诸侯出，盖十世希不失矣；自大夫出，五世希不失矣；陪臣执国命，三世希不失矣。天下有道，则政不在大夫；天下有道，则庶人不议。"

孔子曰："益者三乐，损者三乐。乐节礼乐，乐道人之善，乐多贤友，益矣。乐骄乐，乐佚游，乐宴乐，损矣。"

孔子曰："见善如不及，见不善如探汤。吾见其人矣。吾闻其语矣。隐居以求其志，行义以达其道。吾闻其语矣，未见其人也。"

《论语·阳货》：

子之武城，闻弦歌之声。夫子莞尔而笑，曰："割鸡焉用牛刀？"子游对曰："昔者偃也闻诸夫子曰：'君子学道则爱人，小人学道则易使也。'"子曰："二三子！偃之言是也。前言戏之耳。"

子曰："道听而途说，德之弃也。"

《论语·微子》：

柳下惠为士师，三黜。人曰："子未可以去乎？"曰："直道而事人，焉往而不三黜？枉道而事人，何必去父母之邦？"

长沮、桀溺耦而耕，孔子过之，使子路问津焉。长沮曰："夫执舆者为谁？"子路曰："为孔丘。"曰："是鲁孔丘与？"曰："是也。"曰："是知津矣。"问于桀溺。桀溺曰："子为谁？"曰："为仲由。"曰："是鲁孔丘之徒与？"对曰："然。"曰："滔滔者，天下皆是也，而谁以易之？且而与其从辟人之士也，岂若从辟世之士哉！"耰而不辍。子路行，以告。夫子怃然曰："鸟兽不可与同群，吾非斯人之徒与而谁与？天下有道，丘不与易也。"

子路从而后，遇丈人，以杖荷蓧。子路问曰："子见夫子乎？"丈人曰："四体不勤，五谷不分，孰为夫子？"植其杖而芸。子路拱而立。止子路宿，杀鸡为黍而食之，见其二子焉。明日，子路行，以告。子曰："隐者也。"使子路反见之。至，则行矣。子路曰："不仕无义。长幼之节，不可废也；君臣之义，如之何其废之？欲洁其身，而乱大伦。君子之仕也，行其义也。道之不行，已知之矣。"

《论语·子张》：

子张曰："执德不弘，信道不笃，焉能为有，焉能为亡。"

子夏曰："虽小道，必有可观者焉，致远恐泥，是以君子不为也！"

子夏曰："百工居肆以成其事，君子学以致其道。"

子游曰："子夏之门人小子，当洒扫应对进退，则可矣，抑末也。本之则无，如之何？"子夏闻之，曰："噫！言游过矣！君子之道，孰先传焉？孰后倦焉？譬诸草木，区以别矣。君子之道，焉可诬也？有始有卒者，其惟圣人乎！"

孟氏使阳肤为士师，问于曾子。曾子曰："上失其道，民散久矣。如得其情，则哀矜而勿喜。"

卫公孙朝问于子贡曰："仲尼焉学？"子贡曰："文武之道，未坠于地，在人。贤者识其大者，不贤者识其小者，莫不有文武之道焉，夫子焉不学，而亦何常师之有？"

陈子禽谓子贡曰："子为恭也，仲尼岂贤于子乎？"子贡曰："君子一言以为知，一言以为不知，言不可不慎也！夫子之不可及也，犹天之不可阶而升也。夫子之得邦家者，所谓立之斯立，道之斯行，绥之斯来，动之斯和。其生也荣，其死也哀，如之何其可及也？"

"道"是孔子一生的理想目标，也是其思想中完整的理论概括与价值体系，这一价值体统摄了"德"与"仁"等范畴，而且指向个人如何成就"道"

的各个方面。但"德"与"仁"诸范畴都属于人道观的论域,孔子的"道"范畴除具有人道观意义,也具有天道观的意义。他对"道"的阐释与运用,"总体来说,则是对包括政治、伦理、道德在内的理想社会结构形式和社会行为规范的总抽象与总概括"①。从本体论角度而言,孔子的"道"虽具有天道观的意义,但它并未涉及哲学上的本体论问题,仅仅指向天人关系,这与老庄哲学中本体论意义上的"道"范畴有本质区别。

儒家总是倾向于把天道与人道合在一起来讲,并且强调以人道甚至于人心来彰显所谓天道。这样一来,天道的落脚点还是在人。先秦儒家所谓人为"天地之心"②,所谓"天听自我民听,天视自我民视"③,所谓"尽其心者,知其性也;知其性,则知天矣"④,等等,都是说明即使是天道,也是由人来彰显的,天道其实就体现在人心、人道之中。道当然是客观的,非个人主观臆想的东西,是自然而然和不得不然的。因此,道具有天的性质,但是按照思孟一派儒家的观点,则天道与人心本来就不是绝然相隔的,而是相通的。道既是本于天又是备于我的。天道显现于人事和人心,故通过尽心,就可以知性并且知天。每个人只要正心诚意,反求诸己,都可以知道得道。道不远人,道心与人心不离不即、若即若离,这使得道不易于成为一种脱离人、脱离历史的,超验的、绝对的,形而上学的真理。

先秦儒家尤以荀子之学受道家的影响最显著、最深刻。关于老子,他指出:"老子有见于诎(屈),无见于信(伸)……有诎而无信,则贵贱不分。"⑤荀子也言及庄子:"庄子蔽于天而不知人……由天谓之,道尽因矣。"⑥关于

---

①　刘振东.中国思想史上第一次提出的社会原则和社会理想:论孔子之"道"的性质、意义和影响[J].孔子研究,1995(4):15-24.

②　《礼记·礼运》。

③　《孟子·万章上》。

④　《孟子·尽心上》。

⑤　《荀子·天论》。

⑥　《荀子·解蔽》。

道，荀子认为："夫道者，体常而尽变，一隅不足以举之。"①道能囊括一切变化，而任何具体的变化都不能包含它，世界上的万事万物都是道的特性在某一个方面的表现，"万物为道一偏，一物为万物一偏"②。一切事物的变化发展都体现道的运动规律，万事万物都由道产生，道是天地万物的最后本原，"所谓大圣者，知通乎大道……大道者所以变化遂成万物也"③。在此基础上，荀子明确提出了"明于天人之分"④的思想，认为天与人各有各的职分，各有各的运行规律，两者互不干涉。天地万物的变化都有其客观的规律，不是任何神意的体现，"天行有常，不为尧存，不为桀亡"⑤。这样一来，儒家传统的天命观到了荀子这里就发生了重大变化。儒家自孔子开始，中经思孟学派，都承认天有意志，都把天视为主宰人类命运的最高人格神。而荀子否认天命，否认天有意志，这种转变"显然受了道家的自然天道观的影响"⑥。

简言之，儒家之道是指人与人的一种关系。这种关系，就其性质而言，即是仁。孔孟以仁为道，这意味着在他们那里，道这一范畴已经蕴含着合二而一的意义。由于孔孟在讲仁的同时又十分强调礼的作用，亦即肯定人与人之间的尊卑贵贱的等级差别，因此，按照他们的思想理路，合二而一就绝不是意味着要消除对立面的差异性。恰恰相反，它是以肯定差异或对立为前提和基础的。周可真教授比较了儒家之道与道家之道，认为"道家之道不过是形而上学的同一之道；儒家之道则不过是形而上学的对立之道。从某种意义上，正是由于其道相反，其矛盾观各执以偏，儒、道学说才可以且有必要互补，由此造成了其发展过程中渐趋合流以至于相互融合的必然

---

① 《荀子·解蔽》。
② 《荀子·天论》。
③ 《荀子·哀公》。
④ 《荀子·天论》。
⑤ 《荀子·天论》。
⑥ 侯外庐.中国思想史(第1卷)[M].北京：人民出版社，1957：531.

趋势"①。需要指出的是,先秦儒家人物中,能将其思想学说实现于政治者,唯孔子一人。"孔子相鲁,三月大治,道不拾遗。见史记孔子世家。……孟子大倡仁义,当时诸侯如齐宣王、梁惠王皆'以为迂远而阔于事情'。至荀卿倾向现实,重礼,明性恶,法后王;弟子韩非吸收此类思想,进而融合慎到、申不害、商鞅诸学之长,兼取道家、名家适合于己之理论,而集法家三派之大成。"②

第三节　先秦黄老之道

"黄老"一词,始见于汉代司马迁《史记》。马王堆帛书的研究是先秦黄老之学研究的起点。在追述先秦学术发展时,司马迁多次提到"黄老":《老子韩非列传》有"申子之学,本于黄老而主刑名";《孟子荀卿列传》有"慎到,赵人。田骈、接子,齐人。环渊、楚人。皆学黄老道德之术,因发明序其指意"。这些记载说明,虽然在先秦文献中并未出现"黄老"之名,但是黄老之学的传播事实上已经开始了。"黄老道家作为道家的一个重要分支,发端于先秦时期,盛行于秦汉之际,转型于魏晋之后。与老庄道家相比,黄老道家有比较深厚的政治情怀,有比较具体的政治理念,有比较成功的政治实践,也有比较深远的政治影响。"③作为战国秦汉之际重要的学术环节,黄老思想影响了战国诸子及其汉代学术的走向,也在一定程度上促进了韩非思想的成熟。

司马迁列举了黄老学者之名却并未给"黄老"一个明确的界定,"黄老"之学的内涵特征,一直是个没有明确解决的问题。最早对此作出解释的是

---

①　周可真.哲学与文化研究[M].南京:江苏人民出版社,2005:117.

②　王叔珉.先秦道法思想讲稿[M].北京:中华书局,2007:272.

③　曹峰.文本与思想:出土文献所见黄老道家[M].北京:中国人民大学出版社,2018:1.

东汉的王充,他说:"贤之纯者,黄老是也。黄者,黄帝也:老者,老子也。黄老之操,身中恬淡,其治无为。"①他明确指出"黄老"连称,"黄"即黄帝,"老"即老子。但目前学界对这一问题又有两种不同的看法。

一种看法认为"黄老之学"或"黄老学派"是由"黄帝之学"或"黄学"与"老学"合流后形成的学派。余明光认为"黄学"和"老学"是先秦道家中独立存在的两个学派,"黄学"与"老学"混淆始自汉初的司马谈和司马迁父子。他说:"黄老与老学虽同属道家,但分属两个不同的流派。这个问题在先秦时代是分得很清楚的。但到了汉代则为之一变,《史记》首倡'黄老',将黄老混同在一起。致使后世学者步趋汉人之后,黄老并提,不加分辨,以为当然。"②此说最有力的根据是:"在先秦的古籍里,从来没有'黄老'合称的。'黄'是'黄','老'是'老',界线非常分明。"③黄老学派在先秦是有其实而无其名,以"黄老"命名肇始于司马氏父子。先秦古籍中出现的"黄""老"指黄帝和老子两个具体的人,不是指"黄学"和"老学"两个学派,"黄""老"之间的界限分明只表明古人并没有将这两个人混为一谈。而司马迁所言"黄老"是指一个学派,只不过这个学派用"黄帝""老子"作代表并以之命名而已。

另一种看法认为"黄老"是指托名黄帝而实宗老子的那样一些学说或学派。张维华认为:"黄老之说的黄帝之言,主要是后人假托黄帝之口,从《老子》中引申出来的一些道家言论,合成一流而称之'黄老'的。某些吸收道家说法,进一步阐明自己学派之宗旨者如法家者流不在其内。"④白奚说:"黄老之学,从名称上看,用是老子之学与假托的黄帝之言的结合。"⑤又说:

---

① 《论衡·自然》。

② 余明光.黄帝四经与黄老思想[M].哈尔滨:黑龙江人民出版社,1989:158.

③ 余明光.黄帝四经与黄老思想[M].哈尔滨:黑龙江人民出版社,1989:160.

④ 张维华.释"黄老"之称[J].文史哲,1981(4):13-24,38.

⑤ 白奚.《黄帝四经》与百家之学[J].哲学研究,1995(4):32-38。

"黄老之学是道家学派在战国时期出现的一个分支,它肇始黄帝,本宗老子,以热衷于探讨治国之道的鲜明特色而有别于约略同时出现的以庄子为代表的另一个道家分支。"①丁原明亦云:"黄老学的基本内容应当是'老'而不是'黄',应当是'道'及其对百家思想的提取,而不是老学与黄帝学的结合。"②可见,不管是"黄老之学"还是"黄老学派","黄老"并称,"黄"只是托名,"老"才是实质,这一观点已得到学界大多数学者的肯定。

　　目前学界所称的"黄老之学"或"黄老学派"有广义和狭义之分:"从狭义上讲,就是指正式托名于黄帝而推行老子道家某些思想的那一派;从广义上讲,则是指在老庄道家之外所兴起的以道为中心思想和指导思想,而兼取百家学说的道家思潮。"③目前我们所说的"黄老之学"或"黄老学派"主要是从广义上来说的,本书亦是如此。

　　要推定黄老学兴起的准确年代势所不能。借出土的《黄帝四经》及对其成书时代的研究或可推断出黄老学兴起的大致年代。关于《黄帝四经》的成书年代说法很多,笔者倾向于战国早中期之际说。"黄老学的发展情况比较复杂,从时间向度上说,它经历了战国和秦至西汉初两个阶段。前一阶段是黄老学产生和形成时期,它主要是被当做一种学术而被提出来的;后一阶段是黄老学与现实封建统治密切结合的时期,也可以说是黄老学的应用时期,它主要是被当做一种政术而被加以应用的。"④白奚批评了传统考证方法的不足,肯定了陈鼓应、李学勤等利用汉语词汇和古史传说系统的演变来论证的方法,并进而从学术思想发展史的角度分五个方面证成《黄帝四经》之早出,较有说服力。⑤《黄帝四经》亦和先秦其他许多典籍

①　白奚.学术发展史视野下的先秦黄老之学[J].人文杂志,2005(1):147-151.
②　丁原明.黄老学论纲[M].济南:山东大学出版社,1997:22.
③　丁原明.黄老学论纲[M].济南:山东大学出版社,1997:14.
④　任文启.王权时代的韩非子批评史研究[M].北京:法律出版社,2019:199.
⑤　白奚.稷下学研究[M].北京:生活·读书·新知三联书店,1998:98-110.

一样，非一人一时所为，它可能是自战国早中期之际到秦汉间经过多人整理充实而成，这其实正是先秦许多典籍的共同点，它并不妨碍我们将黄老学的产生设定为战国早中期之际。就现在判定的黄老文献来看，先秦黄老一系沿着"《老子》—《黄帝四经》—《管子》四篇"的方向发展。《黄帝四经》代表的是较为完备的黄老形态，《管子》四篇则代表黄老学在稷下发展的较高水平。

《黄帝四经》以《经法》开端，以《道原》收尾，承《老子》道德之意且有所发展。从方法上讲，可以概括为以天道推演人事，这也是黄老学派的一个重要理论特征；从内容上看，其主要的理论取向在于"人事"，即确立如何富国强兵等治理国家的原则与方略。一般而言，道家黄老学派认为整个宇宙有着统一的根本法则，这就是道。不仅是自然界，人类社会也必须遵循这一根本法则。对于一个国家来说，违背了道，就会遭受惩罚，面临覆亡的危险。作为一国之君，欲治理好国家，就必须学习，掌握道，明了并积极维护作为道的具体体现的社会秩序。"黄老道家既是一种政治理论，又是一种政治实践，是以道家为主导的政治哲学，这种政治哲学既有丰富的理论性，又有强烈的现实性。……黄老道家既以道家思想为主干，同时又能够容纳名家、法家，能够借用阴阳家的框架，能够重视儒家的伦理教化，不否定传统的固有的好东西，着眼于构建现实的秩序与价值，所以成为一种非常具有可操作性的政治思想。"①

"黄老之学的渊源包含两部分：'黄帝方术之学'和'道家之学'。实际上黄老之学是以'道家'为本而以'黄帝方术'为用。"②以下仅就《黄帝四经》的道作一简要介绍。

黄老学派与老子一样，将道作为其哲学的最高范畴，并由此展开了对

---

① 曹峰.文本与思想：出土文献所见黄老道家[M].北京：中国人民大学出版社，2018：13.
② 李笑岩.先秦黄老之学渊源与发展研究[M].上海：上海古籍出版社，2018：28.

道的一系列论述。其对道体的描述与老子并无二致,认为道是超越时间、空间的绝对存在,它无形、无名,至大无外,至小无内,存在于天地未始之时。《道原》篇称"恒先之初,迥同太虚。虚同为一,恒一而止。湿湿梦梦,未有明晦。神微周盈,精静不熙。古(故)未有以,万物莫以。古(故)无有刑(形),大迥无名。天弗能复(覆),地弗能载。小以成小,大以成大。盈四海之内,又包其外"。又称"上道高不可察也,深不可则(测)也。显明弗能为名,广大弗能为刑(形),独立不偶,万物莫之能令"。道也同样具有宇宙本原和万物存在理则两方面的含义。作为宇宙本原的道,它"虚无刑(形),其裻冥冥,万物之所从生"①。道化万物的过程是从无到有的过程。万物产生之前的状态是"恒先之初,迥同太虚。虚同为一,恒一而止。湿湿梦梦,未有明晦"②。即只有道体存在的状态。《十六经·观》称"无晦无明,未有阴阳。阴阳未定,吾未有以名。今始判为两,分为阴阳,离为四[时]"。阴阳从整个宇宙混沌一团的原初状态中剖判出来,继而产生四时,形成万物。道生万物,成万事,但它本身并不会随着万物的增加而增加,也不会随着万物的减少而减少。此所谓《道原》说的"道弗为益少,皆反焉,道弗为益多"。

　　道是内在于万物并作为其存在依据的总的规则。万事万物所具有的自身规则,就是道的显现,也是道发挥作用的结果。"道论是黄老道家的哲学基础。在《黄帝四经》中,包括人类社会在内的世界整体被划分为道和物、形上和形下、本体和现象两部分,道即是先于万物存在的本原,又是使万物得以存在的本体,这种认识在《道原》中有集中的论述。"③《道原》云"鸟得而蜚(飞),鱼得而流(游),兽得而走,万物得之以生,百事得之以成。人皆以之,莫知其名。人皆用之,莫见其刑(形)",正说明了道的此种意义。又云:"天地阴阳,[四]时日月,星辰云气,规(蚑)行侥(蛲)重(动),戴根之

———————

①　《黄帝四经·道法》。

②　《黄帝四经·道原》。

③　曹峰.文本与思想:出土文献所见黄老道家[M].北京:中国人民大学出版社,2018:55.

徒,皆取生,道弗为益少;皆反焉,道弗为益多。"道作为万事万物的总体规则而为大到天地日月星辰、小到各种动植物的一切事物所取用,但它乃是超越于经验世界之上的客观存在,故不会有所增减。道既然具有规律性意义,那么了解它自然成为人们认识事物和处理问题的关键。具体到社会现实中,道就表现为社会规则。《经法·道法》说:"天地有恒常,万民有恒事,贵贱有恒立(位),畜臣有恒道,使民有恒度。天地之恒常,四时、晦明、生杀、輮(柔)刚。万民之恒事,男农,女工。贵贱之恒立(位),贤不宵(肖)不相放(妨)。畜臣之恒道,任能毋过其所长。"这里的道作为理论基础,论证着新的封建社会等级制度和社会关系是符合天道人理的,以让人们各安其分、各守其业,以确保社会的稳定,体现了黄老之学鲜明的政治倾向性。

在人生层面,"道"成了个人行事、道德及其修养的根源和依据,《经法·名理》说:"道者,神明之原也。神明者,处于度之内而见于度之外者也。处于度之[内]者,不言而信。见于度之外者,言而不可易也。处于度之内者,静而不可移也。见于度之外者,动而不可化也。动而静而不移,动而不化,故曰神。神明者,见知之稽也。"所谓"神明"即人的精神智慧,它是人们认识能力的源泉和标准,有了它,人才有精神智慧,才有认识能力。道为神明之源,因此体道的不同,也就决定了人的智慧不一、能力不同,从而就有了贤恶愚智的区别。能按道的规则修身养性即充分体道者,就能达至"神之极,见知不惑"。《经法·论》对此强调说:"惠(慧)生正,[正]生静。静则平,平则宁,宁则素,素则精,精则神。至神之极,[见]知不惑。"凡是充分体道者,其聪明智慧就可达到至精至微,就会无所不知,且不受任何外在的诱惑。人要体道,就必须充分认识和掌握道,一般人无法认识和掌握道,只有圣人才能认识和掌握道,所以《道原》说:"故唯圣人能察无形,能听无声,知虚之实。"正因为如此,圣人就能够"通天地之精",察知全体,无所不知，无所不能，"知人之所不能知，服人之所不能得"①。

　　《管子》是一部重要的学术著作，其作者及成书时代至今没有定论。学术界一般认为，此书是诸种学术论文的汇集，其中部分文章反映了春秋时期齐相管仲的思想，大部分文章成于战国时期，但与管仲思想有一定联系。"管子一书，出于战国晚期，内容甚杂，实不能专成为法家。（汉书艺文志列管子为道家）"②该书涉及政治、军事、经济、哲学等诸多领域，其中《内业》《白心》《心术上》《心术下》四篇最早由郭沫若作为宋钘、尹文学说提出来加以特别研究。《管子》四篇的作者为宋钘、尹文的说法此后固然受到冯友兰、张岱年、祝瑞开等学者的质疑而几乎被推翻，但四篇作品的地位已被确定下来。③　学界基本上认同《管子》四篇为稷下黄老道家作品。陈鼓应进一步认定《形势》《枢言》《宙合》《水地》等为同一性质的作品。④

　　《管子》四篇沿用了老子的"道"，但也为其增添了不少色彩，对"道"的描述主要表现在：

　　《管子·形势》："道之所言者一也，而用之者异。"

　　《管子·宙合》："道也者，通乎无上，详乎无穷，运乎诸生。"

　　《管子·心术上》："道，不远而难极也，与人并处而难得也。虚其欲，神将入舍。扫除不洁，神乃留处。……道在天地之间也，其大无外，其小无内，故曰不远而难极也。……道也者，动不见其形，施不见其德，万物皆以得，然莫知其极。"

　　《管子·白心》："道者，一人用之，不闻有余；天下行之，不闻不足。……道之大如天，其广如地，其重如石，其轻如羽。民之所以，知

---

　　①　《黄帝四经·道原》。

　　②　王叔岷.先秦道法思想讲稿[M].北京：中华书局，2007：275.

　　③　参见冯友兰.中国哲学史新编（第2册）[M].北京：人民出版社，1984：100-101.张岱年.中国哲学史史料学[M].北京：生活·读书·新知三联书店，1982：48；祝瑞开.先秦社会和诸子思想新探[M].厦门：福建人民出版社，1981：262-268.

　　④　陈鼓应.《管子》四篇诠释[M].北京：商务印书馆，2006：55.

者寡。"

《管子·内业》:"不见其形,不闻其声,而序其成,谓之道。凡道无所,善心安爱。心静气理,道乃可止。……修心静音,道乃可得。道也者,口之所不能言也,目之所不能视也,耳之所不能听也,所以修心而正形也。人之所失以死,所得以生也。事之所失以败,所得以成也。故凡道无根无茎,无叶无容。万物以生,万物以成,命之曰道。……精也者,气之精也。气,道乃生,生乃斯,思乃知,知乃止矣。……凡道,必周必密,必宽必舒,必坚必固……"

《管子·戒》:"闻一言以贯万物,谓之知道。"

《管子·君臣上》:"道者,成人之生也,非在人也。……道也者,万物之要也。……夫道者虚设,其人在则通,其人亡则塞者也。非兹是无以理人,非兹是无以生财。……大王天下,小君一国,其道临之也。"

《管子·形势解》:"道者,所以变化身而之正理者也。故道在身,则言自顺,行自正,事君自忠,事父自孝,遇人自理。故曰:道之所设,身之化也。"

《管子》认为道是超言绝象、无形无名的。道虽一而其用多方,故《形势》篇云"道之所言者一也,而用之者异"。它以精气解道,认为"精也者,气之精也。气,道乃生,生乃斯,思乃知,知乃止矣"[①]。对于无处安放的道而言,遇到善心即可安稳,内心安静,气不紊乱,道就可以留居心中,"凡道无所,善心安爱。心静气理,道乃可止"[②]。

《管子》继承了老子的"道生之,德蓄之"的思想,认为天地万物凭借德才得以生存发展,德不是道的禀性,也不是天地万物的禀性,而是道本身。《管子·心术上》:"德者,道之舍,物得以生生,知得以职道之精。故德者,得也者。得也者,其谓所得以然也。"管子将道与德明确界定为:虚无无形

---

① 《管子·内业》。
② 《管子·内业》。

谓之道,化育万物谓之德。又称"以无为之谓道,舍之之谓德。故道之与德无间,故言之者不别也"①。这就消除了道与德的界限,认为蓄养天地万物的德即是道,道存在于天地万物之中,而不是独立自存;万物由道构成,而非自生。由此使老子之万物始基的道成为万物之构成要素的道。

《管子》诸篇道论的发展主要在于它将形上之道具体化为精气,并将其与人心相关联,使人能透过心的治理而认知道,这就大大拉近了道与人的距离,形成了其养生论的思想。《内业》篇云:"凡物之精,此则为生,下生五谷,上为列星。流于天地之间,谓之鬼神;藏于胸中,谓之圣人。是故民气,杲乎如登于天,杳乎如入于渊,淖乎如在于海,卒乎如在于己。……德成而智出,万物果得。""精"是道化生万物的中介,它作为一种具象化的"气"而生成万物,故可"精气"。万物的存在不仅要获致精气,而且要"敬守勿失"。《心术上》称"虚其欲,神将入舍。扫除不洁,神乃留处"。这表明人要留守住精气,就须虚欲洁心。如此,则"心"与"道"的关系被凸显出来。陈鼓应对此有精当的分析,他指出:"一方面,心以'虚''静'等功夫而纳聚道之精气,增强人身心之生命能量,并开展出明达的智慧与德行同时,'心'亦透过虚、静而在此等饱满的生命力中,展现明睿之认识能力,来认知'道'的形上律则与价值原理,进而落实至人间层面以为人事指导。"②这样一来,同时蕴含"精气"性质与形上律则性质之"道",透过人"心"以"虚"等修养功夫加以聚纳及认识,那么它虽玄秘,但已密切得不离人身了。故《内业》有"夫道者,所以充形也……卒乎乃在于心""彼道不远,民得以产;彼道不离,民因以知""道满天下,普在民所"等语。

《管子》以精气解道,较老子而言,使道附有更具体的内容,也深化了对老子之道的理解,其气论思想深刻地影响了以后中国哲学的发展。就其宇

---

① 《管子·心术上》。

② 陈鼓应.《管子》四篇诠释[M].北京:商务印书馆,2006:139.

宙生成论而言,中国哲学上有三种基本的生成论模式。受西方哲学影响的"他生"模式,侧重探究最终的源头和出发点,以及万物之所以成为万物的总根源,同时,进一步强调万物是如何一步一步地生成出来的,以老子的"道生万物"及《楚帛书》《黄帝四经》等为代表;"相生"模式侧重探究万物依据怎样的机理、通过怎样的方式化生出来,以"阴阳气化论"为代表;"自生"模式强调万物的产生依赖自身的力量,虽然承认"造物者"的存在,但其所起的作用微乎其微,甚至可以忽略不计,以《恒先》"气是自生"为代表。①

---

① 曹峰.文本与思想:出土文献所见黄老道家[M].北京:中国人民大学出版社,2018:67-70.

第四章　道理论

在韩非的哲学范畴中,除了道,德、理、性、情亦是重要的哲学范畴。"在韩非子看来,'道''德''仁''义''礼'等概念彼此之间存在一种由抽象而具体、由价值而至措施的递进过程。在某种意义上说,道—德—仁—义—礼构成了一个同构的思想体系,任何违背'道'这一根本前提的价值观念,都无法成为真正意义上的'德''仁''义''礼'。"①

第一节　道与德

韩非之道虽说"归本于黄老",但其作《解老》《喻老》,以接近《老子》的方式为其法家思想寻找形而上的思想基础。"正是在创作《解老》《喻老》的过程中,韩非把自己的学术思想根植于《老子》,把自己的学术思想与《老子》进行了深度的勾连,《老子》由此成为韩非学术思想的源头和基础,韩非的学术思想由此而得到了深化。"②韩非道论的显著特点是将道与德、理联

---

① 宋洪兵.韩非子政治思想再研究[M].北京:中国人民大学出版社,2010:95.
② 喻中.法与术:喻中读韩非[M].北京:中国法制出版社,2018:25.

系起来考察,论证了道与理的关系,即自然的一般规律与万物的特殊规律的关系。

对于"归本于黄老",王叔岷先生有不同看法。他认为:"韩非解老,重在解释文意;喻老,重在史实印证……解老、喻老二篇,只足证明韩非之学归于老。其归于黄之例则罕见。"①然值得注意的是,"司马迁老子韩非列传,以庄子附老子,以申不害附韩非。未以庄子韩非合传……老子偏重外王,与韩非思想较为密切;庄子偏重内圣(心齐、坐忘),与韩非思想较为疏远。惟韩非子中本于庄子之文亦不少,且多出于外、杂篇,此大可注意者也。……两相比证,韩非子之文乃本于庄子,词句亦有相同者。即庄子佚文,尚往往保存于韩非子中"②。二者言辞、思想或可相近,但主旨差异明显。庄子多以明理,韩非则为行法;庄子在保持真淳,韩非则为控制士民。

韩非形而上之道在《主道》《扬权》《解老》中论述较为集中。现就其具体内容做一剖析。

《韩非子·主道》:"道者,万物之始。"

《韩非子·扬权》:"夫道者,弘大而无形。……道者,下周于事,因稽而命,与时生死。参名异事,通一同情。故曰:道不同于万物……道无双,故曰一。"

《韩非子·解老》:"道者,万物之所然也……道者,万物之所以成也……天得之以高,地得之以藏,维斗得之以成其威,日月得之以恒其光,五常得之以常其位,列星得之以端其行,四时得之以御其变气,轩辕得之以擅四方,赤松得之与天地统,圣人得之以成文章。道,与尧、舜俱智,与接舆俱狂,与桀、纣俱灭,与汤、武俱昌。以为近乎,游于四极;以为远乎,常在吾侧;以为暗乎,其光昭昭;以为明乎,其物冥冥。而功成天地,和化雷霆,宇

---

① 王叔岷.先秦道法思想讲稿[M].北京:中华书局,2007:240.
② 王叔岷.先秦道法思想讲稿[M].北京:中华书局,2007:240-242.

内之物，恃之以成，凡道之情，不制不形，柔弱随时，与理相应。万物得之以死，得之以生；万事得之以败，得之以成。道譬诸若水，溺者多饮之即死，渴者适饮之即生；譬之若剑戟，愚人以行忿则祸生，圣人以诛暴则福成。故得之以死，得之以生；得之以败，得之以成。"

以上是《韩非子》对道的代表性描述，可以发现韩非之"道"有如下特点：

第一，韩非继承了老子关于道是宇宙本原的提法。《主道》篇说"道者，万物之始，是非之纪也。是以明君守始以知万物之源，治纪以知善败之端"，即认为道是天地万物的始源。万事万物因道而生，同时是非也因道而彰所以才称为纪，此道已不仅是万物的本原，而且涵盖了是非之纪。《解老》又说"道者，万物之所然也，万理之所稽也。理者，成物之文也；道者，万物之所以成也"，也是对道乃万物本原的认可。有了道才有了万物，"天得之以高，地得之以藏，维斗得之以成其威，日月得之以恒其光"，"宇内之物，恃之以成"，可见道作为生成世间一切的最高本体的至高地位。道是万物存在的基础，万物因为道而有了存在的意义。道是天地万物的本原、始因，是天地万物得以存在与发展的总依据。道能够产生万物，又是万事万物的本质属性。

第二，道运行不已。从一般本质来说，道作为普遍规律体现在万物的化生、万事的废兴之中，这种规律永无终止。韩非真正强调的不是"先天地生"的"道"，而是"与天地之剖判也俱生"的"道"。天地、日月、星辰以及各种自然现象之所以能够具有现存的特性，能够保持一定的运行变化规律，就是"道"在发挥作用。生于天地之间的人类，也是因为得道，才能够成就各自的事业。道是万物得以呈现其现存状态和性质的终极原因，也可以说是宇宙万物的一般规律。

第三，道永恒存在。道存在于一切事物之中，具有普遍性。《扬权》讲"夫道者，弘大而无形"。韩非认为道所以能够决定万事万物的性质和变化发展状态,正是因为道具有普遍性。任何一个具体事物都是有限的,具有其各自的特性,所以有所偏滞,存在于此,就不能存在于彼。而道不同于具体事物,它是无限的,普遍存在于一切事物之中。

第四,道超越人的感官和理智的认识能力,虚静,无形,不可见。但宏大无形并不是无可遁形,道是可以借有形之物来显示其无形的价值和作用的。《解老》篇说"天得之以高,地得之以藏,维斗得之以成其威,日月得之以恒其光,五常得之以常其位,列星得之以端其行,四时之以御其变气,轩辕得之以擅四方,赤松得之与天地统,圣人得之以成文章 ……以为近乎,游于四极;以为远乎,常在吾侧;以为暗乎,其光昭昭;以为明乎,其物冥冥。而功成天地,和化雷霆,宇内之物,恃之以成",即道之大可显形于天地、维斗、日月、五常、列星、四时变化之中,连圣人都要凭借这捉摸不定的道而各显其能。正因为此道虽宏大无形亦可彰显其形,故而此道既可"游于四极",也可"常在吾侧"。韩非根据道的表现和功用来认识"道"的思想是他对道的认识问题的解决方法,也使人们由关注道的玄妙转向关注其在现实中的表现。

就以上几点来说,韩非之道似乎与老子之道无多大区别,但仔细剖判,我们仍然可以发现二者的差异(见表 4.1)。

第一,在对"道"的本初状态认识上,韩非之道是万物生成的根本动力,是万物生长的根本原因,与万物相联系,至于原初之"道"本身何象何状,韩非无特别说明。"道者,万物之所然也……道者,万物之所以成也。"老子之道则是先于天地的浑朴状态,是圆满自足的和谐体,"有物混成,先天地生"。其"道"本身是完满无缺的。

第二,在"道"与万物的关系上,韩非之道存在于万物当中,探索着自然规律,随着时间的推移而产生、停息。即"道者,下周于事,因稽而命,与时生死"。老子之道则是独立自存、周行而不殆的,"道"不存在生死的问题。"道"生万物但"生而不有,为而不恃,长而不宰"。

表 4.1　老子之道与韩非之道的比较

维度	老子	韩非
本初状态	有物混成,先天地生	万物之所然也;万物之所以成也
万物关联	生而不有,为而不恃,长而不宰	下周于事,因稽而命,与时生死
衍生逻辑	道生一,一生二,二生三,三生万物	万物各具其"理",而"道"集万物之"理"
体道过程	通过"涤除玄览"以达"玄同"	圣人执其见功以处见其形
现实运作	自然之道	必然之道
政治诉求	大道废,有仁义;智慧出,有大伪	得道之君,因道全法,处势用术

　　第三,在"道"生万物的过程上,韩非之道是经由"理"而生成万物,使万物各具其"理",而"道"集万物之"理"。老子之道则是"道生一,一生二,二生三,三生万物",简言之,其直接过程是"道生物"。

　　第四,在对"道"的认识上,韩非之道是根据其表现和功用来认识的,"道"借物显形,"人希见生象也,而得死象之骨,案其图以想其生也,故诸人之所以意想者皆谓之'象'也。今道虽不可得闻见,圣人执其见功以处见其形,故曰:无状之状,无物之象'"[①]。老子之道则是通过"涤除玄览"以达"玄同"之目的来展开的。

　　第五,在"道"的现实运作上,韩非之道更多的是一种"必然之道","夫必恃自直之箭,百世无矢;恃自圜之木,千世无轮矣。自直之箭,自圜之木,百世无有一,然而世皆乘车射禽者何也? 隐栝之道用也。……故有术之君,不随适然之善,而行必然之道"[②]。治国之道遵行必然之道,正像高明的匠人不依靠偶然得到的"自直之箭"和"自圜之木"一样。老子之道则是自然之道,"道法自然",不依不恃,"圣人之道,为而不争"。

---

① 《韩非子·解老》。
② 《韩非子·显学》。

第六，在"道"的政治诉求上，韩非之道是为寻求政治秩序的合理安排，得道之君，因道全法，处势用术，才能民富国强。老子之道是为寻求社会之乱的根源。仁义礼智等的出现皆是失道之结果，国家之混乱亦是"道"不自然之显现。"大道废，有仁义；智慧出，有大伪；六亲不和，有孝慈；国家昏乱，有忠臣"[①]，"故失道而后德，失德而后仁，失仁而后义，失义而后礼。夫礼者，忠信之薄，而乱之首"[②]。

任文启教授曾对韩非之道与老子之道作过详细的区分。"其一，老子之道是先天地的浑朴状态，韩非之道只言其与万物的联系，而不追问其为何物；其二，老子之道独立自存，周行不殆，韩非之道则存于万物之中；其三，老子之道是'一生二，二生三，三生万物'，韩非之道是经由理而生万物；其四，老子之道是自然之道，韩非之道侧重人为之道；其五，老子之道寻求治乱的根源，韩非之道则寻求富国强兵的政治策略与具体措施。"[③]此一论述，较为详尽与具体。

"德"作为哲学意义上的范畴的使用远比"道"更早出现。"德"在前诸子时期是作为最高的形而上学概念使用的，殷周时期，"德"就已经成为沟通天人的一个枢纽，例如，"秉文之德，对越在天"[④]。春秋以后，各家学派对"德"的理解也各有不同。孔子认为"天生德于予"，人的德性是天赋予的；老子对"德"的理解主要和"道"联系在一起，但并没有出现"道""德"连用的情况。"道""德"连用见于《庄子》外杂篇，但其意义与今天所谓的道德是有很大区别的。"所谓'德'基本上与儒家的道义伦常品格无涉，多指'道'在事物中的体现，常可以理解为'物'之自然本性，对人而言，常指自然天成、

---

① 《老子·十八章》。
② 《老子·三十八章》。
③ 任文启.王权时代的韩非子批评史研究[M].北京：法律出版社,2019:205.
④ 黄典诚.诗经通译新诠[M].上海：华东师范大学出版社,1992:447.

朴素宽容的性灵。"①

韩非对"德"也有所阐述：

德者，内也。得者，外也。"上德不德"，言其神不淫于外也。神不
淫于外，则身全。身全之谓德。德者，得身也。凡德者，以无为集，以
无欲成，以不思安，以不用固。为之欲之，则德无舍；德无舍，则不全。
用之思之，则不固；不固，则无功；无功，则生于德。德则无德，不德则
有德。故曰："上德不德，是以有德。"……不以无为为有常，则虚；虚，
则德盛；德盛之为上德。……道有积而积有功；德者，道之功。功有实
而实有光；仁者，德之光。光有泽而泽有事；义者，仁之事也。事有礼
而礼有文；礼者，义之文也。……知治人者，其思虑静；知事天者，其孔
窍虚。思虑静，故德不去；孔窍虚，则和气日入。故曰"重积德"。夫能
令故德不去，新和气日至者，早服者也。故曰"早服，是谓重积德"。积
德而后神静，神静而后和多，和多而后计得，计得而后能御万物，能御
万物则战易胜敌，战易胜敌而论必盖世，论必盖世故曰"无不克"。无
不克本于重积德，故曰"重积德，则无不克"。②

……因随物之容，故静则建乎德，动则顺乎道。③

韩非之"德"涉及以下几个方面：

第一，"德"是什么？"身以积精为德。"④德是人自身内部所原有的，指
人的精神而言。只要人的精神不外露，其自身就能保全；自身能够保全，就
是"德"。所以，"德"就是得到自身，保全自身。亦即"神不淫于外，

---

①　郑开.德礼之间：前诸子时期的思想史[M].北京：生活・读书・新知三联书店，2009：354.

②　《韩非子・解老》。

③　《韩非子・喻老》。

④　冯友兰指出，韩非在《解老》《喻老》两篇中解释的《老子》，既不"恍惚"，也不"微妙"。《解老》是与《管子》四篇即稷下黄老之学相通的，把精神解释为一种细微的物质——"精气"。"德"与"神"是先秦道家的专门名词。"神"是"精"的别名。参见冯友兰.中国哲学史新编（上册）[M].北京：人民出版社，2004：763-764.

则身全"。

第二，怎样才能得到"德"？韩非指出，凡是"德"，都是以无为来积聚，以无欲来成就，以不思来得到安定，以不用来使之巩固。如果有为、有欲，"德"就无所归宿；"德"无归宿，就不完整，无以保全。如果使用了、思虑了，"德"就不能牢固；不牢固，就没有功效；没有功效是由于自以为有"德"；自以为有"德"，就没有"德"；不自以为有"德"，就保全了"德"。

第三，"德"与"得"。神有两种状态：一种是神淫于外，这是"得"；另一种是神不淫于外，这是"德"。"上德不德"之"不德"就是"不得"（神不淫于外，即神静），"不得"就是"德"，就是"上德"，就是"德盛"。反之，"得"（神淫于外）就是"下德"，就是"德衰"。"得"与"失"相对立，有得则有失；不得则不失。所以，"德"就是"不失"。"外"与"内"相对，"外"指身外之物，"内"指自身。"得"是神淫于外物而不安于自身；"德"是神不淫于外物而安于自身。神安于自身则身全，这就是所谓"德"。故"德"是指身全而无所失，也就是自然之身。

第四，"德"与"道"。"道有积而积有功；德者，道之功。""道"有所积聚，而积聚又有功效，"德"就是"道"的功效。"道"的积聚是人精神的收敛，精神凝聚则人自然之身保全。加之，"道者，万物之所以成也"，自然之身也是道所成，所以说是道之功。故"德"含有满足于道之所成而不自求有成之意。显然，它们之间的联系是一种精神的联系，是精神上与道保持一致，不离开道而别有所图。"德"就是精神上守道、行动上循道。

第五，"德"与"理"。因为"道理相应"，所以"德"（守道、循道）就表现为"覆理而普至"。"覆理"即审理之意。"覆理而普至"就是周遍地审察万物之理。那么，"德"与"理"是一种什么关系呢？它们之间的联系同样是一种精神的联系，"德"是为了精神上跟道保持一致而审察物理。

第六，保有"德"的途径就是"重积"。人思虑安静，原有的"德"就不会丧失；器官通畅，新的精气就每天摄入。这就是不断地积累"德"，也是所谓的"早服"。积德而后神静,积德是要达到神不淫于外的虚静状态,神静或神虚就是德盛。神静而后精气多。不断积德就会无往而不胜。故曰"重积德,则无不克"。

儒家也讲德,并将其作为君子与小人的分野。君子可以利用他的德性和影响力改变周围环境,"德不孤,必有邻",从而追求"近者悦,远者来"的治理效果。对于这种潜移默化、时限极长的润物细无声式的做法,韩非并不认同。其一在于时代背景不同,君子鲜有,以其鲜有的君子承担影响极大的社会治理任务,非常有限。"仲尼,天下圣人也,修行明道以游海内,海内说其仁、美其义而为服役者七十人。盖贵仁者寡,能义者难也。故以天下之大,而为服役者七十人,而仁义者一人。鲁哀公,下主也,南面君国,境内之民莫敢不臣。民者固服于势,诚易以服人,故仲尼反为臣而哀公顾为君。仲尼非怀其义,服其势也。故以义则仲尼不服于哀公,乘势则哀公臣仲尼。今学者之说人主也,不乘必胜之势,而务行仁义则可以王,是求人主之必及仲尼,而以世之凡民皆如列徒,此必不得之数也。"①其二,战国时代,诸侯并争,富国强兵、征服天下是时代需求,相比儒家"以贤为师,以礼为教"太过温情脉脉,与事不宜。

第二节　道与理

道在前文已有论述。"在韩非这里,道不过是理的总体,理是物的情实,凡从于道而服于理的,必然要随物变化、因时而动,有什么样的物,就有什么样的道理,与物迁移、随时变化就是服从道理,就是有德,离开了物的

---

① 《韩非子·五蠹》。

变化这个道理,任何道德都是虚伪的、不真实的。"①道家所谓道,包括一切理。"庄子秋水篇云'知道者必达于理,达于理者必明于权'。道家最长于应变,道为统一义,理为分别义,权为通达义。"②

先秦之理也经历了一个发展的过程。春秋时,已有理字出现,《说文解字》释曰:"理,治玉也,从玉里声。"具体来说就是治理之意,与玉之纹路有关。当此之时,理还不具备哲学意义。战国时期,百家争鸣,理字在各个学派中开始被大量使用,也是在这个时候,理字开始被赋予更多内涵而成了一个哲学概念。庄子说理,《刻意》篇有"去知与故,循天之理",《秋水》篇有"消息盈虚,终则有始。是所以语大义之方,论万物之理也""是未明天地之理,万物之情者也"等,将理视为万物本来的属性,万物皆应循此理运动。管子也说理,《心术》篇有"义者,谓各处其宜也。礼者,因人之情,缘义之理,而为之节文者也。故礼者谓有理也。理也者,明分以谕义之意也。故礼出乎义,义出乎理,理因乎宜者也",将理与礼、义结合起来。此时理与礼、义的意思已有所结合,作用乃"明分以谕义"。另外,管子之理还有一层含义,《心术上》云"德者,道之舍,物得以生生,知得以职道之精。故德者,得也。得也者,其谓所得以然也。以无为之谓道,舍之之谓德。故道之与德无间,故言之者不比别也。间之理者,谓其所以舍也",理已然成为道与德的中间体。此解与"明分以谕义"都有区分之意,何以理可分贵贱之礼节,又可分道、德?终因其源于道,道乃万物本原,分而为理,管子在此已将理融于道家思想。

韩非在前人对理之讨论的基础上正式提出了自己的"理",并论述了它与"道"的关系。在韩非的理论中,理的哲学含义更加丰富,在其整个哲学思想体系中的地位也更加重要。正是这个理将韩非之道与老子之道区别

---

① 蒋重跃.韩非子的政治思想[M].北京:北京师范大学出版社,2010:25.
② 王叔珉.先秦道法思想讲稿[M].北京:中华书局,2007:13.

开来,也是这个理联系着韩非之道与老子之道。老子之道的基本内涵等前面已有论述,韩非继承了老子之道的基本内涵,但二者对道的认知方法截然不同。我们常说老子之道过于玄妙,不可捉摸,为何有此感叹,皆因老子的认知方法乃去智以心领神会。韩非却一反老子的做法,明确肯定了道的可知性,从《解老》中"圣人观其玄虚,用其周行,强字之曰'道',然可论也。故曰'道之可道,非常道也'"便可知。韩非如此自信地肯定道可以认识,那么他是如何认识的呢?理在其中便起了中介的作用。因为道在事物中的具体体现就是理,理在事中,所以认识理就是认识道。

韩非对"理"的论述如下:

> 道者,万物之所然也,万理之所稽也。理者,成物之文也;道者,万物之所以成也。故曰:"道,理之者也。"物有理,不可以相薄;物有理不可以相薄,故理之为物之制。万物各异理,万物各异理而道尽。稽万物之理,故不得不化;不得不化,故无常操。……凡理者,方圆、短长、粗靡、坚脆之分也,故理定而后可得道也。故定理有存亡,有死生,有盛衰。夫物之一存一亡,乍死乍生,初盛而后衰者,不可谓常。唯夫与天地之剖判也俱生,至天地之消散也不死不衰者谓常。而常者,无攸易,无定理。无定理,非在于常所,是以不可道也。……凡物之有形者易裁也,易割也。何以论之?有形,则有短长;有短长,则有小大;有小大,则有方圆;有方圆,则有坚脆;有坚脆,则有轻重;有轻重,则有白黑。短长、大小、方圆、坚脆、轻重、白黑之谓理。理定而物易割也。……凡道之情,不制不形,柔弱随时,与理相应。①

韩非之"理"涉及以下几个方面:

第一,"理"是什么?理是"成物之文",是"物之制",是万物的具体性

---

① 《韩非子·解老》。

质，是世间万物之间的差异性。《解老》篇有"短长、大小、方圆、坚脆、轻重、白黑之谓理，理定而物易割也"，又有"凡理者，方圆、短长、粗靡、坚脆之分也，理定而后物可得道也"。可见，理是可变的，可为短长、方圆、轻重等各种形态，而其呈现的各种形态正是万物之所分，是事物具体属性的展现。人们也正是通过理展现的事物之间的千差万别才能更好地把握事物的具体属性，故而"理定而物易割也"。

第二，"理"与万物的关系。"理"是物之理，不是独立于具体事物而存在的。理是万事万物必须因循的客观规律。而这个客观规律与道必然地联系在一起。道作为万物本原的存在，渗透在万事万物之中。万事万物周而复始运行，永不停息，具有内在的规律性，而这一规律性即理。理不能脱离万物本体的道而存在，但任何道都存在内在的理。道和理的关系乃一般与特殊的关系，理是从道中分离而出的千差万别的特殊规律。这个特殊规律由于可显出万事万物具体属性，能为我们所掌握，因而也成为万事万物必须因循的客观规律，按理所内含的客观规律办事即是对道的遵循。

第三，"理"与"道"的关系。"道"与"理"不同，是不死不衰、永恒存在的。"理"是具体事物的性质，"道"则是万物之所以形成的原因，使物各具其"理"。每一事物都具有各自不同的"理"，而"道尽稽万物之理"。"道"虽然没有特定的规定性，"无定理"，但与具体事物不同的性质和规律相合，因此"不得不化"。这也是韩非所讲的"道"之变。"道"普遍存在于宇宙万物之中，它根据不同事物所处的外在情况发生变化，与事物之"理"相应，决定事物的生死。可见，虽然"理"以"道"为最终根据，但"道"在具体事物中与"理"相合，即"理"是"道"在具体事物中的表现。韩非认为可以通过"道"的表现来认识"道"，即可通过事物之"理"来认识"道"。概而言之，"道"不是离开"理"而独立存在的；"理"也不是离开事物而独立存在的。作为事物的总规律的"道"，以及作为事物特殊规律的"理"，都存在于事物之中。

由于"理"这一概念的介入，"道"与具体事物的联系变得明晰起来。受政治功利主义的制约，"韩非的理却经常忽视与他物的联系，片面强调情实日用的一面，有时甚至达到偏执顽固的地步，最终背离辩证的原则，跌进形而上学独断论和庸俗物质主义的泥潭。这在他对终极根据和人类精神的批判中得到了淋漓尽致的发挥"①。每一个具体事物都有其特定的"理"。人类社会中各种复杂的社会现象和社会关系也有它的"理"。体现于社会政治生活中的"道"与"理"尤其为韩非重视，他甚至直接赋予"道"以治国之道的意义。"所谓'有国之母'，母者，道也；道也者，生于所以有国之术；所以有国之术，故谓之'有国之母'。"②道是一个国家赖以维持的根基，是从维持国家的政治术中产生的。"道"的这一新定义，集中体现了韩非"道"的政治性和实用性。在《韩非子》一书中，"道"除了形而上的哲学意义，其他都作为人主治国之道的意义被广泛使用。

第二节　性与情

人性问题几乎是中国先秦诸子思考问题的起点和发端。中国哲学历来有注重人生体验和自身修养的传统，许多先贤前辈都会将所学与所养保持一致，在反思和自省中推己及人。韩非对"性"没有明确解说，但从他与荀子的关系来看，其"性"概念直接来自荀子。对于"情"，韩非用法以制情。"凡治天下，必因人性。人情者，有好恶，故赏罚可用；赏罚可用，则禁令可立而治道具矣。"③

---

① 蒋重跃.韩非子的政治思想[M].北京:北京师范大学出版社,2010:176.
② 《韩非子·解老》。
③ 《韩非子·八经》。

一、性

性,本字为生。《说文解字》曰:"性,人之阳气性善者也。从心,生声。"物有物性,人有人性,性是物类天生之本性或特质。《庄子·庚桑楚》曰:"性者,生之质也。"《荀子·正名》曰:"生之所以然者谓之性。"《吕氏春秋·孟秋纪》曰:"性者,所受于天也,非人之能为也。"董仲舒《春秋繁露·深察名号》曰:"如其生之自然之资谓之性。"严遵《老子指归·道生篇》曰:"所禀于道,而成形体,万方殊类,人物男女,圣智勇怯,小大修短,仁廉贪酷,强弱轻重,声色状貌,精粗高下,谓之性。"性是物类天生之本性或特质,所以,同一物类,其性亦同。赵岐《孟子章句》曰:"凡物生同类者皆同性。"牟融《理惑论》曰:"物类各自有性,犹磁石取铁,不能移毫毛矣。"《南史·张充传》曰:"故金刚水柔,性之别也。"简言之,性于人而言,就是人的天性或自然之性,"中国人用一性字来说万物之相同处。不论有生无生,每一物则必有其一性。此物之性,即是此物之特质,乃其与它物相异之所在。此性由称曰天性,即自然之性。乃指其自己如此,自生即有,与生俱在,一成而不变"①。

老子之"性"。《老子》一书无性字,《庄子》内七篇亦无性字;然其所谓'德',实则《庄子》外篇、杂篇之所谓'性'"②,并且"性是德在成物之后,依然保持在物的形体以内的种子"③。老子关注的是道的普遍性、客观性,对人性不甚关注。按照徐复观的观点,老子对德的说明,其实也是对性的说明。德者,得于道者也,得于道而为人之根本者,乃人之性。道之本性自然无为,得道之人性亦本然、自然。

儒家之"性"。其根基于仁义之道,是要为其仁义之道确立一根基与现

---

① 汤一介.中国文化与中国哲学[M].北京:读书·生活·新知三联书店,1988:31.
② 徐复观.中国人性论史[M].台北:台湾商务印书馆,1990:415.
③ 徐复观.中国人性论史[M].台北:台湾商务印书馆,1990:373.

实之出路和途径。孔子一生多讲仁，主要局限于仁本身，即仁是什么、为什么行仁的层面。故孔子多言仁义，而很少论及性。孔子论性，只有一句："性相近也，习相远也。"①孟子自觉地将孔子仁学的终点作为自己仁学的起点，并通过对"为仁之方"的论述，建立了自己的心性论。在孟子看来，"人之所以异于禽兽者几希"②。"口之于味也，目之于色也，耳之于声也，鼻之于臭也，四体之于安佚也，性也。"③人与动物之间是有相通性的，但人异于动物之根本，在于人先天地具有恻隐、羞恶、辞让、是非之心，这才是人之所以为人者，是所谓的人性。"无恻隐之心，非人也；无羞恶之心，非人也；无辞让之心，非人也；无是非之心，非人也。"④因此，人之本性就其本原意义而言，原本就是善的。这种本原的、先天性的善，正是人为仁向善之基础；人本身具有的恻隐、羞恶、恭敬、是非之心，正是人为仁向善之发端。"恻隐之心，仁之端也；羞恶之心，义之端也；辞让之心，礼之端也；是非之心，智之端也。"⑤所以，儒家宣扬的仁义礼智，并不是外在于人或强加于人的东西，而是根源于人性，并且是由其发育出来的东西，是人性中本有的东西。"仁义礼智，非由外铄我也，我固有之也。"⑥为仁不过是使人性之中本有之善端得以发扬光大而已。孟子这种心性论的确立，就为儒家倡导的仁义之道，第一次寻找到了理论上的根据。与孟子不同，荀子并不认为人天生就具有为仁向善的倾向。在荀子看来，仁义礼智完全出于人之"伪"，特别是出于"圣人之伪"。"凡礼义者，是生于圣人之伪，非故生于人之性也。"⑦"凡人有所一同，饥而欲食，寒而欲暖，劳而欲息，好利而恶害，是人之所生而有也，是

---

① 《论语·阳货》。
② 《孟子·离娄下》。
③ 《孟子·尽心下》。
④ 《孟子·公孙丑上》。
⑤ 《孟子·公孙丑上》。
⑥ 《孟子·告子上》。
⑦ 《荀子·性恶》。

无待而然者也,是禹、桀之所同也。"①虽然荀子也像孟子一样,认为性是人秉受于天的,是先天的,是天赋的,但是与孟子不同,荀子将人与动物所共有的好利恶害的自然本性,当作基本的人性。如果顺乎人的自然本性,必然导致人与人之间的相贼相残和社会的混乱。所以,在荀子看来,人之本性为恶。"故古者圣人以人之性恶,以为偏险而不正,悖乱而不治,故为之立君上之埶以临之,明礼义以化之,起法正以治之,重刑罚以禁之,使天下皆出于治,合于善也。"②君子小人就其天性而言,并没有什么不同。"凡人之性者,尧舜之与桀跖,其性一也;君子之与小人,其性一也。"③人之实际的不同,完全在于后天的力量,完全在于他们所生活的环境和个人的主观努力,即在于"注错习俗之所积耳"④。"慎习俗,大积靡,则为君子矣;纵性情而不足问学,则为小人矣。"⑤表面看来,孟、荀之间似有很大差别,但他们之最终追求是完全一致的。性善、性恶之争,不过是同一学派内部方法上之争论。性善论突出人之先天因素,性恶论强调人之后天作为。人之为仁,既不能不根于先天,亦不能忽视后天之努力。所以,《中庸》曰:"天命之谓性,率性之谓道,修道之谓教。""自诚明,谓之性;自明诚,谓之教。诚则明矣;明则诚矣。"性为天、为诚,教为人、为明,故天人不可离分。在《正蒙·乾称》中,张载更是明言:"儒者则因明致诚,因诚致明,故天人合一,致学而可以成圣,得天而未始遗人。"只强调先天,而不注重后天,则只有根据而无功夫;只注重后天,而不承认先天,则只有功夫而无根据。

韩非之"性"。韩非对"性"没有明确解说,但从他与荀子的关系来看,其"性"概念直接来自荀子。荀子对"性"有明确解说:"天之就","不为而

---

① 《荀子·荣辱》。
② 《荀子·性恶》。
③ 《荀子·性恶》。
④ 《荀子·荣辱》。
⑤ 《荀子·儒效》。

成"。① 韩非不讲"天"而讲"道",则他所谓"性"的含义应该是"道之就",即"道"所成就的人的自然状态。故韩非之"性"与"理"是同一层次的概念,人性与物理都是"道"所决定的体现"道"的东西,因而都是人应当认识的客体。由于"性"与"道"相一致,而韩非主张"缘道理以从事",这也意味着主张"缘道性以从事"。这不同于荀子主张"制天命而用之"从而主张"化性起伪"的思想,因而韩非对"性"的评价也不同于荀子。荀子认为"性恶",韩非则并不认为"性恶","性"在韩非这里是中性的东西,是所要认识的对象和所要因循的规律,既谈不上善,也谈不上恶,而不过是一个基本的、自然的事实。因为韩非与荀子有这样的思想区别,所以荀子对待人性是主张采用"礼义法度"的手段。"礼义"是用于教化人心以积极地引导人性的手段,"法度"是用于制约人的行为以消极地限制人性的手段。韩非则舍"礼义"而仅用"法度"来限制人性而制约人的行为。所以,韩非的"法"与"性"之间的关系可理解为"法"是基于对"性"的认识所采取的控制"性"的手段。荀子有"以义制利"之意,韩非关于"法"与"性"的关系则可概括为"以法制性"。

需要明确的是,人性论是韩非法治论的重要理论基础。韩非以夸张的手法把各阶层人与人之间的关系作了描绘,认为人与人之间是一种纯粹的利益关系,没有任何例外。韩非认为,既然人们都好利恶害,那么君主应该利用臣民的这种心态,制定法令,实行严格的奖惩,让他们去积极从事耕战。人们会得到温衣美食的小利,而君主国富兵强、霸王之功的大利就指日可待了。"韩非的人性思想并未形成自觉的状态,这与他有意回避或试图超越先前的儒家关于人性善恶的伦理思考有关。可是往往事与愿违,不论怎样努力,他都无法完全摆脱儒家的理论影响,他对人性的思考更是笼

---

① 《荀子·天论》。

罩在孟、荀人性论的阴翳之下。"①

（一）前期法家的人性论

《管子》认为人性是"好利恶害"的，提出了"欲利恶害"的人性理论。《管子·版法解》说："凡人者，莫不欲利而恶害。"《管子·禁藏》篇则论述道："凡人之情，见利莫能勿就，见害莫能勿避。"这样的思想在《管子·侈靡》篇中也有清楚的论述："百姓无宝，以利为首。一上一下，惟利所处。……饮食者也，侈乐者也，民之所愿也。足其所欲，赡其所愿，则能用之耳。今使衣皮而冠角，食野草，饮野水，孰能用之?"在这里《管子》指出对于好利恶害，人们都是一致的。而且这种逐利的本性是普遍的，并不因人的尊卑贵贱而有所差别："凡人之情，得所欲则乐，逢所恶则忧，此贵贱之所同者也。"②在《管子》看来，人们辛辛苦苦所追求的无外乎一个"利"字。"夫凡人之情，见利莫能勿就，见害莫能勿避。其商人通贾，倍道兼行，夜以续日，千里而不远者，利在前也。渔人之入海，海深万仞，就波逆流，乘危百里，宿夜不出者，利在水也。故利之所在，虽千仞之山无所不上，深源之下无所不入焉。故善者执利之在，而民自美安。不推而往，不引而来，不烦不扰，而民自富。如鸟之覆卵，无形无声而唯见其成。"③对物质利益的追求，是人的本性，民的特点在于追求利益，满足自己的欲望，对自己有利的就追求，对自己有害的则避之唯恐不及。这可以说是凡人之情，是人们贵贱之所同的，是人的共同本性。商人做生意，一天赶两天的路，夜以继日，不以千里为远，就因为前面有利可图;渔夫下海，海深万仞，逆流而进，冒险航行百里，昼夜都不上岸，就因为利在水中。

慎到认为，"人莫不自为也，化而使之为我，则莫可得而用矣"④。人没

---

① 蒋重跃.韩非子的政治思想[M].北京:北京师范大学出版社,2010:116.
② 《管子·禁藏》。
③ 《管子·禁藏》。
④ 《慎子·因循》。

有不愿意为自己做事的,如果要找一个不为自己做事的人,则很难找到。慎子指出利决定了亲情的远近。"家富则疏族聚,家贫则兄弟离,非不相爱,利不足相容也。"①家庭富裕,即使是疏远的亲族也会从四面八方赶来相聚;家庭贫困,即使是亲兄弟也会四下离散。这不是因为他们不相爱,而是财力不足以使他们相互容纳。"匠人成棺,不憎人死,利之所在,忘其丑也。"②木匠做成棺材不是厌恶人死,而是这样做对自己有利,竟忘记了自己行为的丑恶。慎子认为人的表面上廉洁大度、彬彬有礼的伪装,最终掩饰不了他重于私利的本性。"能辞万钟之禄于朝陛,不能不拾一金于无人之地。能谨百节之礼于庙宇,不能不弛一容于独居之余。盖人情每狃于所私故也。"③人们能够在朝廷上辞去万钟的俸禄,却不能在无人的地方不捡起掉在地上的一两黄金。

商鞅认为,"名与利交至,民之性,饥而求食,劳而求佚,苦则索乐,辱则求荣,此民之情也。民之求利,失礼之法;求名,失性之常。……故曰:名利之所凑,则民道之"④。人之性好名利,利用人们的这种本性,可以实行赏罚,推行法治。故他说:"人生而有好恶,故民可治也。人君不可以不审好恶,好恶者,赏罚之本也。夫人情好爵禄而恶刑罚,人君设二者以御民之志,而立所欲焉。"⑤国君不仅要利用人们好名利的本性实行法治,而且还可以利用这种心态推动耕战。因此,商鞅又说:"夫农,民之所苦;而战,民之所危也。犯其所苦,行其所危者,计也。故民生则计利,死则虑名。名利之所出,不可不审也。利出于地,则民尽力;利出于战,则民致死。"⑥商君的高明之处在于利用人性的弱点,制定政策,推行法治,使人民积极地从事耕

---

① 《慎子·逸文》。
② 《慎子·逸文》。
③ 《慎子·逸文》。
④ 《商君书·算地》。
⑤ 《商君书·错法》。
⑥ 《商君书·算地》。

战,实现富国强兵的远大目标。

(二)荀子的人性论

荀子有关人性问题的论述,除了专门的《性恶》篇,在《荣辱》《非相》《王制》《礼论》《正名》等篇中也有所涉及。

对于人性,荀子认为人的自然本性无所谓善恶,"性者,本始材朴也"①,"性者,天之就也""生之所以然者谓之性"②,"不可学、不可事而在人者谓之性"③。这里的性实际上是指人的自然属性,亦即人的生理本能,诸如"饥而欲食,寒而欲暖,劳而欲息,好利而恶害"④等皆属于性的内容,因为它们是"人之所生而有也,是无待而然者也,是禹桀之所同也"⑤。但荀子却认为人性是恶的,根源在于他的这样的推论:"今人之性,生而有好利焉,顺是,故争夺生而辞让亡焉;生而有疾恶焉,顺是,故残贼生而忠信亡焉;生而有耳目之欲,有好声色焉,顺是,故淫乱生而礼仪文理亡焉。然则从人之性,顺人之情,必出于争夺,合于犯分乱理而归于暴。故必将有师法之化,礼义之道,然后出于辞让,合于文理而归于治;用此观之,人之性恶明矣,其善者伪也。"⑥他指出,人的本性是恶的,善是后天人为形成的。现在人的本性,本来就有贪图私利的一面,顺着这种本性发展,于是人们相互之间便出现了争夺而丧失谦让;人生来就有嫉妒、仇恨的一面,顺着这种本性发展,于是残害忠良的事就发生了,忠诚信用也就消失了;人生来就有耳目的欲望,贪恋声色的喜好,顺着这种本性发展,于是淫乱的事就产生了,而礼义制度由此丧失。放纵人的本性,顺着人的情欲,就必然发生争夺,出现违背等级名

---

① 《荀子·礼论》。
② 《荀子·正名》。
③ 《荀子·性恶》。
④ 《荀子·荣辱》。
⑤ 《荀子·荣辱》。
⑥ 《荀子·性恶》。

分、破坏社会秩序的事,以致出现暴乱。所以一定要有君师法制的教化,要有礼义的引导,然后才能产生谦让,出现合乎等级名分制度的礼义秩序,从而使社会安定。由此看来,人的本性是恶的已经十分明白,善只不过是后天人为形成的。按照荀子的逻辑:人有欲,就会好利;好利,就必然发生争斗;争斗,就必然危及新的统治秩序;所以人性恶。

　　荀子认为:"人之性恶,其善者伪也。"①伪是人为的意思,"可学而能,可事而成之在人者,谓之伪"②。人的道德属性是通过后天接受教育,从事道德修养逐渐培养起来的,而不是先天就存在的。在这点上,他与孟子截然不同。在孟子那里,仁义礼智等道德意识是一种先验的存在,是由上天赋予的。但荀子在强调道德性是后天人为结果的同时又指出礼义乃圣人之所生。在他看来,圣人积思虑,习伪故,制定了礼义并用之教化百姓,从而使百姓具备了礼义之德。"孟子从人性向善的可能性出发,讨论'人之为人'的本质,侧重第二个'人'及人不同于禽兽的本质区别,最后归附到对并非禽兽的'人'的弘扬,有理念论的影子。荀子的性恶说则正好相反,他从人性中的动物性出发,先天的本能就是动物的本能,所有所谓善的表现都属'伪'的范畴,侧重'人之为人'的第一个'人',最后回到对于人性中动物性的克服,对于善性'扩而充之',还是回到了教化从善的起点上,有经验论的影子。"③

　　在荀子看来,伪是人之所以为人者也,是人区别于动物的根本依据。他指出:"水火有气而无生,草木有生而无知,禽兽有知而无义,人有气、有生、有知,亦且有义,故最为天下贵也。"④人性虽恶,但可以改变,所谓的化性,就是用礼义教化来改变人们的恶性。他说:"圣人化性而起伪,伪起而

---

　　① 《荀子·性恶》。
　　② 《荀子·性恶》。
　　③ 任文启.王权时代的韩非子批评史研究[M].北京:法律出版社,2019:26.
　　④ 《荀子·王制》。

生礼义。"①圣人为了改造人的恶性而制定礼义,用礼义教化使人们去恶从善。人的善性不是与生俱来的,而要通过后天的道德教育和修养慢慢培养。荀子说:"凡人欲为善者,为性恶也。夫薄愿厚,恶愿美,狭愿广,贫愿富,贱愿贵,苟无之中者,必求于外;故富而不愿财,贵而不愿势,苟有之中者,必不及于外。……今人之性,固无礼义,故强学而求有之也;性不知礼义,故思虑而求知之也。然则生而已,则人无礼义,不知礼义。人无礼义则乱,不知礼义则悖。然则性而已,则悖乱在已。用此观之,人之性恶明矣,其善者伪矣。"②

荀子从经验的现实看到了人自利自为的本性,但他看到的仅仅是人的这种自利自为本性引发的争夺生、辞让亡、残贼生、忠恶亡的恶果。在荀子看来,人性是与封建道德、统治秩序相冲突的,因此,为了维持封建统治,就必须对人性加以改造和限制,即所谓"化性起伪"。他认为"化性起伪"的最好办法就是"师法之化,礼义之道",也就是师法并用、礼刑并行。在中国古代,礼入于法,法出于礼,所谓礼刑并行,也就是法刑并行。所以荀子主张要治理天下,稳定秩序,就要"立君上之埶以临之,明礼义以化之,起法正以治之,重刑罚以禁之,使天下皆出于治,合于善也"③。正是在这个意义上,荀子提出了被人们认为的所谓是具有人性平等思想萌芽的"涂之人可以为禹"的命题。后来,宋明理学家进一步发挥了荀子的观点,主张"存理灭欲""存理去欲",荀子的"性恶"说就变成了统治阶级"忍而残杀"的工具。

学界围绕韩非是否为性恶论者展开争论,主要有三种观点:第一,人性恶。此种观点以蔡元培、冯友兰和熊十力为代表。蔡元培认为,荀子主张人性恶,商鞅对人性的观察也是如此,韩非承接了荀子、商鞅的观点。冯友兰也指出:"盖人之性惟知趋利避害,故惟利害可以驱使之。法家多以为人

① 《荀子·性恶》。
② 《荀子·性恶》。
③ 《荀子·性恶》。

之性恶。韩非为荀子弟子，对于此点，尤有明显之主张。"[1]因为韩非以为天下之人，皆自私自利，"皆挟自为心"，互相"用计算之心以相待"。对于韩非与其师荀子在人性论上的继承关系，冯友兰进一步指出："韩非没有提出抽象的人性论，也没有提过荀子。但是荀子的性恶论似乎对他有极大的影响。他对于具体社会问题的见解，似乎是荀子的性恶论的极端的应用。"[2]熊十力说："韩非子以为人之性，本无有善。凡人皆挟自为心，只知有利而已矣。韩非受学荀卿，卿言性恶，韩非之人性论，实绍承荀卿性恶说，此无可讳言也。"[3]综观以上观点，主张韩非为性恶论者的依据主要是两条：一是他曾经师从荀子，荀子主张人性恶，韩非必定受其影响；二是韩非主张人性好利，因此他必定主张人性恶。第二，人性自私。此说以朱伯崑和陈瑛等为代表。朱伯崑指出："齐国法家提出'人心悍'的观点，荀况发展为人性恶的理论。韩非依据荀况的性恶论，又提出人性自私说。"[4]并且进一步指出，这种私心说仍旧是抽象人性论的一种形式，即将人的欲望的满足归为个人生理上的需要，从而引出人性自私的理论。陈瑛等也表达了同样的观点，"他把人的本性看成是自私自利、就安利而避危害的"[5]。总之，主张韩非是人性自私论者的主要理由是，韩非将趋利避害看作人的本性，因此行为总是从自己的私心和私利出发，处理人与人之间的关系也总是从个人的利害角度考虑。但是，好利恶害并不是人性论的内容，李增指出，虽然韩非认为人具有"好利恶害"的情性，然而此等叙述则是在描述人之欲望倾向，而不是在论述人性之内涵，亦不是性恶论之肯定。因此自私并非韩非人性论的内容。[6] 这种观点比较准确地把握了韩非对人性的认识。第三，人性自然。

①　冯友兰.中国哲学史(上册)[M].北京:中华书局,1961:398-399.
②　冯友兰.中国哲学史新编(第1册)[M].北京:人民出版社,1962:564-565.
③　熊十力.韩非子评论[M].台北:学生书局,1978:16-18.
④　朱伯崑.先秦伦理学概论[M].北京:北京大学出版社,1984:258-260.
⑤　陈瑛,温克勤,等.中国伦理思想史[M].贵阳:贵州人民出版社,1985:191-200.
⑥　李增.先秦法家哲学思想[M].台北:华泰文化事业股份有限公司,2001:72.

持这种观点的代表人物是张申。他首先反驳了韩非为性恶论者的观点："韩非从来没有说过'自为'的人性是恶的。如果认为这就是性恶论，那么试问：这是韩非的观点，还是我们根据某种观点对韩非的观点所作的评论？"①同时，他又反驳了认为韩非主张人性自私的观点，他指出，虽然韩非认为人人都是"自为"即利己的，但这是一种合理的利己主义，并不是极端自私自利的利己主义。在反驳上述两种观点的基础上，张申提出，韩非的人性论既不是性善论，也不是性恶论，而是无善无恶的自然人性论。这种人性论是韩非在继承和发展前期法家慎到和商鞅等关于人性"自为"、好利恶害思想的基础上形成的。

法家认为，人都有"好利恶害"或者"就利避害"的本性。"见利莫能勿就，见害莫能勿避……故利之所在，虽千仞之山，无所不上；深渊之下，无所不入焉。"②就如《管子》所说，商人日夜兼程，即使上千仞之山也不觉得高远，是因为利益在前面吸引他。打鱼的人不怕危险，即使去深渊之下也不在意，他追求的是打鱼的利益。有了这种相同的思想，所以商鞅才得出结论："人生有好恶，故民可治也。"③韩非则继承了前期法家人人皆好利恶害的思想。他说："好利恶害，人之情也。"④又说："安利者就之，危害者去之，此人之情也。"⑤人们受利己心的驱使，在行为上总是表现出趋利避害的特征。个人利害是人们思考问题和从事活动的出发点与终结点。

韩非主张，人不分贤愚皆好利恶害，"人情皆喜贵而恶贱"⑥，"人无愚智，莫不有趋舍"⑦。所谓"趋舍"即趋利舍害，这是一种自然本性。但是，人

---

① 张申．韩非是性恶论者吗？[J]吉林师大学报(哲学社会科学版)，1979(3)：86-93.
② 《管子·禁藏》。
③ 《商君书·错法》。
④ 《韩非子·难二》。
⑤ 《韩非子·奸劫弑臣》。
⑥ 《韩非子·难三》。
⑦ 《韩非子·解老》。

们为了达到这一目的,其行动是具体的、有条件的,不是盲目的、绝对的。韩非说:"布帛寻常,庸人不释;烁金百溢,盗跖不掇。不必害,则不释寻常;必害手,则不掇百溢。"①意思是说,寻常之布帛,于己有利,一般人也不会把它丢掉;正在熔化的大量黄金,就是盗跖也不会冒险去捡。不是一定受害时,小的东西也不肯抛弃;一定会烧伤手,给人带来严重危害时,就连百溢之金也不会去取。一切以利之多寡为前提条件,利多害少则取之,利少害多则舍之。也就是说,人们并不是见利就上、见利就得,而是有所权衡、有所取舍、有所分别。白彤东教授对此指出,韩非子对人性的理解,比通常所说的性恶论要复杂得多。他承认人性中有善的一面,并且在物质丰富的条件下,它足以让人类处于和平状态。但在物质匮乏的条件下,人类朴素的善心失效,利害计算成为人行动的主要驱动力。绝大多数人只能对眼前的物质利益进行计算,只有少数人才有能力进行长远的物质利益计算。除了理性能力外,人类还有其独有的虚荣,这构成了人类行动的次要驱动力。韩非承认,极少数人可以发自内心地超越利害、追求道德,但他们是国家制度的破坏者,不应推崇。在趋利与避害之间,韩非认为避害比趋利更具有驱动力,这是他推崇重罚少赏的一个原因。②

在韩非看来,人与人之间的关系就是以利为中心的取舍关系。这种关系体现在:

父母与子女之间。韩非说:"且父母之于子也,产男则相贺,产女则杀之。此俱出父母之怀衽,然男子受贺,女子杀之者,虑其后便,计之长利也。故父母之于子也,犹用计算之心相待也,而况无父子之泽乎?"③父母对于子女,生了男孩就相互道贺,生了女孩就杀死她。他们都出自父母的怀抱,然而男孩道贺、女孩被杀,这是父母考虑到将来的好处,计算到长远的利益。

---

① 《韩非子·五蠹》。
② 白彤东.韩非子人性说探微[J].哲学研究,2021(4):56-66,128.
③ 《韩非子·六反》。

所以父母对于自己的子女尚且利用计算之心看待，何况没有骨肉之情的人呢？韩非又说："人为婴儿也，父母养之简，子长而怨。子盛壮成人，其供养薄，父母怒而诮之。子父至亲也，而或谯或怨者，皆挟相为而不周于为己也。"①人在婴儿时，父母对他抚养马虎，长大了就要埋怨父母；儿子长大成人，对父母的供养微薄，父母就要怒责儿子。父子是至亲骨肉，但有时怒责，有时埋怨，都是因为怀着相互依赖的心理而又认为对方不能周到地照顾自己。

社会成员之间。从家庭推至社会，社会成员的关系亦体现了人自私自利的本性。"故王良爱马，越王勾践爱人，与战与驰。医善吮人之伤，含人之血，非骨肉之亲也，利所加也。故舆人成舆，则欲人之富贵；匠人成棺，则欲人之夭死也。非舆人仁而匠人贼也，人不贵，则舆不售；人不死，则棺不买。情非憎人也，利在人之死也。"②王良爱马，是为了让马为他服务；越王勾践爱人，是为了让人替他打仗。医生用嘴吮吸病人的伤口，并非因为他与病人有骨肉之亲，是因为他想得到更多的钱财。造车子的人造好车子，则希望别人富贵；做棺材的人做好棺材，则希望别人早死。这并不是因为造车子的人仁慈而做棺材的人狠毒，而是因为人不富贵车子就卖不出去，人不死棺材就没人买。问题的根源都在于利。韩非还举例说："夫买庸而播耕者，主人费家而美食，调布而求易钱者，非爱庸客也，曰：如是，耕者且深，耨者熟耘也。庸客致力而疾耘耕者，尽巧而正畦陌畦畴者，非爱主人也，曰：如是，羹且美，钱布易云也。此其养功力，有父子之泽矣，而心调于用者，皆挟自为心也。"③主人请雇工种地，花费钱财好吃好喝地招待雇工并给以优厚的报酬和雇工为主人好好地种地，不是因为他们之间相互关爱，而是因为他们各有所图。

---

① 《韩非子·外储说左上》。
② 《韩非子·备内》。
③ 《韩非子·外储说左上》。

君臣之间。韩非指出,君臣之间的利害是相对立的,"臣主之利相与异者也。何以明之哉?曰:主利在有能而任官,臣利在无能而得事;主利在有劳而爵禄,臣利在无功而富贵;主利在豪杰使能,臣利在朋党用私"①。虽然君臣利害对立,但因为利,二者又达成了一种交易。韩非说:"人臣之情,非必能爱其君也,为重利之故也。"②"夫君臣非有骨肉之亲,正直之道可以得利,则臣尽力以事主;正直之道不可以得利,则臣行私以干上。"③君臣之间没有骨肉之亲,正直的言行可以得到利益,臣下就会竭尽力量来侍奉君主;如果得不到安全,臣下就徇私舞弊以侵犯君主。韩非认为:"人臣之于其君,非有骨肉之亲也。缚于势而不得不事也。"④在韩非看来,君臣关系完全是由君主的势位和尊卑关系所迫。他又说:"君以计畜臣,臣以计事君,君臣之交,计也。害身而利国,臣弗为也;富国而利臣,君不行也。臣之情,害身无利;君之情,害国无亲。君臣也者,以计合者也。"⑤君主靠利益蓄养臣子,臣子靠利益侍奉君主,君臣交往看重的是利益。危害自身而有利国家,臣子是不做的;危害国家而有利臣子,君主是不干的。臣子的本心,危害自身就谈不上利益;君主的本心,危害国家就谈不上亲近。君臣关系是凭借利益结合起来的。韩非在《难一》中更具体地把君臣关系看成一种买卖关系:"臣尽死力以与君市,君垂爵禄以与臣市,君臣之际,非父子之亲也,计数之所出也。"这就是君臣在进行"死力"与"爵禄"交易。君卖权势利禄,臣卖心智技能,他们之间是互相有利益关系的合作伙伴,为着各自的利益走在一起。更甚者,后妃、夫人、太子与君王既有君臣关系又有夫妻、父子关系,但为了利益他们也会加害君王。"后妃夫人、适子为太子者,或有欲其

---

① 《韩非子·孤愤》。
② 《韩非子·二柄》。
③ 《韩非子·奸劫弑臣》。
④ 《韩非子·备内》。
⑤ 《韩非子·饰邪》。

君之早死者。……故后妃夫人、太子之党成,而欲君之死也,君不死则势不重,情非憎君也,利在君之死也。"①就是说,后妃、太子所以期君早亡,并非憎恶君上,而仅仅是为了及早继位,为己谋利。

似无情处却有情。韩非深刻地剖析了人性好利的利己方面,那么人性中是否有无私利他的方面?既然家庭成员之间都以计算之心相待,那么,家人不就跟路人完全一样了?似乎又不尽然,因为韩非子有时又确实承认亲情的存在。例如,他说:"孝子,不非其亲……孝子之事父也,非竞取父之家也……非其亲者知谓不孝"②,"慈母之于弱子也,爱不可为前。……子母之性,爱也"③,"人之情性莫先于父母"④。这些论述,都表明了父母与子女之间脱离计算之心的亲情。在这里,我们看到了韩非人性中的一种紧张:家庭成员间的功利心与超功利心的紧张,或者人性好利以利己与无私以利他的紧张。

韩非认为,"好利恶害,夫人之所有也。赏厚而信,人轻敌矣;刑重而必,失人不比矣。长行徇上,数百不一失;喜利畏罪,人莫不然。将众者不出乎莫不然之数,而道乎百无失人之行,人未知众之道也"⑤。爱好利厌恶害是人固有的本性,赏赐多而守信用,战士就不怕敌人;刑罚重而且实行坚决,战士就不会败逃。人的这种自利的本性是先天注定而不能改变的,并且也不需要改变,倒是应该加以调动和发挥,因为在韩非看来,自利的欲望乃是人们开展事业的推动力。他说:"鳝似蛇,蚕似蠋,人见蛇则惊骇,见蠋则毛起。渔者持鳝,妇人拾蚕,利之所在,皆为贲、诸。"⑥他认为,人们只有充分发挥其自利性,自觉地追求个人利益,而不是勉强实行仁义道德,才能

---

① 《韩非子·备内》。
② 《韩非子·忠孝》。
③ 《韩非子·八说》。
④ 《韩非子·五蠹》。
⑤ 《韩非子·难二》。
⑥ 《韩非子·说林下》。

作出一番事业。他说:"霸王者,人主之大利也。人主挟大利以听治,故其任官者当能,其赏罚无私。使士民明焉,尽力致死,则功伐可立而爵禄可致,爵禄致而富贵之业成矣。富贵者,人臣之大利也。人臣挟大利以从事,故其行危至死,其力尽而不望。此谓君不仁,臣不忠,则可以霸王矣。"①因此,他认为,能调动人的自为心便无往而不可,虽然在主人与佣客之间,亦可有"父子之泽";反之,如果只是要求互相尽义务,则虽在父子之间也不免互相怨懟,"挟夫相为则责望,自为则事行。故父子或怨谯,取庸作者进美羹"②。

韩非将人的自利本性以及发挥这种本性的必要性,作为实行刑赏法制之可能性和必要性的理论根据。他认为,正因为人性是好利恶害的,所以才可能用予人以利害的刑赏法制作为驱使人民、治理国家的手段,他说:"凡治天下,必因人情。人情者,有好恶,故赏罚可用;赏罚可用则禁令可立而治道具矣。"③同时认为,要想发挥人们好利恶害的本性以巩固封建君主的统治,就必须实行刑赏法制:"赏刑明则民尽死,民尽死则兵强主尊"④,"主施其法,大虎将怯;主施其刑,大虎自宁"⑤。

韩非基于对人性欲望的洞悉,认为要使世间减少争夺之事,多仁让之心,就必须发展农业,使人们丰衣足食,人与人之间就像兄弟般和平相处。韩非极力反对脱离物质基础而空谈仁爱,主张"圣人之治民,度于本,不从其欲,期于利民而已"⑥,不可空谈仁爱而害民。"韩非的人性观与20世纪的所谓环境论有相似之处,这种观点不承认人性天生具有善恶的抽象的道德性质,而只认为人性的状况须由它所处的环境来决定,即不承认抽象的

---

① 《韩非子·六反》。
② 《韩非子·外储说左上》。
③ 《韩非子·八经》。
④ 《韩非子·饰邪》。
⑤ 《韩非子·扬权》。
⑥ 《韩非子·心度》。

人性,只承认具体的人性。不同的是,韩非的人性论是动态的、历史的,他承认人有智慧的天性,却不承认其中有任何先天的道德内容。"①韩非继承了商鞅发展农业的政策方针,主张奖励耕者,打击工商之民和文学游说之士。"今境内之民皆言治,藏商管之法者家有之,而国贫。言耕者众,执末者寡也。"②虽然大多数人已认识到农耕的重要性,但还是不愿投身于农业,原因是社会上存在着严重的贱农思想。韩非认为:"力作而食,生利之民也,而世少之曰'寡能之民'……百姓循私利而訾之,世主壅于俗见而贱之。"③要改变"言耕者众,执来者寡"的局面,就必须奖励耕者,使之有利可图,"民有余食,使以粟出爵,必以其力,则农不怠"④。

韩非并不笼统谈论人性的善、恶,他认为人性的善、恶有一定的条件,而不是绝对的。对此,蒋重跃教授一语中的:"韩非的人性论断定人性为己,心又为之计算,但是他拒绝为人性或人的本质做抽象的道德评判,只承认物欲是道理在人性上的表现,并把注意力转移到历史领域,试图在社会发展的客观环境中认识人的本质属性。"⑤韩非在文本中提到"夫陈轻货于幽隐,虽曾、史可疑也;悬百金于市,虽大盗不取也。不知,则曾、史可疑于幽隐;必知,则大盗不取悬金于市"⑥。把不贵重的物品放在隐蔽、人不易察的地方,像曾参、史鱼这种道德修养极高的人,说不定也要彼此争得头破血流;但把百金放在市场上,人人得以见之,即使小偷大盗也不会去取。于此,他还认为人们有时看来是善的并不一定是善,看来是恶的也不一定是恶。故"舆人成舆,则欲人之富贵;匠人成棺,则欲人之夭死也。非舆人仁而匠人贼也,人不贵,则舆不售;人不死,则棺不买。情非憎人也,利在人之

---

① 蒋重跃.韩非子的政治思想[M].北京:北京师范大学出版社,2010:132.
② 《韩非子·五蠹》。
③ 《韩非子·六反》。
④ 《韩非子·饬令》。
⑤ 蒋重跃.韩非子的政治思想[M].北京:北京师范大学出版社,2010:129.
⑥ 《韩非子·六反》。

死也"①。车匠造车,希望别人升官发财,并不是他心善,而是希望把车卖出去,获得利益;同样,木匠做棺材,希望别人早死,也不是他心坏,对别人有什么仇恨,而是人死了,他有利可图。一切都以利为杠杆,是根本谈不上什么善、恶的。更有意义的是,韩非试图以物质生活为条件来解释人们的善、恶之举,说明不同条件下不断变化着的人性,"故饥岁之春,幼弟不饷;稚岁之秋,疏客必食。非疏骨肉爱过客也,多少之实异也"②。在荒年,即使是亲兄弟之间也无法照顾;在丰年,即使过路之客也会供给食物。这并非人们疏远自己的亲人而爱护过往的客人,而是形势使然。这种有条件的善、恶论比绝对的善、恶论更具体、更合理。

"人性问题在韩非子的论域中是一个事实判断即综合判断,他在概括各种现象背后所体现出来的'人之常情'(他的人性论观点),并得出诸多结论,却唯独不去关注抽象的人性,这是研究韩非子人性论的学者不得不注意的方面。"③韩非关注的是人性的下限,即在何种条件下,"人之常情"能为君主所利用。他立意在国家秩序的构建而不是道德结构的完善,追求对底线的控制和对结果的把握。从这一点来说,国家秩序的构建者关注制度的运行是否促使人民按照设计的程序运转,而不是人民本身的意愿如何。

二、情

《说文解字》曰:"情,人之阴气有欲者。从心,青声。"情的本义为人之情绪、情感。

何谓情?历史上有相似的解释,情就是人之主观对于外在物事所发生之情绪反应。荀子曰:"性者,天之就也;情者,性之质也;欲者,情之应

---

① 《韩非子·备内》。
② 《韩非子·五蠹》。
③ 任文启.王权时代的韩非子批评史研究[M].北京:法律出版社,2019:29.

也。"①《礼记·礼运》曰："何谓人情？喜、怒、哀、惧、爱、恶、欲，七者弗学而能。"严遵《老子指归·道生篇》曰："因性而动，接物感寤，爱恶好憎，惊恐喜怒，悲乐忧恚，进退取与，谓之情。"王充《论衡·本性》曰："情，接于物而然者也，出形于外。形外则谓之阳，不发者则谓阴。"韩愈《原性》曰："性也者，与生俱生也；情也者，接于物而生者也。"

老庄之"情"。老庄对"情"的理解更多的是就情欲、物情而言，所极力反对的乃人之欲。"情""欲"二者有所区别，"情之正曰性情，情之贼曰情欲。'无为之情'者，无情欲之情，非无性情之情也，故于此辩之。或曰：好恶非性情之情乎？抑性情之情独无好恶乎？曰：好恶贼性情也，然以之见伤其身，则非性情之正，而情欲矣。情欲、性情。岂有二哉？用之过当与不过耳"②。在老子看来，"五色令人目盲，五音令人耳聋，五味令人口爽；驰骋畋猎，令人心发狂。难得之货，令人行妨。是以圣人为腹不为目。故去彼取此"③。老子主张"不可见欲，使民心不乱""常使民无知无欲"④。道本自然无为，无为而无欲，欲之则害心伤性。庄子亦认为："且夫失性有五：一曰五色乱目，使目不明；二曰五声乱耳，使耳不聪；三曰五臭熏鼻，困惾中颡；四曰五味浊口，使口厉爽；五曰趣舍滑心，使性飞扬。此五者，皆生之害也。"⑤五色、五声、五臭、五味使人心迷性乱，引发情欲，是庄子所反对的。

儒家之"情"。儒家主张制"情"。儒家的创始人孔子极少言"情"，《论语》中只有两处：一是"子曰：……上好信，则民莫敢不用情"⑥；二是"曾子曰：上失其道，民散久矣。如得其情，则哀矜而勿喜"⑦。在孔子的言论中，

---

① 《荀子·正名》。
② 钟泰.庄子发微[M].上海：上海古籍出版社，1988：126-127.
③ 《老子·十二章》。
④ 《老子·三章》。
⑤ 《庄子·天地》。
⑥ 《论语·子路》。
⑦ 《论语·子张》。

这唯一的"情"只是指人"诚实"的品格。但是，并不能因此否定孔子对"情"的重视。孔子主张以仁义礼智信为最高的人格修养准则，以礼义修身，以仁德治国。而"仁"的主要意义是"爱人"，是"泛爱众"，重视人的地位与作用，要把人作为人来对待，而不是把人当作可以任意杀戮的贵族私产。可见，孔子的"仁"是由对"人"的怜悯之情而起，也是由人的情感需要而建构的。孟子认为，"情"与"性"有关，"性"本善，而"情"则有善有不善。"乃若其情，则可以为善矣，乃所谓善也。若夫为不善，非才之罪也。"①"才"，即人天生之才质，亦即所谓"性"。在孟子看来，"情"有不善，非由"性"之不善也。朱熹注曰："才，犹材质，人之能也。人有是性，则有是才，性既善则才亦善。人之为不善，乃物欲陷溺而然，非其才之罪也。"②荀子讲"情"，往往与"性"合而言之。荀子在坚持"性恶论"主张的同时，肯定了人的"情"和"欲"的合理性，认为"性者，天之就也；情者，性之质也；欲者，情之应也"，并且将"情"的内涵明确定义为"性之好、恶、喜、怒、哀、乐"。③ 在荀子看来，"性"既为恶，"情"亦为恶。"从人之性，顺人之情，必出于争夺，合于犯分乱理而归于暴。"④虽然荀子承认"情"是与生俱来的，不应该因主观的偏好和现实政治伦理的需要而否定其存在的合理性，"夫人之情，目欲綦色，耳欲綦声，口欲綦味，鼻欲綦臭，心欲綦佚。此五綦者，人情之所必不免也"⑤，但同时认为"情"不可任意发展，"故人知谨注错，慎习俗，大积靡，则为君子矣；纵情性而不足问学，则为小人矣"⑥。因此，荀子提出应该"以礼导情"，"苟情说之为乐，若者必灭。故人一之于礼义，则两得之矣；一之于情性，则

① 《孟子·告子上》。
② 《孟子集注·告子章句上》。
③ 《荀子·正名》。
④ 《荀子·性恶》。
⑤ 《荀子·王霸》。
⑥ 《荀子·儒效》。

两丧之矣"。① 只有以礼来引导和制约"情"，才能使它的发展合乎社会的伦理道德，推动社会的进步发展。"是以为之起礼义，制法度，以矫饰人之情性而正之，以扰化人之情性而导之也。"②

韩非也主张制情。"凡治天下，必因人情。人情者，有好恶，故赏罚可用；赏罚可用，则禁令可立而治道具矣。君执柄以处势，故令行禁止。柄者，杀生之制也；势者，胜众之资也。废置无度则权渎，赏罚下共则威分。是以明主不怀爱而听，不留说而计。故听言不参，则权分乎奸，智力不用，则君穷乎臣。故明主之行制也天，其用人也鬼。天则不非，鬼则不困。势行教严，逆而不违，毁誉一行而不议。故赏贤罚暴，举善之至者也；赏暴罚贤，举恶之至者也；是谓赏同罚异。赏莫如厚，使民利之；誉莫如美，使民荣之；诛莫如重，使民畏之，毁莫如恶，使民耻之。然后一行其法，禁诛于私家，不害功罪。赏罚必知之，知之，道尽矣。"③韩非指出凡是治理天下，一定要依据人之常情。人之常情，有喜好、厌恶，所以奖赏、刑罚可以使用；奖赏、刑罚可以使用，禁令法制就可以建立而治国之法亦可以完备。他同时指出，权柄可以决定臣民的生死，威势足以制服众人的不满。只要赏罚得当，听言以参，即使有些事不顺民意，民众也不会悖逆。在韩非这里，因人情是法之存在的基础。人情有好恶而法冷酷，法是裁决一切是非的准绳，人情之好恶不能干涉法的制定与实施。"法家精义，在于制情而任法。……法家之义，则全绝感情，一准诸法，法之所在，丝毫不容出入。看似不能曲当，实则和全局、通前后而观之，必能大剂于平也。"④需要指出的是，"尽管韩非子有关亲情骨肉的分析失之于残忍且有以偏概全的弊端，然而总体而言，他有关'人情'的现实分析是与春秋战国时期的社会现实相吻

---

① 《荀子·礼论》。
② 《荀子·性恶》。
③ 《韩非子·八经》。
④ 吕思勉.先秦学术概论[M].昆明：云南人民出版社，2005：100.

合的"①。

　　道、儒、法都肯定人之常情的存在,但反对情欲的泛滥。所以基本的态度都趋于一致——制情。只是各自采取的手段和方法不同,道家主张人要无知无欲,存质朴之心;儒家以礼教化,以礼制情;韩非则一断于法,以法制情。

---

　　① 宋洪兵.韩非子政治思想再研究[M].北京:中国人民大学出版社,2010:248.

第五章　道礼法

道、法有别，古已有之。《周易·系辞上》首先指出："是以明于天之道，而察于民之故，是兴神物，以前民用……一阖一辟谓之变，往来不穷谓之通。见乃谓之象，形乃谓之器，制而用之谓之法。"意即法是对道的具体应用，其本原在"天之道与民之故"。《墨子·经上》说："法，所若而然也。"法是一事物应该是该事物的原因，亦即法是事物的内在本质和规律，而事物的内在本质和规律即道。从普遍意义上说，法就是由万物的本性派生出来的必然关系，这种必然关系表现出来即为法，故世间万物皆有法。"法家思想之渊源，庄子从理论方面探索，淮南子从时代方面探索，汉书艺文志从历史方面探索，皆较空泛。惟有司马迁直指出本于黄、老，最为切实。……法家中之商鞅，思想及作风皆与道家有关，惜司马迁未道及。法家将道家理论变为实用，为人人应守之规则。亦自可说法出于道。"①

先秦著作中首先把作为法律的法与道联系起来的是《黄帝四经》，其中《经法·道法》开篇即说："道生法。"法由道派生，是道在社会领域的落实和体现。《黄帝四经》之后，《管子》对这一命题作了进一步阐发。"韩非由道入理、由理入法，从而在道与法之间架起了一道桥梁。韩非对道的理解充

---

① 王叔珉.先秦道法思想讲稿[M].北京:中华书局,2007:171.

分体现了法家的理性精神,这是法家主张法治、反对人治的哲学基础。"①

第一节　法出于道

"法"字在古代有两种写法:佱、灋。《说文解字》云:"佱为先秦古文,灋是后起字。灋,刑也,平之如水,从水;灋之本义,谓处罚罪人也。""林氏(林羲光)据金文谓象围束人之刑,其说是矣。惟仍主旧说,谓从水取其平,则非也。此字所从之水,盖亦所以困厄人者,既后世所称水牢也。"②《说文解字》又云:"廌,解廌,兽也,似山牛,一角。古者决讼,令触不直者。"王充《论衡·是应》云:"儒者说云:觟𧣾者,一角之羊也,性知有罪。皋陶治狱,其罪疑者令羊触之,有罪则触,无罪则不触。斯盖天生一角圣兽,助狱为验,故皋陶敬羊,起坐事之。此则神奇瑞应之类也。"可见,在古代社会,法官以廌假托神意决狱,使廌触之,以求平直。因此,"法"有决狱求平之意。而"刑",段玉裁解释说:"刑者,罚罪也。……引申为凡模范之称。木部曰模者,法也。竹部曰范者,法也。土部曰型者,铸器之法也。"故"法"又有规范标准之意。《管子·七法》载:"尺寸也,绳墨也,规矩也,衡石也,斗斛也,角量也,谓之法。"《尹文子》也载:"法有四呈","一曰不变之法,君臣上下是也。二曰齐俗之法,能鄙同异是也。三曰治众之法,庆赏刑罚是也。四曰平准之法,律度权量是也"。以上是学者对"法"在字义上的解释。

道。道是老子哲学的核心范畴,亦是其政治哲学的出发点。老子从道为核心的宇宙论出发,进而引申到人生论,但其最后的归宿在于政治论。现代许多学者看到了老子之书政治论的性质,陈鼓应先生说:"老子整个哲

①　黄辉明.晋法家源流研究[M].上海:上海交通大学出版社,2021:135.
②　张舜徽.说文解字约注(第3册)[M].武汉:华中师范大学出版社,2009:2388.

学系的发展,可以说是由宇宙论伸展到人生论,再由人生论延伸到政治论。然而,如果我们明了老子思想形成的真正动机,我们当可知道他的形而上学只是为了迎合人生与政治的要求而建立。"①韦政通先生所持观点大致一样,认为老子的宇宙论不过是为政治寻找根据,"老子的宇宙论主要目的并不在寻求自然律,他所以要建立自然为宗的宇宙论,主要是为了他的政治及人生哲学觅得形上的依据"②。因此,在他看来,老子的人生之动力当是"用世","支持他们(指先秦诸子)生活最强烈的因素是用世,是直接参与政治并影响社会,他们对政治社会有强烈的责任感、使命感,能遇明主采纳他们的意见,实现他们的抱负,才是人生最大的愿望"③。

我们对老子的道也可以这样描述:道不可道,道法自然。道不可道即指道无以指称、无以名言,以他物来指称道,其道即非真道。"道常无名。"④人类只能通过有限的名言,从各个方面去描述它的存在状态,近似地逼近它。即:"有物混成,先天地生。寂兮寥兮! 独立而不改,周行而不殆,可以为天下母。吾不知其名,字之曰道,强为之名曰大。大曰逝,逝曰远,远曰反。"⑤"道之为物,惟恍惟惚。惚兮恍兮,其中有象;恍兮惚兮,其中有物;窈兮冥兮,其中有精;其精甚真,其中有信。"⑥它正常的存在状态是:"道冲,而用之或不盈。渊兮,似万物之宗。挫其锐,解其纷,和其光,同其尘。湛兮,似或存。吾不知谁之子,象帝之先。"⑦即是说:它不露形迹,不纠缠在具体事物之中,又存在于极其细微的垢尘之中,无形无象,透彻证明,若有若无,不知从何处而来。总之,"道者,万物之奥"⑧。

---

① 陈鼓应.老庄新论[M].上海:上海古籍出版社,1992:3.
② 韦政通.中国思想史(上)[M].上海:上海书店出版社,2003:11.
③ 韦政通.中国思想史(上)[M].上海:上海书店出版社,2003:11.
④ 《老子·三十二章》。
⑤ 《老子·二十五章》。
⑥ 《老子·二十一章》。
⑦ 《老子·四章》。
⑧ 《老子·六十二章》。

　　道法自然即指道成就天地万物，并非有意作为，而完全出于无意作为。但其过程中又显现着某种规律。其基本的运动规律有三点：一是按照其自身的样子运动，即"道法自然"；二是当处于极顶之时，就会朝着相反的方向转化，"反者道之动"；三是总处于柔弱状态而最终获得其功用，"弱者道之用"。

　　道法自然要求万物皆按自然法则运行。人类社会也是一样。老子认为："道常，无为而无不为。侯王若能守之，万物将自化，化而欲作，吾将镇之以无名之朴。无名之朴，夫亦将无欲。无欲以静，天下将自定。"①"不尚贤，使民不争；不贵难得之货，使民不为盗；不见可欲，使民心不乱。是以圣人之治……常使民无知无欲，使夫智者不敢为也。为无为，则无不治。"②在老子看来，真正的无为应该是"圣人处无为之事，行不言之教，万物作焉而不为始，生而不有，为而不恃，功成而弗居。夫唯弗居，是以不去"③。对此无为，《淮南子》有比较确切的解释："所谓无为者，私志不得入公道，嗜欲不得枉正术，循理而举事，因资而立功，权自然之势，而曲故不得容者。事成而身弗伐，功立而名弗有。"④所谓无为，就是顺应自然，不轻举妄动，不违背事物发展规律去贪功冒进，成功之后也不居功自傲。

　　简单地讲，第一，无为乃是无私。老子看到统治者个人的私心私欲乃是政治混乱的一大原因，认为只有消除了私心私欲后才能达到无为。治理国家不应当徇私情，不以私心处理事务，而应当顺应自然的规律，放手让人民去做事，把好处让给人民，不与民争利。第二，无为是不妄为。万事万物都有其自身内在的规律性，只有遵守这些规律才能把事情做好，而不是违背规律任意妄为。人们顺应了天时，充分利用了自然条件，再加上人的努

---

　　① 《老子·三十七章》。
　　② 《老子·三章》。
　　③ 《老子·二章》。
　　④ 《淮南子·修务训》。

力,那么办起事来将是十分容易成功的。所以老子说:"道常无为而无不为,侯王若能守之,万物将自化。"①

作为政治论意义上的道,才是老子思想的真实目的。依据老子对当时社会现实状况的观察和思考,他认为现实社会中各种利益纷争及由此导致的社会动乱,归根结底是起因于君主未能置身于现实的社会利益关系之外,总是有其自身所要谋求的特殊利益,于是想尽各种办法、采取各种方式来与百姓争利,以满足其自身利益的需要。鉴于此,老子提出君主的为政之道在于:"不尚贤,使民不争。不贵难得之货,使民不为盗。不见可欲,使民心不乱。是以圣人之治,虚其心,实其腹;弱其志,强其骨。常使民无知无欲,使夫智者不敢为也。为无为,则无不治。"②这样才能达成其"小国寡民"的社会理想。无为而治的理想社会将是这样的社会:"小国寡民,使有什伯之器而不用,使民重死而不远徙;虽有舟舆,无所乘之;虽有甲兵,无所陈之。使民复结绳而用之。至治之极。甘其食,美其服,安其居,乐其俗。邻国相望,鸡犬之声相闻,民至老死不相往来。"③老子的理想社会是没有战争的和平治世。虽然国家拥有军队,但无所陈之。老子的理想社会也不是野蛮的社会。冯友兰先生说:"在这种社会中,并不是没有舟舆,不过是没有地方用它。并不是没有甲兵,不过是用不着把它摆在战场上去打仗。并不是没有文字,不过是用不着文字,所以又回复到结绳了。《老子》认为这是至治之极。这并不是一个原始的社会,用老子的表达方式,应该说是知其文明、守其素朴。老子认为,对于一般所谓文明,它的理想社会并不是为之而不能,而是能之而不为。"④

老子为政之道的政治哲学思维方式,本质特点在于运用辩证法的矛盾

---

① 《老子·三十七章》。
② 《老子·三章》。
③ 《老子·八十章》。
④ 冯友兰.中国哲学史(上册)[M].上海:华东师范大学出版社,2000:67.

观点来观察和思考现实政治问题,把复杂的社会政治问题抽象概括为矛盾,进而把君主的任务归结到解决矛盾上,并认为其解决矛盾的根本方法应该是君主自己绝对独立于矛盾之外。老子的这个哲学思路后来被庄子继承和发展——庄子正是顺着这条思路来思考是非问题的,他说:"既使我与若辩矣,若胜我,我不若胜,若果是也,我果非也耶?我胜若,若不吾胜,我果是也,而果非也耶?其或是也,其或非也耶?其俱是也,其俱非也邪?我与若不能相知也……吾谁使正之?使同乎若者正之,既与若同矣,恶能正之?使同乎我者正之,既同乎我矣,恶能正之?使异乎我与若正之,既异乎我与若者矣,恶能正之?使同乎我与若者正之,既同乎我与若者矣,恶能正之?然则我与若与人,俱不能相知也,而待彼也耶?"[①]庄子认为,"不言之辩"便是"体道"的"圣人"对待是非所采取的态度——"和之以是非而休乎天钧"[②]。这与老子所谓"致虚极,守静笃。万物并作,吾以观复。夫物芸芸,各复归其根。归根曰静"[③]的意思是内在相通的。老子主张君主置身于利益之外、不与民争利的思想对韩非影响很大。区别在于老子的为政之道是就君主治国而言,而韩非相类似的治理却是对臣而言,成为驭臣之术,"若醉"于君臣利益之外而察奸、治臣。

在道、法关系上,典型的要数《经法·道法》开篇提出的道生法。文中指出:"道生法。法者,引得失以绳,而明曲直者也。故执道者,生法而弗敢犯也,法立而弗敢废(也)。"法的制定和实施,都有一定的尺度和规则。必须在一定的规则范围之内运用法度来治理国家,不得任意妄为,也不能随意创建法制。这个尺度和规则,就是"道"。接近和掌握"道"的人,制定法而不敢违犯,确立法而不敢废除。能够以自己为根据规范自己,然后使天下皆知而不迷惑。此处之"法"乃人定法。所谓"道生法",并非指"法"从

---

① 《庄子·齐物论》。
② 《庄子·齐物论》。
③ 《老子·十六章》。

"道"中合理地推导出来,而是由执"道"之人(即君主)制定。其主要的发展在于"对法的作用的强调和法治的崇尚,并且提出了'道生法'(君主)在'道生法'过程中的关键作用,这就使黄老与法家学术在法治的态度上非常接近。在法的维度上,'道生法'要求顺应人性之法才是法道之法"[①]。

《黄帝四经》对"道"这一概念,大致继承了老子道论中的道是万物之起源、是万物生成之总原理这一基本观点。

《黄帝四经·道原》云:"恒先之初,迥同太虚。虚同为一,恒一而止。湿湿梦梦,未有明晦。神微周盈,精静不熙。故未有以,万物莫以。故无有形,大迥无名。天弗能覆,地弗能载。小以成小,大以成大,盈四海之内,又包其外。在阴不腐,在阳不焦。一度不变,能适蚑蛲。鸟得而飞,鱼得而游,兽得而走。万物得之以生,百事得之以成。人皆以之,莫知其名。人皆用之,莫见其形。""一者其号也,虚其舍也,无为其素也,和其用也。是故上道高而不可察也,察而不可测也。显明弗能为名,广大弗能为形。独立不偶,万物莫之能令。天地阴阳,四时日月,星辰云气,蚑行蛲动。戴根之徒,皆取生,道弗为益少;皆反焉,道弗为益多。坚强而不撌,柔弱而不可化。精微之所不能至,稽极之所不能过。"以上描述,在很大程度上继承了老子道论的诸多特征,但也有所区别。黄老思想对于老子而言,具有更强的操作性和更具体的实践特征,这种可操作性或实践特征就是法。陈鼓应教授所谓的"道"的二重组合即指出了二者的差异。这种二重组合是指,"道"是既无始又有始、既无名又有名、既隐微又显明、既小而无内又大而无外、既不可企及又可以企及、既虚又实、既运动变化又静止恒定,这种道的二重组合就构成了道的既不可感知又可以感知的本体论。所以,据《黄帝四经》中"道"的这一二重组合特征,"道"具备了可阴可阳、可柔可刚、可损可益、可无为可有为、可退可进、可屈可伸的特点,从而为人们掌握和利用"道"来处

---

① 任文启.王权时代的韩非子批评史研究[M].北京:法律出版社,2019:215.

理社会政治问题提供了可能性。

《黄帝四经·经法》云："道生法。法者，引得失以绳，而明曲直者也。"又言："见知之道，唯虚无有；虚无有，秋毫成之，必有形名；形名立，则黑白之分已。……是故天下有事，无不自为形名声号矣。形名已立，声号已建，则无所逃迹匿正矣。……［至］公者明，至明者有功。至正者静，至静者圣。无私者智，至智者为天下稽。称以权衡，参以天当，天下有事，必有巧验。事如直木，多如仓粟。斗石已具，尺寸已陈，则无所逃其神。故曰：度量已具，则治而制之矣。"概括以上引文，可知《黄帝四经》对法的表述大致为绳墨、形名、权衡、斗石、尺寸、度量等。以上几个表述除形名较抽象外，其他都是一种具体的比喻。绳墨指古代木匠用以校准曲直的工具，权衡是重量的标准，斗石、尺寸皆为一定的度量单位。由此可知，在《黄帝四经》表达的思想当中，法的含义有三：其一，法代表一种规则；其二，法代表一种标准；其三，法代表一种公平的内涵。统观《黄帝四经》对"法"字的表述，其含义少有刑罚的意义，而多为上述平、直、正三义，而后世对法字的理解多倾向于刑罚之意，甚至是残酷无情的含义，这应当是起于法家对"法"字的理解与发展。"具体而论，如果从现代词义的角度考察法这一概念，最少有三层含义：其一，就是作为名词的法，法律法令……其二，作为动词的法，效法之意……其三，作为名词方法之意的法，办法方法。"[①]

《黄帝四经》中对法的保障是刑德。所谓"不靡不黑，而正之以刑与德。春夏为德，秋冬为刑。先德后刑以养生。姓生已定，而敌者生争。不谌不定。凡谌之极，在刑与德。刑德皇皇，日月相望，以明其当，而盈［绌］无匡"[②]。将天道、人事与自然比附，刑德被视为道的象征。将其用于政治领域，就是审其形名、寻名究理的刑名学说，"是非有分，以法断之；虚静谨听，

---

① 任文启.王权时代的韩非子批评史研究［M］.北京：法律出版社，2019：203.
② 《黄帝四经·十大经》。

以法为符"①。这一点，在其后直接被韩非的循名责实承之。

《管子·任法》承继了道生法这一观点，提出"生法者，君也"。即"有生法，有守法，有法于法。夫生法者，君也；守法者，臣也；法于法者，民也。君臣上下贵贱皆从法，此谓为大治"。《管子》指出，社会上有创立法度的，有执行法度的，有遵照法度行事的，创立法度的是君主，执行法度的是大臣官吏，遵照法度行事的是百姓，由此上下依法而大治现矣。"以无为之谓道，舍之之谓德。故道之与德无间……故礼出乎义，义出乎理，理因乎道者也。法者，所以同出不得不然者也。故杀戮禁诛以一之也。故事督乎法，法出乎权，权出乎道。"②"道"成为"法"的来源，一方面，"法"使"道"有了社会性，可以在社会中发挥它的作用；另一方面，"道"为现实的法律制度提供了合理的根据，使法具有了不可侵犯的权威性。

《管子》认为立法必须以道为指导。"人民、鸟兽、草木之生物，虽不甚多，皆均有焉，而未尝变也，谓之则"，"不明于则，而欲出号令，犹立朝夕于运均之上，担竿而欲定其末"。③明则以立法的实质仍是要求法之所生必因道，不了解道（则）而制定法令制度，就像在转动的陶轮上竖立标杆，就像要固定担在肩上因而摇动不已的竹竿末端一样，不现实也不可能实现。《管子》又说："法出于礼，礼出于治。治、礼，道也"④，"所谓仁义礼乐者，皆出于法"⑤。法由礼而出，礼出于治，治和礼都由道而来，所以法的终极依据和根源仍是道。《管子·心术上》云："故事督乎法，法出乎权，权出乎道。"正是在这一意义上，《管子》说"宪律制度必法道"，法是"天下之至道"。法出于道，法必法道，意味着道是法的指导，可以制约法，法必须合道才能发挥

---

① 《黄帝四经·经法》。
② 《管子·心术上》。
③ 《管子·七法》。
④ 《管子·枢言》。
⑤ 《管子·任法》。

作用。

法出于道，法非自出于道，须借人之努力。人首先发现、认识客观存在的道，然后依道制定法。但不是人人都可以得道，只有圣人、明主才能得道。圣人或明主通过天、地、日、月、星辰、四时等宇宙中常见且恒常不变的事物体道、悟道，然后依道制法，以法治国。故《管子·形势解》有曰："明主法象天道。"《管子·版法》说："法天合德，象地无亲，参于日月，佐于四时。"这样，原本虚无缥缈、似乎难以把握的道经过人的体察就变得实在而可知了。圣人、明主体道的过程即由天道而人道的过程。天道乃宇宙之秩序，人道乃社会之法则，人道之法法天道以求恒常与公正。《管子》中天、道常常连言，或曰"天道"，或曰"天之道"，正说明了这一点。由此，天道之于法就有了指导和制约的意义。它是法的标准，君主要使所立之法无限趋近于天地的恒常、公平、无私，从而保证所立之法是良法而非恶法。故"建当立有，以靖为宗，以时为宝，以政为仪，和则能久。非吾仪，虽利不为。非吾当，虽利不行。非吾道，虽利不取。上之随天，其次随人。人不倡不和，天不始不随，故其言也不废，其事也不随"①。"以政为仪"之政即正，仪即法，意为立法必须体现道之公正，有违公平、公正的法令即使能带来利益也不取。由此，《管子》的"法出于道"的含义有二：其一，法由道而生，道对法有指导、制约意义；其二，宇宙因为道的存在而和谐有序，所以要使人世间和谐有序，必须以由道而生的法治国。

先秦法家尽管也说君不能任意立法，而要受一定的约束，譬如察人情、量民力、因时等，但都没有从根本上解决问题。正如梁启超所说："他们（先秦法家）知道法律要确定要公布，知道法律知识要普及于人民，知道君主要行动于法律范围以内，但如何然后能贯彻这种主张，他们没有想出最后最强的保障。申而言之，立法权应该属于何人？他们始终没有把它当个问

----

① 《管子·白心》。

题。他们所主张法律威力如此绝对无限,问法律从哪里出呢?还是君主,还是政府。他们虽然唇焦舌敝说'君主当设法以自禁',说'君主不可舍法而以心裁轻重',结果都成废话。造法的权在什么人,变法废法的权自然也在那人。君主承认的便算法律,他感觉不便时,不承认他,当然失去了法律的资格。他们主张法律万能,结果成了君主万能。这是他们最失败的一点。因为有这个漏洞,所以这个主义,不惟受别派的攻击无从辩护,连他本身也被专制君主破坏尽了。我们要建设现代的政治,一面要采用法家根本精神,一面对于他的方法条理加以修正才好。"①

这是切中法家要害的一段评述。立法权的问题是现代意义上的法治与先秦法家思想的根本区别之一,只要立法权掌握在君主一人手中就不可能实现真正的法治。先秦法家却没看到这一点,或者说即使看到了也不会去要求实施它。这就决定了他们所说的"法治"只能是形式法治。

第二节　隆礼重法

礼起源于宗教仪式,在中国文化的史前期,礼的含义是祀神,其核心和起源是尊敬和祭祀祖先。礼最初指的是祭礼时的仪式,到后来它的内涵才不断地演变而扩大,到西周时发展成为礼制,成为维护当时封建宗法等级制的核心。其内容庞杂,凡政治、经济、军事、行政、司法、教育、宗教、祭祀、婚姻家庭、伦理道德等尽皆包括在内;上至国家的立法行政、宗法贵族和官吏的权利义务,下至君臣、百姓、衣食住行、婚娶丧葬、社交礼节,几乎无所不包。一切皆以礼为准绳。礼治,简言之就是按照礼所规定的以亲亲为基础的等级制度的不可僭越性为原则来治理国家。孔子之礼,是指周礼。

---

① 梁启超.先秦政治思想史[M].天津:天津古籍出版社,2003:256.

"殷因于夏礼,所损益可知也;周因于殷礼,所损益可知也;其或继周者,虽百世可知也。"①在周礼所确立的规范制度及礼仪中,始终贯穿着几个基本的原则,这就是《礼记·大传》所说的:"亲亲也,尊尊也,长长也,男女有别,此其不可得与民变革者也。""亲亲"指必须亲爱自己的亲族,基本的要求便是"父慈、子孝、兄友、弟恭"。"尊尊"是晚辈对血亲长者的尊敬和服从,后来发展为下级对上级必须尊敬和服从,特别是对天下大宗的天子和一国宗主的国君,严格上下等级秩序,不得僭越,不得犯上作乱,不得以小欺大,不得以贵凌长。"长长"原是弟对兄,就是小者以大者为大。"男女有别"指男尊女卑、男女授受不亲等。这四者中,"亲亲"和"尊尊"是最基本的原则。因为"亲亲"是宗法原则,而"尊尊"是等级原则。"亲亲"父为首,"尊尊"君为首。前者维护家长制而后者维护君主制。二者都是为巩固宗法等级制服务。从这两个基本原则出发,周礼在伦理道德上特别强调孝和忠。

先秦儒家在基本的政治认识和政治实践中都是德治论的倡导者和实践者。他们强调道德在政治中的重要性,甚至认为政治的根本问题都是道德问题。政治伦理化是先秦儒家政治哲学的明显特征。孟子、荀子的思想都源于孔子,只是侧重点各有不同而已。孟子承继了孔子的仁;而荀子承继了孔子的礼。"儒家之学,孔子至孟子尚大醇,至荀子而渐杂,荀子之学,杂糅道、名、法于儒。荀子传至韩非而大变,荀子之主性恶,法后王,启示韩非思想,此人皆所知。实则荀子已直接重视法正、权势、刑罚,其影响于韩非者尤大。孔子重仁,以礼表达仁,孔子曰:'克己复礼为仁。'又曰:'礼节者,仁之貌也。'孟子重仁义,仁下增一义字,针对当时重利而言。荀子重礼,有礼论。礼可以矫正人之恶性。"②

孔子时期,西周社会所固有的分封制正在走向解体。臣弑君、强凌弱

---

① 《论语·为政》。
② 王叔岷.先秦道法思想讲稿[M].北京:中华书局,2007:235.

的事件不断发生。周初制定的典章制度、礼乐文化等随着社会的发展,已经日益僵化,不能起到维系人心、整合社会的作用了。《论语》中提到的有关概念,如仁、义、礼、智、信、忠、恕、孝、悌、勇等,诸概念之间密切相关,而最重要的概念是仁与礼。仁与礼是孔子德治主义的核心观念,仁学是孔子的创新,礼论是对周礼的因循。基于其仁学与礼论两大支点,孔子构筑了以"人性向善"为哲学起点、以"克己复礼"为政治纲领、以"道之以德,齐之以礼"为治国之道、以"君君、臣臣、父父、子子"为治国方略,以实现有道社会为最高理想的德治主义框架。

关于孔子的仁,牟宗三先生说:"仁是全德,是真实生命,以感通为性,以润物为用,它超越礼乐而又内在于礼乐;在仁之通润中,一一皆实。……孔子讲仁是敞开了每一人光明其自己之门,是使每一人精进其德性生命为可能,是决定了人文精神生命之基本方向,是开辟了理想、价值之源,是理想之直、方、大。"①

对仁,孔子有一系列的描述:

> 因民之所利而利之,斯不亦惠而不费乎?择可劳而劳之,又谁怨?欲仁而得仁,又焉贪?②

> 夫仁者,己欲立而立人,己欲达而达人。能近取譬,可谓仁之方也已。③

> 仲弓问仁,子曰:"出门如见大宾,使民如承大祭。己所不欲,勿施于人。在邦无怨,在家无怨。"④

> 民之于仁也,甚于水火。⑤

---

① 牟宗三.心体与性体(第1册)[M].上海:上海古籍出版社,1999:211.
② 《论语·尧曰》。
③ 《论语·雍也》。
④ 《论语·颜渊》。
⑤ 《论语·卫灵公》。

子张问仁于孔子,孔子曰:"能行五者于天下为仁矣。"请问之,曰:"恭、宽、信、敏、惠。恭则不侮,宽则得众,信则人任焉,敏则有功,惠则足以使之。"①

孔子曾说:"人而不仁,如礼何? 人而不仁,如乐何?"②颜渊问仁,孔子回答:"克己复礼为仁,一日克己复礼,天下归仁焉。"③颜渊再问,孔子又答:"非礼勿视,非礼勿听,非礼勿言,非礼勿动。"④孔子弟子有子说:"君子务本,本立而道生,孝弟也者,其为仁之本与?"只要本立,推己及人,这就是"仁道",也叫"忠恕"。又如,"子贡问曰:有一言而可以终身行之者乎? 子曰:其恕乎,己所不欲,勿施于人。"⑤恕是"己所不欲,勿施于人",忠是"己欲立而立人,己欲达而达人"。一为消极,一为积极,合起来就是"仁"。仁道的建立,是为了礼的实现。礼实现了,就能实现社会秩序的建立,就能实现社会安定。所以有子曰:"其为人也孝弟,而好犯上者鲜矣,不好犯上,而好作乱者,未之有也。"⑥这些是我们了解仁与礼的主要材料。我们可以发现,礼和仁是互为条件成立的,礼居于表而仁居于里,礼是仁的表现形式,仁是礼的精神内涵,而这在本质上是一致的。

孔子说:"为政以德,譬如北辰,居其所而众星共之","道之以政,齐之以刑,民免而无耻;道之以德,齐之以礼,有耻且格"。⑦ 他认为为政者要有高尚的道德,有仁慈的爱心,如果这样,民众就会自觉服从,就像北斗星辰一样,安居其所,众星拱卫。为政以德要求统治者做到四点。

首先,爱民敬民。为政者的仁义道德体现于各个方面,其核心就是"爱

① 《论语·阳货》。
② 《论语·八佾》。
③ 《论语·颜渊》。
④ 《论语·颜渊》。
⑤ 《论语·卫灵公》。
⑥ 《论语·学而》。
⑦ 《论语·为政》。

民敬民"的为人态度。孔子说："道千乘之国，敬事而信，节用而爱人，使民以时。"①即治理一个大国，须谨慎从事，讲究信用，节约开支，爱护百姓，役使百姓要避开农时。爱民的基础是实施"仁政"。"仁"一方面表现为"爱人"和自我牺牲精神，表明了孔子的道德倾向。譬如他说："仁者，爱人。"又说："己欲立而立人，己欲达而达人。"②另一方面也表明了孔子的治国意向，即"齐之以礼"。孔子曾说："克己复礼为仁，一日克己复礼，天下归仁焉。"③"天下归仁"是孔子的最高理想。

其次，正人正己。《论语·颜渊》："政者，正也。""正"即统治者"身正"，"其身正不令而行，其身不正，虽令不从"④。这里孔子清楚地告诉当权者正人必先正己，"身正"自会令行禁止，如果当政者以身作则、公正无私、秉公办事，谁还敢搞歪门邪道？孔子又说："苟正其身矣，于从政乎何有？不能正其身，如正人何？"⑤也就是说只要秉公为政，从政不会太难，如果其身不正，还有什么理由要求别人？只要不怀私心、一身正气，就能得到百姓的拥护，就能取信于民。

再次，取信于民。子贡曾问政于孔子。"子曰：足食，足兵，民信之矣。子贡曰：必不得已而去，于斯三者何先？曰：去兵。子贡曰：必不得而去，于斯二者何先？曰：去食。自古皆有死，民无信不立。"⑥孔子把"民信"看得比"足食、足兵"更重要，生死安危都可以不顾，但要留住最重要的信誉，"上好信，则民莫敢不用情"⑦。民用情，则政通人和，民富国强。

最后，道之以德。孔子指出："道之以政，齐之以刑，民免而无耻；道之

---

① 《论语·学而》。
② 《论语·雍也》。
③ 《论语·颜渊》。
④ 《论语·子路》。
⑤ 《论语·子路》。
⑥ 《论语·颜渊》。
⑦ 《论语·子路》。

以德,齐之以礼,有耻且格。"①他认为以行政命令和刑罚为导向治理民众,可以使民众服从,免于犯罪,但不能使百姓产生羞耻心;以道德良心为导向,培养百姓的道德意识,并以礼来教化、约束他们,要比行政命令和刑罚为导向好得多。这样百姓不仅有羞耻之心,而且会主动追求理想的道德人格,不做坏事,不触犯刑律;百姓是积极主动地去适应,而不是强制被动去服从。也就是说,道之以德,才是国家长治久安的根本所在。

孟子在孔子仁、礼的基础上指出,凡人皆性善,只要扩充善端即可实现其仁政之理想。孟子曰:"仁者,人也。"他对仁的解释为:"所以谓人皆有不忍人之心者,今人乍见孺子将入于井,皆有怵惕恻隐之心,非所以内交于孺子之父母也,非所以要誉于乡党朋友也,非恶其声而然也。由是观之,无恻隐之心,非人也;无羞恶之心,非人也;无辞让之心,非人也;无是非之心,非人也。恻隐之心,仁之端也;羞恶之心,义之端也;辞让之心,礼之端也;是非之心,智之端也。人之有此四端也,犹其有四体也。"②人心既有源于先天的善端,只要君子将这种先天的善端推而扩之于社会政治,就成为仁政、王道。这是很自然的。因为"人皆有不忍人之心。先王有不忍人之心,斯有不忍人之政矣。以不忍人之心,行不忍人之政,治天下可运于掌上"③。

孟子说:"不以仁政,不能平治天下。"④孟子认为应该使百姓有制民之产:"五亩之宅,树之以桑,五十者可以衣帛矣","百亩之田,勿夺其时,八口之家可以无饥矣"。⑤制民之产的提出是为了使民有恒产,民有恒产之后,才会有恒心。故孟子说:"无恒产而有恒心者,惟士为能。若民,则无恒产,因无恒心,苟无恒心,放辟邪侈,无不为已。及陷于罪,然后从而刑之,是罔

---

① 《论语·为政》。
② 《孟子·公孙丑上》。
③ 《孟子·公孙丑上》。
④ 《孟子·离娄上》。
⑤ 《孟子·梁惠王上》。

民也。焉有仁人在位,罔民而可为也?是故明君制民之产,必使仰足以事父母,俯足以畜妻子,乐岁终身饱,凶年免于死亡。然后驱而之善,故民之从也轻。"①恒产即是物质的满足,在此基础上加以教化,施行仁政,则民不会"放辟邪侈"。因此孟子特别重视教化的作用。他说:"谨庠序之教,申之以孝悌之义,颁白者不负戴于道路矣。"②"设为庠序学校以教之:……学则三代共之,皆所以明人伦也。人伦明于上,小民亲于下。"③这样"小民亲于下"才会"入以事其父兄,出以事其长上"。如此,社会才安定有序。

孟子言性善而有仁政说。荀子倡性恶,因有隆礼重法之说。荀子认为人性本恶,人之性是好利多欲的,性中并无礼义。一切善的行为都是后来训练而成的。荀子说:"人之性恶,其善者伪也。今人之性,生而有好利焉,顺是,故争夺生而辞让亡焉;生而有疾恶焉,顺是,故残贼生而忠信亡焉;生而有耳目之欲,有好声色焉,顺是,故淫乱生而礼义文理亡焉。然则从人之性,顺人之情,必出于争夺。合于犯分乱理,而归于暴。故必将有师法之化,礼义之道,然后出于辞让,合于文理,而归于治。用此观之,人之性恶明矣。其善者伪也。"④人性既然是恶的,那么礼法的运用,便是自然的事了。荀子学说中的核心观念是"礼"。他的思想都是围绕礼的观念产生的。而法为礼之助,所谓"德主刑辅"。著名历史学家侯外庐先生认为荀子扩大了礼的含义使之近于法。⑤ 不过春秋战国时期,礼与法的分别还是很明显的。古人云:"礼者所以定亲疏,决嫌疑,别同异,明是非也。"⑥"非礼无以节事天地之神也,非礼无以辨君臣、上下、长幼之位也。非礼无以别男女、父子、兄

---

① 《孟子·梁惠王上》。
② 《孟子·梁惠王上》。
③ 《孟子·滕文公上》。
④ 《荀子·性恶》。
⑤ 侯外庐,等.中国思想通史(第一卷)[M].北京:人民出版社,1957:530.
⑥ 《礼记·曲礼上》。

弟之亲、婚姻疏数之交也。"①荀子说："礼也者,贵者敬焉,老者孝焉,长者弟焉,幼者慈焉,贱者惠焉。"②由此可见,荀子时期的礼为仪式伦常之规则,其中相当部分属于道德的范畴且涉及面广。再者,礼既然着眼于伦常,则礼便极具差异性。相对于礼的法,"所谓一刑者,刑无等级,自卿相、将军以至大夫、庶人,有不从王令、犯国禁、乱上制者,罪死不赦"③。"有功于前,有败于后,不为损刑。有善于前,有过于后,不为亏法。忠臣孝子有过,必以其数断,守法守职之吏有不行王法者,罪死不赦,刑及三族。"④"骨肉可刑,亲戚可灭,至法不可阙也。"⑤"法不阿贵,绳不挠曲,法之所加,智者弗能辞,勇者弗敢争,刑过不避大臣,赏善不遗匹夫。"⑥由此可见,相对于礼的差异性,法则是"一刑"。

　　基于人性恶的隆礼重法的礼法观是荀子政治思想的核心内容。礼在《荀子》文本中出现了 266 次。"礼仪乃儒家所重,势、法正、刑罚是法家所重。荀子已明示儒、法相需之关系……荀子已了解仅凭礼仪不足以成化,必须配合势、法正、刑罚,乃可以为治。此种言论,于韩非思想之启示当甚大。"⑦治理国家的关键就在于礼与法,所谓"治之经,礼与刑"⑧是也。荀子认为"礼"是治理国家的根本。他说:"隆礼贵义者其国治","礼者,治辨之极也"。⑨ "礼义者,治之始也。"⑩礼高于法,它不仅是政治秩序和社会运行的基本规范,也是法的纲领和规则,"礼者,法之大分,类之纲纪也。"⑪礼与

①　《礼记·哀公》。
②　《荀子·大略》。
③　《商君书·赏刑》。
④　《商君书·赏刑》。
⑤　《慎子·外篇》。
⑥　《韩非子·有度》。
⑦　王叔珉.先秦道法思想讲稿[M].北京:中华书局,2007:233.
⑧　《荀子·成相》。
⑨　《荀子·议兵》。
⑩　《荀子·王制》。
⑪　《荀子·劝学》。

法，既密切联系，又各自独立，互相不可代替。只有二者结合，才能互相补益。荀子认为法家的严刑重罚思想也很重要，是治国必不可少的。因此他主张采用"法正之治"和"刑罚之辨"以止纷乱。他说："凡刑人之本，禁暴恶恶，且征（惩）其未也。"①"法者，治之端也。"②他认为杀人者死、伤人者刑，对暴恶的人实行严刑重罚，是国家大治的表现。在荀子看来，"隆礼至法则国有常"③，礼和法都很重要，两者都是治国的根本原则。只有礼法结合，双管齐下，才能使国家"合于文理，归于治"。"荀子喜谈礼，也爱谈法。他讲的礼，着重在'度量分界'，因而实际上已是在讨论法了。在他看来，尚贤和明礼是一致的。"④

在荀子看来，治理好国家的要点在人，不在法，"有治人，无治法"⑤。人之所以重要，是因为法由人定，因人实施。更重要的是，礼源于人，起因于人的生存需要。"礼起于何也？曰：人生而有欲，欲而不得，则不能无求；求而无度量分界，则不能不争。争则乱，乱则穷。先王恶其乱也，故制礼义以分之，以养人之欲，给人之求。使欲必不穷于物，物必不屈于欲，两者相持而长，是礼之所起也。"⑥为制止社会乱象，制定礼仪制度，进行社会教化，进行养和别的区分。"故礼者，养也。刍豢稻粱，五味调香，所以养口也；椒兰芬苾，所以养鼻也；雕琢刻镂，黼黻文章，所以养目也；钟鼓管磬，琴瑟竽笙，所以养耳也；疏房檖貌，越席床第几筵，所以养体也。故礼者，养也。君子既得其养，又好其别。"⑦有养有别，就有区分，有区分就要设定秩序，权衡轻重，以礼治国。"国无礼则不正。礼之所以正国也，譬之犹衡之于轻重也，

---

① 《荀子·正论》。
② 《荀子·君道》。
③ 《荀子·君道》。
④ 周勋初.《韩非子》札记[M].南京：凤凰出版社，2021：251.
⑤ 《荀子·君道》。
⑥ 《荀子·礼论》。
⑦ 《荀子·礼论》。

犹绳墨之于曲直也，犹规矩之于方圆也，既错之而人莫之能诬也。《诗》云：'如霜雪之将将，如日月之光明，为之则存，不为则亡。'此之谓也。"①礼是具有普遍规范意义的国家制度，是政治统治和管理国家的标准。

荀子指出："古者圣人以人之性恶，以为偏险而不正，悖乱而不治，故为之立君上之埶以临之。明礼义以化之，起法正以治之，重刑罚以禁之，使天下皆出于治，合于善也。"②这种礼法结合的主张正是融王道与霸道于一体，近似于"霸王道杂之"的兼并思想，从而形成了荀子独特的政治哲学理论。时代的差异，造就了荀子与韩非的差异。"荀况着重论证王权的尊崇，而对如何保护王权则较少注意。韩非把很大的精力放在研究防奸上，他在强调王权的尊崇的同时非常强调王权的不受侵害。这是两家学说中经常出现的不同点。"③

第三节　因道全法

荀子之后，诸侯割据的局面加剧。礼义失效、社会混乱、道德沦丧，以韩非为代表的法家认为必须以严刑峻法而不是靠儒家之仁义道德来拯救社会。其政治秩序的建构方式也自然由德转向了法。

在论及法家时，尤其要提及《管子》，"大抵原本道德，管子最精；按切事情，韩非尤胜。商君书精义较少。欲考法家之学，当重管、韩两书矣"④。《管子》论法与道德相关，不弃仁义，礼法兼重，德教并举。《管子》很重视以法治国。《权修》篇说："凡牧民者，欲民之可御也。欲民之可御，则法不可

①　《荀子·王霸》。
②　《荀子·性恶》。
③　周勋初.《韩非子》札记[M].南京：凤凰出版社，2021：255.
④　吕思勉.先秦学术概论[M].昆明：云南人民出版社，2005：96.

不审。法者,将立朝廷者也。将立朝廷者,则爵服不可不贵也。……法者,将用民力者也。将用民力者,则禄赏不可不重也。……法者,将用民能者也。将用民能者,则授官不可不审也。……法者,将用民之死命者也。用民之死命者,则刑罚不可不审。"《任法》篇说:"圣君任法而不任智","法者,天下之至道也,圣君之实用也"。《明法》篇说,以法治国则"不淫意于法之外,不为惠于法之内也"。

《管子》认为,法与礼义廉耻是相互补充、相辅相成的,二者缺一不可。"国有四维,一维绝则倾,二维绝则危,三维绝则覆,四维绝则灭。倾可正也,危可安也,覆可起也,灭不可复错(措)也。何谓四维?一曰礼,二曰义,三曰廉,四曰耻。礼不逾节,义不自进,廉不蔽恶,耻不从枉。"①礼义廉耻是维护国家的四根支柱,如果君主抛弃了它们而纯任法治,必然会导致国家灭亡。"四维不张,国乃灭亡。"②

商鞅遗礼义,弃仁恩,心仪进取,任法治国。他说:"法令者民之命也,为治之本也,所以备民也。为法而去法令,犹欲无饥而去食也,欲无寒而去衣也,欲东而西行也,其不几亦明矣。"③法是治国的根本,是防止人民作恶的工具,所以君主治理国家不可以片刻忘记法治。"故有明主忠臣产于今世而能领其国者,不可以须臾忘于法。破胜党任,节去言谈,任法而治矣。使吏非法无以守,则虽巧不得为奸;使民非战无以效其能,则虽险不得为诈。夫以法相治,以数相举,誉者不能相益,訾言者不能相损。民见相誉无益,相管附恶;见訾言无损,习相憎不相害也。夫爱人者不阿,憎人者不害,爱恶各以其正,治之至也。臣故曰:法任而国治矣。"④

---

① 《管子·牧民》。
② 《管子·牧民》。
③ 《商君书·定分》。
④ 《商君书·慎法》。

慎到主张"事断于法是国之大道也"①。他指出："法之功,莫大使私不行;君之功,莫大使民不争。今立法而行私,是私与法争,其乱甚于无法;立君而尊贤,是贤与君争,其乱甚于无君。故有道之国,法立则私议不行,君立则贤者不尊,民一于君,事断于法,是国之大道也。"②君主不能离开法令而仅靠自己的意志治理国家,凡事必须依法而断。如果依从"身治",随心所欲,则必然会引起人们的不满。"君人者,舍法而以身治,则诛赏予夺,从君心出矣。然则受赏者虽当,望多无穷;受罚者虽当,望轻无已。君舍法而以心裁轻重,则同功殊赏,同罪殊罚矣,怨之所由生也。是以分马者之用策,分田者之用钩,非以钩策为过于人智也,所以去私塞怨也。故曰:大君任法而弗躬,则事断于法矣。法之所加,各以其分,蒙其赏罚而无望于君也,是以怨不生而上下和矣。"③

"因"范畴的提出,对于沟通道、法之间的理论联系十分关键。《说文解字》云:"因,就也。"《吕览·尽数》:"因智而明之。"高诱注:"依也。"孔子说的"殷因于夏礼,所损益可知也;周因于殷礼,所损益可知也"④也是这个意思。《管子·心术上》说:"无为之道,因也。因也者无益无损也。"又说:"因也者,舍己而以物为法者也。"慎子主张,统治者在对人民实施统治时,也应讲究"因之术",即"因人之情"制定法律,统治者只要掌握刑名之术,"法"就自动对整个社会实行控制。这样,经由"因"范畴的转折,"道"与"法"从逻辑上联系了起来。所以,《四库全书总目》慎子条说:"道德之为刑名,此其转关。"对于因,《申子》有所论及。《申子》中,术与因相应,应用何术,便是何术,一切即是因。"古之王者,其所为少,其所因多。因者,君术也。为者臣道也。为则扰矣,因则静矣。因冬为寒,因夏为暑,君奚事哉?故曰:君

① 《慎子·逸文》。
② 《慎子·逸文》。
③ 《慎子·君人》。
④ 《论语·为政》。

道无知无为，而贤于有知有为，则得之矣。"①因之作用，循无用为要。《慎子》有《因循》篇，称"天道因则大，化则细。因也者，因人之情也。人莫不自为也，化而使之为我，则莫可得而用矣。是故先王见不受禄者不臣，禄不厚者不与入难。人不得其所以自为也，则上不取用焉。故用人之自为，不用人之为我，则莫不可得而用矣。此之谓因"②。用与不用，自为与为我，也皆在因。王威威教授考察了"因"的意义，认为"因"有二义：一为因循、随顺；二为依靠、凭借。③

对于道、法之关系，韩非提出"因道全法"的主张。"祸福生乎道法，而不出乎爱恶，荣辱之责在乎己，而不在乎人"④，对君主无怨恶之心，以达到"无为而治"的结果。"先秦法家通过君主体道悟道的方式，使其成为道的化身，完全出于公正和客观的立场去制定法……先秦法家借鉴道家虚静无为的观念，主张君主应该克服个人的情感好恶，去好去恶，最终在现实政治实践中体现出客观与公正。"⑤在韩非看来，"道"是完美无缺、纯而又纯的。它宏大无形，独立不改，公正无私，规范划一。法必须"因道"而立，只有这样，法才能从"道"那里得到各种完美的属性，这样的法才是"良法"，以法治国也才是一条行之有效的必由之路。如果是"释道"而立法，法必然与"道"相悖，推行"法治"将是不可能的。衡量法的好坏，其标准仅在于看它是否"因道"，而不在其他。"因道"，则"法如朝露、纯朴不散"。⑥"在老子哲学里，道既是一个本体论概念，又是一个目的论概念，人来自道，要过符合道性的生活，最终与道同一。在法家这里，道成了一个规则概念，一个工具概

---

① 王叔岷.先秦道法思想讲稿[M].北京：中华书局，2007：200.

② 《慎子·因循》。

③ 参见王威威."理"、"势"、"人情"与"自然"：韩非子的"自然"观念考察[J].晋阳学刊，2019(2)：131-137.

④ 《慎子·逸文》。

⑤ 宋洪兵.韩学源流[M].北京：法律出版社，2017：405.

⑥ 《韩非子·大体》。

念,法是道的存在,是人类社会的道,就是人类社会的行为规则。人们遵守法则,社会才能大治。因而法家提出'因道全法'的法治主张。"①

韩非的"因道全法"与《管子》"法出于道"的根本不同在于:首先,在韩非的"因道全法"中道对法不具备指导和制约作用,而且因为道之情"不制不形,柔弱随时,与理相应",是随时变化的,以它的变化保持和各种事物具体的"理"相适应。这样一来,道不但失去了对事物的制约,反而对事物产生适应性,从而为韩非之法以保护君主权益为目的创造了便利。故曰:"法所以制事,事所以名功也。法有立而有难,权其难而事成则立之。事成而有害,权其害而功多则为之。无难之法,无害之功,天下无有也。"②在这一原则指导下,韩非所立之法可以以民众之难、之害而成君主之事、之功。其次,在韩非的"因道全法"中"道"被一步步具体化、实在化,而不再具有绝对和超越万物的特点。所以,法家只重治国是否"以法",而不论所"以"之法是善还是恶。慎子所说"法虽不善,犹愈于无法"最能概括法家的这一主张。最后,《管子》的道是"生成之道",而韩非之道是"生成死败之道"。在《管子》中的道一定是好的结果,是成,是生,失道才产生坏的结果,是败,是死。《内业》说:"道也者……人之所失以死,所得以生也。事之所失以败,所得以成也。"循道而为一定有好的结果,只是这一结果因对道的掌握和使用程度不同而变化。《白心》说:"道者,一人用之,不闻有余;天下行之,不闻不足。此谓道矣。小取焉则小得福,大取焉则大得福,尽行之而天下服。"《形势解》说:"道者,扶持众物,使得生育而各终其性命者也。故或以治乡,或以治国,或以治天下。故曰:道之所言者一也,而用之者异。"而在《韩非子》中,得道可成可败,可活可死。《解老》说:"道与尧、舜俱智,与接舆俱狂,与桀、纣俱灭,与汤、武俱昌。……凡道之情,不制不形,柔弱随时,

---

①　黄辉明.晋法家源流研究[M].上海:上海交通大学出版社,2021:173.
②　《韩非子·八说》。

与理相应。万物得之以死,得之以生。万事得之以败,得之以成道。道譬诸若水,溺者多饮之即死,渴者适饮之即生。譬之若剑戟,愚人以行忿则祸生,圣人以诛暴则福成。故得之以死,得之以生,得之以败,得之以成。"道因人而异,因对它的不同使用而异。它使尧、舜聪明,商汤、武王兴盛,却使接舆疯狂,桀、纣灭亡。用得适当得福,用得不适当反而生祸。

所以,由《管子》的"生成之道"所出并受它制约的法可以是善法、良法,因韩非"生成死败之道"所成的法却不一定是善法、良法,还要取决于立法之人对道的选择——选择"生成之道",所立即善法;选择"死败之道",所立则恶法。从这一角度看,《韩非子》对道的理解比《管子》更进一步,它意识到并非掌握了规律就可以为所欲为,对规律的运用必须适度才能获得好的结果。

通过图4.1,我们可以将韩非"因道全法"看成一个完整的系统。在这一系统中,任何一个范畴都互相联系,又互相区别。越往上,精神追求的成分越多,越达至无为;越往下,可实践操作的内容越多;越往左,社会的成分越多,自然的成分越少;越往右,自然的成分越多,"入世"的内容越少。以道为原点的道物秩序结构,启迪着法家诸子思考一个极为重要的政治问题:道如何实现这种秩序? 由此以道与天地万物的形上秩序为依据,构建一种以君道为核心,以君、臣、民为结构的政治秩序,涉及"一"与"多"、"常"与"变"、"显"与"隐"、"无弃"与"干涉"等人类政治的根本困境。道为一的绝对权威性,启迪了法家的"势"观念;道以"变"为"常"的观念,启迪了法家的"变法"观念;道的普遍性与隐蔽性,启迪了法家的"法""术"观念;道的公正无私特性,启迪了法家对万民之福的理想以及法的公正无私观念。[①]

简言之,围绕以有常的政治秩序为核心的有君论而开展的道法关系,其核心是维护君主或王权的统治地位。基于"道无双,故曰一"的自然设定,道体现在无为与无不为两方面,"宏大无形"的无为产生虚静以待,"是

---

① 宋洪兵.为政治奠基:论法家的政治形上学[J].人文杂志,2022(5):21-36.

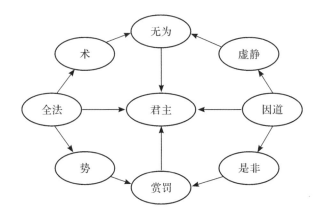

图 4.1　韩非"因道全法"结构

非之纪"的无不为导致赏罚之依。虚静、无为是道的无为体现,是非、赏罚是道的无不为体现。道投射人间,源道入法,印证着人间君主的治国规范——法的产生。法莫如显、术不欲见、势必固守是其基本要求。术不欲见,是道之无常形体现,要求君主无为静守;势必固守,是道之转化性的体现,要求君主掌刑德二柄。无法无以为治,无术难以驭之,有势无法术则君"蔽于上"、臣"乱于下",以致君臣易位,王冠落地。三者圆融,聚合一体,才能使"明君无为于上""群臣悚惧乎下"。吕廷君教授指出,"因道全法"是韩非法治思想的核心,依据客观法则全面依法治国是"因道全法"的现代话语解释。韩非从老子的"道法自然"出发创建"道""理"法哲学,"道"产生"理","理"符合"道","道理"共同构成客观法则,法产自并遵从"道理"。"因道全法"即全面依法治国,包括法外无人,法律面前人人平等;"用法弃仁",万事皆从法;"言行不轨于法令者必禁";"世异则事异"和"不重变法"相结合。"因道全法"的目的是张扬君权,君主要遵守"国道""常道"和"治道"。"以法为本"、法术势结合是"因道全法"思想的操作系统。①

---

① 吕廷君.韩非的"因道全法"思想[J].管子学刊,2020(3):25-32.

第六章　君道论

礼废乐坏的春秋战国亟须政治权威的重建和社会秩序的恢复,根本立足点就在于巩固君主的权势,认同"有君论"。"整部《韩非子》乃至传世的先秦诸子著作,大都在基本政治框架层面持'有君论'的理论态度,就此而言,刘泽华的观点殆非虚言。他说:'在中国的历史上,除为数不多的人主张无君论之外,都是有君论者,在维护王权和王制这一点上大体是共同的,而政治理想几乎都是王道和圣王之治。'"①韩非借道释君,从道与万物的关系充分论证了君臣之间尊贵卑贱的合理性,以"道不同于万物"的自然秩序映射"君不同于群臣"的人间等级,提出"明君贵独道之容",赋君以至尊地位。

第一节　借道释君

以血缘为基础、以等级为特征的宗法制度是古代中国特有的政治体系,它是直接传承父系氏族社会晚期的族长制(即原始家长制)统治体系并

---

① 宋洪兵.韩非子政治思想再研究[M].北京:中国人民大学出版社,2010:125.

使之规范化和系统化的结果,实为君主制和家长制的合体。由此一国之内,君为至尊;一家之内,父为至尊。"中国古代的宗法制度从奴隶社会一直延续到封建社会之末,其如此长期的存在表明:古代中国社会交往活动的范围并没有因其国的建立和发展而扩大到家之外,相反在这个过程中,原有的家(父系氏族)只是与时俱进地不断更新其固有的内容,使之具有随时变化的国的性质,而其原有的形式则被保留了下来——国仍以家的形式存在,所谓天下为家是也。"①这样的社会特征使君往往成为国家的象征和天下百姓的总代表,由此使得先秦诸子无论从何种路径,无论以怎样的形式,其理论思维的现实指向大都是有君论者,期待作为国家之代表的君主能够采其言并施行之。

道,乃至天,都与君存在对应关系,哪怕是简单的比附,先秦诸子都对此不遗余力地加以强调,只是幻想在宗法制度的体系内能天降圣人以拯万民罢了。君道关系集中表现为代表价值系统的"道"对政治现实中的"君"有一种论证、规约和限制的作用,同样,君则须以道的规范来约束自己,做"体道"之君。老子言:"道大,天大,地大,王亦大。"②王为四大之一。荀子和管子则以天地应之。"天地者,生之始也……君臣……与天地同理,与万世同久。"③"天覆万物,制寒暑,行日月,次星辰,天之常也;治之以理,终而复始,主牧万民,治天下,莅百官,主之常也。"④由此而拔高君主的地位,使君成为人间唯一的主宰。"天能生物,不能辨物也;地能载人,不能治人也;宇中万物、生人之属,待圣人然后分也。"⑤

韩非以"道"内蕴的主宰性论证君主在政治秩序维系和权力运作中的

---

①　周可真.明清之际新仁学:顾炎武思想研究[M].北京:中国大百科全书出版社,2006:22.

②　《老子·十五章》。

③　《荀子·王制》。

④　《管子·形势解》。

⑤　《荀子·礼论》。

作用。"道"具有绝对超然性，是"一""全"，其他一切事物在"道"面前均成为"多""分"。韩非在《扬权》中说："道不同于万物，德不同于阴阳，衡不同于轻重，绳不同于出入，和不同于燥湿，君不同于群臣。凡此六者，道之出也。"陈奇猷援引旧注云："此六者皆自道生，故曰道之出也。""此六者"显然明指道与万物、君与臣之间的六种关系，韩非俨然将"君"尊于臣的落差，提高到了"道"与"万物"的高度。正是由于对君主"金字塔"塔尖权位的极度诉求，所以，韩非发出如是感叹："万乘之患，大臣太重；千乘之患，左右太信。此人主之所公患也。"①韩非的真实想法显露无遗：君主是政治体系中的最高权威，君臣上下的差等位次及其不可更易性乃是秩序的本然。如此一来，君主权位就不容怀疑，亦不可变更。《解老》说："夫物之一存一亡，乍死乍生，初盛而后衰者，不可谓常。唯夫与天地之之剖判也俱生，至天地之消散也不死不衰者谓常。""常"即"道"。由于"道"的时间永恒性和不容改变性，韩非也赋予了君主以绝对合法性，抑或不可辩悖性。韩非试图通过抽象的"道"来论证君主权威，张扬了"国无君不可以为治"的理念。张分田在阐释君主制度产生的根源时，总结出先秦诸子的君主制度的源头有天道自然、人情事理、历史衍化和圣智强者四种形式。先秦诸子依据天道自然论证君主的合理性，"从形而上的角度探讨君主制度的终极根据，把君主制度说成是一种宇宙普遍法则在人类社会的体现"②，由"道"立君、借"道"释君，用"道"来论证君主的必然性，即是其中之一。

在韩非看来，君主须有与"道"一样的"至尊"权位，"君"与"道"有着对等的关联。正是立足于这一构想，韩非将君主设想为"道"在人间的化身。郭沫若就直言："在韩非这样的法家，道既成为人君的护符，体道者便只能

---

① 《韩非子·孤愤》。

② 张分田.中国帝王观念：社会普遍意识中的"尊君—罪君"文化范式[M].北京：中国人民大学出版社，2003：297.

限于君人者。"①由于君与道取得了内在的、对等的关联,韩非在以"道"的绝对性、至大性和至尊性来论证和表述君主在政治中的相似位次的同时,"道"既承载着思想家对理想而完美的君主的诸多政治理性诉求,亦表达着现实的君主只有唯"道"是从,才能被称为有道之君。正因为如此,君主要虚心"体道""以道正己",其实质内涵仍在于表达君主在"道"面前仍属"下者"。《商君书·画策》曰:"圣人知必然之理,必为之时势。"《管子·君臣上》云:"道者,诚人之性也,非在人也。而圣王明君,善知而道之者也。……道也者,万物之要也。为人君者,执要而待之。"《管子·正世》亦有言:"圣人者,明于治乱之道,习于人事之终始者也。"韩非明言君主当"以道正己",要"以道莅天下","夫能有其国保其身者,必且体道"。② "道者,万物之始,是非之纪也。是以明君守始以知万物之源,治纪以知善败之端。"③

"道"承载着韩非在内的先秦士人对宇宙天道、社会人道的最高观察和深刻体悟,具有至大无外的特点,是"理性的最高抽象",对君有着论证、规范和限制作用,如若君主能虚心"体道"成为"明君",那么,高高在上的"道"就与君合而为一,也即君道同体了。刘泽华认为,在韩非思想中,"君主与道变成相应和同体的关系"④。需要强调的是,这仅为一种极理想的状态。君道合一是韩非基于其政治价值诉求作出的一种"前识"性指向。换言之,所谓"道"、君道关系及其"体道"之明君,皆属法家政治思想的一种前提预设和理想化追求。如此一来,"道"不过是法家士子追寻理想圣王和品评现实君主的最高依据,"道"对君的规范成为一种价值指向。

既然君、道有别,那么君必须体道才能洞悉道之奥妙。在老子那里,天

---

① 郭沫若.十批判书[M].北京:东方出版社,1996:381.
② 《韩非子·解老》。
③ 《韩非子·主道》。
④ 刘泽华,等.中国古代政治思想史[M].上海:南开大学出版社,2001:101.

道即是侯王体道的标准,"功成身退,天之道"①,"天之道,不争而善胜"②,"天之道,常与善人"③,"天之道,利而不害"④。在管子看来,"道者,诚人之性也,非在人也。而圣王明君,善知而道之者也……道也者,万物之要也。为人君者,执要而待之"⑤。韩非反复强调君主要知道、体道、执道,与道相合。"夫能有其国保其身者,必且体道"⑥,"道者,万物之始,是非之纪也。是以明君守始以知万物之源,治纪以知善败之端"⑦。道不仅是自然规律,也是社会法则,君主只有知道,才能统御万物。

按照韩非的理论,"道"只能为君主所掌握,而"道"又是独一无二的,起着左右和支配一切的作用。在现实生活中,相对应的君主就是一切,其至高无上,独一无二。韩非在《扬权》篇中说:"道不同于万物,德不同于阴阳,衡不同于轻重,绳不同于出入,和不同于燥湿,君不同于群臣。"在此,韩非以"道"与万物的一多关系充分论证了君臣之间尊卑贵贱的合理性。人类社会"君不同于群臣"的等级秩序,根本依据就在于"道不同于万物"的自然秩序。其实,韩非在此要表达的中心思想,在于从"道"与万物的一多关系论证君尊臣卑关系对于秩序恢复的重要性,其思路遵循了先秦诸子普遍认同的"天人"同构。也就是说,此处主要内涵在于"君臣不同道",君主相对于臣民而言,其尊贵地位就相当于"道"相对于"万物"的关系。

就君、道而言,老子、韩非是高度一致的,都以"天之道"作为侯王、君主的处世规范和模板,都将宇宙之道简单地附着于人间之君的身上。这样做,无非是为了说明君主的独一无二。所以韩非的君道论,其现实的映照

---

① 《老子·九章》。
② 《老子·七十三章》。
③ 《老子·七十九章》。
④ 《老子·八十一章》。
⑤ 《管子·君臣上》。
⑥ 《韩非子·解老》。
⑦ 《韩非子·主道》。

就是君主的利益高于一切,他的说法是:"欲利而身,先利而君;欲富而家,先富而国。"①一切以满足君主的利益需要为前提,这也正是其提出法、术、势主张以达到维护君权之目的的逻辑前提。

第二节 明君之道

韩非借道释君,能贵道之容者,非明君莫属。不同于儒家通过圣王的仁政来感化和吸引民众随行,韩非将君主设定为权力的最高层级,以等级名分严格区别,循名实定事功。值得注意的是,"法家在批判儒家先王的同时,也曾假托古代有那么一些推行法治的圣王存在,借以宣传他们的政治理想。韩非在文章中多次运用这种手法,有些文章也曾假托'先王'加以表达……这些都是法家理想中的先王"②。动辄称引先王,也是战国时期文人的一种学术风气和行文风尚,儒家假托尧舜、墨家假托夏禹、农家假托神农、法家假托皇帝,壮大声势,佐证己说。

何谓韩非指称之明君呢?

> 能立道于往古,而垂德于万世者之谓明主。③
>
> 守自然之道,行毋穷之令,故曰明主。④
>
> 古之全大体者:望天地,观江海,因山谷、日月所照、四时所行、云布风动;不以智累心,不以私累己;寄治乱于法术,托是非于赏罚,属轻重于权衡;不逆天理,不伤情性;不吹毛而求小疵,不洗垢而察难知;不引绳之外,不推绳之内;不急法之外,不缓法之内;守成理,因自然;祸

---

① 《韩非子·外储说右下》。
② 周勋初.《韩非子》札记[M].南京:凤凰出版社,2021:55.
③ 《韩非子·安危》。
④ 《韩非子·功名》。

福生于道法,而不出乎爱恶;荣辱之责在乎己,而不在乎人。[①]

夫所谓明君者,能畜其臣者也。[②]

如上所言,韩非心目中的明君:第一,遵循自然之道,立治国之法,无所不畅;第二,不违逆自然规律,不伤害人的情性,"不以智累心,不以私累己";第三,治乱皆依法、术,而不是凭依自己之好恶,即"寄治乱于法术,托是非于赏罚";第四,必须能够控制住自己的臣下,不容许臣子犯上作乱,此其谓"能畜其臣者也"。

如何成为明君呢?韩非用大量篇幅对明君、圣主之道进行了深入细致的探讨。《韩非子》中的《主道》《扬权》《南面》《二柄》《备内》《八奸》《人主》《用人》《三守》《功名》诸篇讲的都是如何成为明君、圣主以及如何防止臣下篡权。

韩非关于明主之道有诸多的表述:

《韩非子·主道》:"明君之道,使智者尽其虑,而君因以断事,故君不穷于智;贤者敕其材,君因而任之,故君不穷于能;有功则君有其贤,有过则臣任其罪,故君不穷于名。……人主之道,静退以为宝。"

《韩非子·有度》:"明主使法择人,不自举也;使法量功,不自度也。"

《韩非子·扬权》:"圣人之道,去智与巧;智巧不去,难以为常。"

《韩非子·饰邪》:"明主之道,必明于公私之分,明法制,去私恩。"

《韩非子·解老》:"有道之君贵静,不重变法。……有道之君,外无怨仇于邻敌,而内有德泽于人民。"

《韩非子·诡使》:"圣人之所以治道者三:一曰利,二曰威,三曰名。"

《韩非子·说疑》:"圣王明君则不然,内举不避亲,外举不避仇。……为人主者,诚明于臣之所言,则虽罼弋驰骋,撞钟舞女,国犹且存也。"

---

① 《韩非子·大体》。

② 《韩非子·忠孝》。

《韩非子·六反》："故明主之治国也,众其守而重其罪,使民以法禁而不以廉止。"

《韩非子·八说》："有道之主,不求清洁之吏,而务必知之术也。"

《韩非子·八经》："明主审公私之分,审利害之地,奸乃无所乘。……明主,其务在周密。……明主之道,取于任,贤于官,赏于功。……明主之道,臣不得以行义成荣,不得以家利为功,功名所生,必出于官法。"

《韩非子·五蠹》："故明王峭其法而严其刑也……故明主之道,一法而不求智,固术而不慕信……故明主用其力,不听其言;赏其功,必禁无用……故明主之国,无书简之文,以法为教;无先王之语,以吏为师;无私剑之悍,以斩首为勇。"

《韩非子·显学》："故明主急其助而缓其颂,故不道仁义。……故明主举实事,去无用,不道仁义者故,不听学者之言。"

《韩非子·人主》："明主者,推功而爵禄,称能而官事,所举者必有贤,所用者必有能,贤能之士进,则私门之请止矣。"

《韩非子·奸劫弑臣》："圣人者,审于是非之实,察于治乱之情也。故其治国也,正明法,陈严刑,将以救群生之乱,去天下之祸,使强不凌弱,众不暴寡,耆老得遂,幼孤得长,边境不侵,君臣相亲,父子相保,而无死亡系虏之患,此亦功之至厚者也。"

《韩非子·爱臣》："是故明君之蓄其臣也,尽之以法,质之以备。"

《韩非子·用人》："明君使事不相干,故莫讼;使士不兼官,故技长;使人不同功,故莫争。……君人者,能去贤巧之所不能,守中拙之所万不失,则人力尽而功名立。……明主立可为之赏,高可避之罚。……明主之表易见,故约立;其教易知,故言用;其法易为,故令行。……故明主厉廉耻,招仁义。"

《韩非子·观行》："古之人目短于自见,故以镜观面;智短于自知,故以道正己。故镜无见疵之罪,道无明过之怨。目失镜,则无以正须眉;身失道,则无以知迷惑。西门豹之性急,故佩韦以缓已;董安于之心缓,故佩弦以自急。故以有余补不足,以长续短之谓明主。"

《韩非子·外储说左上》:"明主之道,如有若之应密子也。明主之听言也,美其辩;其观行也,贤其远。故群臣士民之道言者迂弘,其行身也离世。其说在田鸠对荆王也。故墨子为木鸢,讴癸筑武宫。夫药酒用言,明君圣主之以独知也。""夫良药苦于口,而智者劝而饮之,知其入而已己疾也;忠言拂于耳,而明主听之,知其可以致功也。""《诗》曰:'不躬不亲,庶民不信。'傅说之以'无衣紫',援之以郑简、宋襄,责之以尊厚耕战。夫不明分,不责诚,而以躬亲位下,且为'下走''睡卧',与夫'掩弊''微服'。孔丘不知,故称犹盂;邹君不知,故先自僇。明主之道,如叔向赋猎与昭侯之奚听也。""小信成则大信立,故明主积于信。赏罚不信,则禁令不行,说在文公之攻原与箕郑救饿也。是以吴起须故人而食,文侯会虞人而猎。故明主表信,如曾子杀彘也。患在厉王击警鼓与李悝谩两和也。"

《韩非子·外储说右下》:"明主者,鉴于外也,而外事不得不成,故苏代非齐王。人主鉴于上也,而居者不适不显,故潘寿言禹情。人主无所觉悟,方吾知之,故恐同衣于族,而况借于权乎!吴章知之,故说以偾,而况借于诚乎!赵王恶虎目而壅。明主之道,如周行人之却卫侯也。"

《韩非子·难三》:"明君使人无私,以诈而食者禁;力尽于事,归利于上者必闻,闻者必赏;污秽为私者必知,知者必诛。"

韩非对明君之道的论述真是不惜笔墨,可以说,整部《韩非子》就是围绕有道之君的治而展开。"根本缘由在于,在确立新型政治秩序的过程中,必须依靠强大的君权来应对利益遭受损害的贵族阶层以及觊觎君权者的挑战。"①除了散落在各章的叙述,韩非还集中论述了明君的治国法则,这就

---

① 宋洪兵.一种新解读:论法家学说的政治视角与法治视角[J].中国人民大学学报,2022(1):67-81.

是治国之八经:"一、凡治天下,必因人情。人情者,有好恶,故赏罚可用;赏罚可用,则禁令可立而治道具矣。……因情。二、力不敌众,智不尽物。与其用一人,不如用一国,故智力敌而群胜物。……主道。三、知臣主之异利者王,以为同者劫,与共事者杀。……起乱。四、参伍之道:行参以谋多,揆伍以责失。……立道。五、明主,其务在周密。……参言。六、听不参,则无以责下;言不督乎用,则邪说当上。……听法。七、官之重也,毋法也;法之息也,上暗也。……类柄。八、行义示则主威分,慈仁听则法制毁。……主威。"①值得注意的是,"在现存文献中,申不害称呼君主时从不用'王''天子'或'侯'这些称谓——而只用'君'。在他所处的时代,这种用法即使并非独一无二,似乎也不常见。法家的另一位奠基人,与他同时代的商鞅则更多沿用传统的称呼"②。传统的称呼即"王"。《韩非子》中,"君"出现了912次,"主"出现了759次,"王"出现了755次,"明主"出现了100次,"明君"出现了30次,韩非也多沿袭申子之称,即用"君","主""王"出现的次数也不少。

显然,法、术、势是明君都应具备和掌握的,也是明君之道的主要途径和手段,在此暂且不论。韩非认为明君、圣主还应做到以下几点:

第一,三守。君主必须遵守三个基本原则:深藏不露、自主决策、大权独揽。如果行之,则国家安定、自身尊荣;如果未行,则国家混乱、君主身贱。

韩非指出,君主不应将大臣之过错随意外露,以免引起臣心之恐慌;对于赏罚要当机立断,勿犹豫不决;对政务的处理要尽可能亲力亲为,勿将其交由臣下去管理。"人臣有议当途之失、用事之过、举臣之请,人主不心藏而漏之近习能人,使人臣之欲有言者,不敢不下适近习能人之心,而乃上以

---

① 《韩非子·八经》。
② 顾立雅.申不害:公元前四世纪中国的政治哲学家[M].马腾,译.南京:江苏人民出版社,2019:48.

闻人主。然则端言直道之人不得见,而忠直日疏。爱人,不独利也,待誉而后利之;憎人,不独害也,待非而后害之,然则人主无威而重在左右矣。恶自治之劳惮,使群臣辅凑用事,因传柄移藉,使生杀之机、夺予之要在大臣。"①他还提出:"崇候、恶来知不适纣之诛也,而不见武王之灭之也。比干、子胥知其君之必亡也,而不知身之死也。故曰:'崇候、恶来知心而不知事,比干、子胥知事而不知心。'圣人其备矣。"②崇候、恶来知道君主的心理却不知道国事的兴亡,比干、子胥知道国事的兴亡却不知道君主的心理,圣人(君主)二者兼备。

第二,虚静自处。韩非之虚静与老子之虚静有很大的不同。老子主张虚是为了更好地了解客观世界而避免先入之见,以及使人处于无知无欲的状态。所主张的静是为了令事物自然发展而减少干预。"故圣人云:'我无为而民自化,我好静而民自正,我无事而民自富,我无欲而民自朴。'"③虚静是要人们处于消极无为状态,听任万事万物自然生长变化。"致虚极,守静笃。万物并作,吾以观复。"④

韩非的虚静并不是清静无为。他认为"虚则知实之情,静则知动者正"⑤。虚是要君主处于暗处,仿佛虚空一般,令人不可捉摸,以自己的虚了解臣下的实。"君无见其所欲,君见其所欲,臣自将雕琢;君无见其意,君见其意,臣将自表异。故曰:去好去恶;臣乃见素;去旧去智,臣乃自备。"⑥君主不要显露自己的企图,如果君主显露自己的企图,臣下就会伪装自己;君主不要表示自己的意见,如果君主表示自己的意见,臣下就会表现自己。不显露爱好和厌恶,臣下就会显现本色;不表示成见和智慧,臣下就会谨慎

---

① 《韩非子·三守》。
② 《韩非子·说林下》。
③ 《老子·五十七章》。
④ 《老子·十六章》。
⑤ 《韩非子·主道》。
⑥ 《韩非子·主道》。

防备。"数见久待而不任，奸则鹿散。使人问他则并鬻私。是以庞敬还公大夫，而戴让诏视辀车；周主亡玉簪，商太宰论牛矢。"①

　　静是要君主窥视臣下的活动，达到以静制动的目的。"寂乎其无位而处，漻乎莫得其所。明君无为于上，群臣竦惧于下。明君之道，使智者尽其虑，而君因以断事，故君不穷于智；贤者敕其材，君因而任之，故君不穷于能；有功则君有其贤，有过则臣任其罪，故君不穷于名。是故不贤而为贤者师，不智而为智者正。臣有其劳，君有其成功，此之谓贤主之经也。"②即君主似乎不在其位，臣下也不知君主的所在。明智的君主在上无为而治，臣子就会在下诚惶诚恐地履行职责。明智的君主采取的办法是：使有智慧的人施展计谋，以使君主据此断事，那么君主就有取之不尽的智慧；使贤明的人施展才能，君主据以任用他们，那么君主就会有用之不尽的才能。有功劳则君主得到贤名，有过失则臣下担当罪责，所以君主有不尽不竭的荣誉。因此，君主不贤明却可以作为贤明者的师长，不明智却可以作为明智者的领袖。臣下承担辛劳的工作，君主享有他们的成果，这就是王者之道。韩非的这一观点和慎子有些相似。慎子认为："为人君者不多听，据法倚数以观得失。无法之言，不听于耳；无法之劳，不图于功；无劳之亲，不任于官。官不私亲，法不遗爱，上下无事，唯法所在。"③

　　韩非很自然地将老子的虚静具体化为"去微奸之道"，将老子消极控制自己的静转而为积极控制他人的静。韩非明确表示这一观点："人主之道，静退以为宝。不自操事而知拙与巧，不自计虑而知福与咎。是以不言而善应，不约而善增。言已应，则执其契，事已增，则操其符。符契之所合，赏罚之所生。故群臣陈其言，君以其言授其事，事以责其功。功当其事，事当其

---

　　① 《韩非子·内储说上》。
　　② 《韩非子·主道》。
　　③ 《慎子·君臣》。

言，则赏；功不当其事，事不当其言，则诛。"①意即君主之道，以虚静退让为贵，不亲自操作事务而能知道臣下的聪慧和愚笨，不亲自谋划思虑而能知道福运和祸患。因此，君主不发表言论也会得到满意的回答，不加管束也会获得更多的功效。臣下的回答已经作出，就作为契以备考核；功业有了效果，就作为符以备验证。名实相符，这是作为赏罚的根据。所以群臣陈述自己的见解，君主根据他们的言论来交办事情，按事情考察他们的功效。功效符合所做的事，所做的事又符合所说的言论，就奖赏；功效不符合所做的事，所做的事又不符合所说的言论，就处罚。英明君主的原则，就是使臣下不得发表不符合实际的言论。

第三，用人之长。《慎子·民杂》说："君之智未必最贤于众也，以未最贤而欲以善尽被下，则不赡矣。若使君之智最贤，以一君而尽赡下则劳，劳则有倦，倦则衰，衰则复反于不赡之道也。"韩非指出："力不敌众，智不尽物。与其用一人，不如用一国。"②一个人的力量无论如何也不及众人的力量，一个人的智慧无论如何也比不上众人的智慧，作为君主就要善于用人之所长。

韩非认为明君圣主能不行而知、不见而明、不为而成。"是以圣人无常行也。能并智，故曰不行而知；能并视，故曰不见而明；随时以举事，因资而立功，用万物之能而获利其上，故曰不为而成。"③其结果："使天下不得不为己视，天下不得不为己听，故身在深宫之中而明照四海之内，而天下弗能蔽弗能欺者，何也？暗乱之道废而聪明之势兴也。"④

明君用人之长，也须识得人之长处，及时采纳臣下之意见。韩非对臣子谏言之痛深有体会："臣非非难言也，所以难言者：言顺比滑泽，洋洋洒洒

① 《韩非子·主道》。
② 《韩非子·八经》。
③ 《韩非子·喻老》。
④ 《韩非子·奸劫弑臣》。

然,则见以为华而不实;敦祗恭厚,鲠固慎完,则见以为掘而不伦;多言繁称,连类比物,则见以为虚而无用;总微说约,径省而不饰,则见以为刿而不辩;激急亲近,探知人情,则见以为潜而不让;闳大广博,妙远不测,则见以为夸而无用;家计小谈,以具数言,则见以为陋;言而近世,辞不悖逆,则见以为贪生而谀上;言而远俗,诡躁人间,则见以为诞;捷敏辩给,繁于文采,则见以为史;殊释文学,以质信言,则见以为鄙;时称《诗》《书》,道法往古,则见以为诵。此臣非之所以难言而重患也。"①韩非指出,言辞顺畅、洋洋洒洒,就被认为是华而不实;恭敬诚恳、耿直周全,就被认为是笨拙而不成条理;广征博引、举一反三,就被认为是空而无用;概括精微、直率简略而不加修饰,就被认为是出口伤人而不善辩说;激烈明快而无所顾忌,触及他人隐情,就被认为是造谣中伤而不加谦让;宏大广博、高深莫测,就被认为是浮夸无效;谈论日常小事、鸡毛蒜皮,就被认为是浅薄;言辞切近世俗、遵循常规,就被认为是荒唐;口才敏捷、富于文采,就被认为是不质朴;不胡乱引用、朴素陈说,就被认为是粗俗;动辄援引《诗》《书》、称道效法古代,就被认为是死记硬背。这些都是臣子难于进言并深感忧虑的原因。

此外,进言过程中的信任关系、身份障碍、权力隔绝、语言屏障等都会影响效果。哈贝马斯提到的"理想的对话情景"就包括三方面:一是需要说和听的双方都聚精会神,这样才能辨明语言表达背后的真实含义;二是需要双方都相信对方的善意,对对方的陈言及倾听的真诚性不加怀疑,以期达成共识;三是需要君臣双方暂时放下身份差异,以有效分析问题为唯一的取向,从而获得真正有效的解决方案。"交往行为是以象征符号为媒介的交互活动。这种交互活动是按照必须遵守的社会规范进行的,而必须遵守的规范又是给相互期待的行为下定义的,并且至少必须被两个行动着的

---

① 《韩非子·难言》。

主体理解和承认。"①

难于进言倒也罢了,只要君主采纳。但不管臣下的意见如何正确无误,给出的道理如何完美无缺,也不见得君主就一定会采纳——尤其是昏庸之主。历史上敢谏言之臣被杀的不在少数。"故子胥善谋而吴戮之,仲尼善说而匡围之,管夷吾实贤而鲁囚之。故此三大夫岂不贤哉?而三君不明也。上古有汤,至圣也;伊尹,至智也。夫至智说至圣,然且七十说而不受,身执鼎俎为庖宰,昵近习亲,而汤乃仅知其贤而用之。故曰:以至智说至圣,未必至而见受,伊尹说汤是也;以智说愚必不听,文王说纣是也。故文王说纣而纣囚之;翼侯炙;鬼侯腊;比干剖心;梅伯醢;夷吾束缚;而曹羁奔陈;伯里子道乞;傅说转鬻;孙子膑脚于魏;吴起收泣于岸门,痛西河之为秦,卒枝解于楚;公叔痤言国器反为悖,公孙鞅奔秦;关龙逢斩;苌弘分胣;尹子阱于棘;司马子期死而浮于江;田明辜射;宓子贱、西门豹不斗而死人手;董安于死而陈子市;宰予不免于田常;范雎折胁于魏。此十数人者,皆世之仁贤忠良有道术之士也,不幸而遇悖乱暗惑之王而死。然则虽贤圣不能逃死亡避戮辱者,何也?则愚者难说也,故君子难言也,且至言忤于耳而倒于心,非贤圣莫能听,愿大王熟察之也。"②所以,面对一个毫无政治信念,只知道贪图享乐、追求名利、昏聩不堪的君主时,该怎么办?对韩非而言,"唯一的办法就是想方设法通过博取君主的信任进而实现自己改造君主、改善现实政治环境最终有利于天下百姓的政治理想。……尽管这一政治理想充满了道德风险,但其主观意图和问题意识的正当性及正义性是毋庸置疑的"③。这里面恐怕不唯"道德风险",还会遭遇前所未有的口诛笔伐和种种的无情鞭笞。

君主也因自身能力等各方面的因素而有不同的表现。韩非从历史现

---

① 哈贝马斯.交往与社会进化[M].张博树,译.重庆:重庆出版社,1989:3.

② 《韩非子·难言》。

③ 宋洪兵,孙家洲.韩非子解读[M].北京:中国人民大学出版社,2010:80-81.

实中归纳出三种君主类型——上君、中君、下君。"下君尽己之能,中君尽人之力,上君尽人之智"①,君主的力量与智慧总是比不上众人的力量和智慧,能力低下的君主只是用尽自己的能力,中等能力的君主会发挥别人的力量,能力强的君主会充分发挥人们的智慧,使智者尽其虑,贤者效其才,君因而用之。

第四,不依仁义。韩非认为:"夫慕仁义而弱乱者,三晋也;不慕而治强者,秦也。"②国家弱乱是推行仁义的结果。他在《五蠹》中也提出:"故文王行仁义而王天下,偃王行仁义而丧其国,是仁义用于古不用于今也。故曰:世异则事异。""人之情性莫先于父母,皆见爱而未必治也,虽厚爱矣,奚遽不乱?今先王之爱民,不过父母之爱子,子未必不乱也,则民奚遽治哉?且夫以法行刑,而君为之流涕,此以效仁,非以为治。夫垂泣不欲刑者,仁也;然而不可不刑者,法也。先王胜其法,不听其泣,则仁之不可以为治亦明矣。且民者固服于势,寡能怀于义。"

韩非在《奸劫弒臣》中又指出:"世之学术者说人主,不曰乘威严之势以困奸邪之臣,而皆曰仁义惠爱而已矣。世主美仁义之名而不察其实,是以大者国亡身死,小者地削主卑。何以明之?夫施与贫困者,此世之所谓仁义;哀怜百姓不忍诛罚者,此世之所谓惠爱也。夫有施与贫困,则无功者得赏,不忍诛罚,则暴乱者不止。国有无功得赏者,则民不外务当敌斩首,内不急力田疾作,皆欲行货财事富贵,为私善立名誉,以取尊官厚俸。故奸私之臣愈众,而暴乱之徒愈胜,不亡何待?……吾以是明仁义爱惠之不足用,而严刑重罚之可以治国也。无捶策之威,衔镳之备,虽造父不能以服马;无规矩之法,绳墨之端,虽王尔不能以成方圆;无威严之势,赏罚之法,虽尧舜不能以为治。今世主皆轻释重罚严诛,行爱惠,而欲霸王之功,亦不可

① 《韩非子·八经》。
② 《韩非子·外储说左上》。

几也。"

韩非的不依仁义是与其法治思想相一致的,都建立在其人性好利的基础上。这必然导致不信赖贞信之士,也不寄希望于臣下,而是根据人们贪赏畏罚的心理,用重赏严刑驱使官吏按君主的意图办事。但是不依仁义并不等于不道仁义、不要仁义,这二者是有区别的。韩非彻底抛弃了仁、义、礼、忠孝、信?非也。他虽然主张以法为本,严刑重罚,以刑去刑,但对仁、义、礼、忠孝、信等有自己的标准。他少恩,但不等于无恩。韩非是赞成所谓的三事的,他说:"臣之所闻曰:'臣事君,子事父,妻事夫。三者顺则天下治,三者逆则天下乱,此天下之常道也。'"①我们或可用这样的话来表明韩非的道德立场:"吾以是仁义爱惠之不足用,而严刑重罚之可以治国也"②,"且民者固服于势,寡能怀于义。仲尼,天下圣人也,修行明道以游海内,海内说其仁、美其义而为服役者七十人。盖贵仁者寡,能义者难也"③。

韩非曾在《解老》中对"仁""义""礼"等一向被视为儒家思想德目的概念作过详细的阐释和分析,认为:"仁者,谓其中心欣然爱人也。其喜人之有福,而恶人之有祸也;生心之所不能已也,非求其报也。……义者,君臣上下之事,父子贵贱之差也,知交朋友之接也,亲疏内外之分也。……义者,谓其宜也。宜而为之。……礼者,所以貌情也,群义之文章也,君臣父子之交也,贵贱贤不肖之所以别也。礼者,外节之所以谕内也,故曰礼以貌情也。……仁者德之光。光有泽而泽有事,义者仁之事也。事有礼而礼有文,礼者义之文也。"韩非主张"仁"的真正品格在于完全发自内心地爱人,希望他人都能有福而无祸,并且这种"爱"是一种无私的不求任何回报的爱,是一种毫不做作、自然而然的爱。这种观念完全符合孔子"仁者爱人"的思想。对于"义",韩非的主张也与集中体现儒家观念的《中庸》篇的思想

① 《韩非子·忠孝》。
② 《韩非子·奸劫弑臣》。
③ 《韩非子·五蠹》。

一致：“仁者人也，亲亲为大；义者宜也，尊贤为大；亲亲之杀，尊贤之等，礼所生也。”韩非在剖析“礼”时颇为详细，指出“礼”首先是各种应该做的事情即“义”的外在表现，“礼”的主要功能在于将内心真实而无粉饰的情感表达出来，强调判定“礼”是否“宜”必须以内心真实情感为标准，反对矫揉造作、故弄玄虚。应该说，这些观念在本质上与孔子“人而不仁，如礼何？人而不仁，如乐何”[①]、“礼云礼云，玉帛云乎哉？乐云乐云，钟鼓云乎哉”[②]之文质彬彬、内外和谐的主张是完全吻合的。

韩非在《难一》中又以齐桓公与小臣稷的例子来说明“仁义”。“夫仁义者，忧天下之害，趋一国之患，不避卑辱谓之仁义。故伊尹以中国为乱，道为宰于汤；百里奚以秦为乱，道为虏于穆公。皆忧天下之害，趋一国之患，不辞卑辱，故谓之仁义。今桓公以万乘之势，下匹夫之士，将欲忧齐国，而小臣不行，见小臣之忘民也。忘民不可谓仁义。仁义者，不失人臣之礼，不败君臣之位者也。是故四封之内，执会而朝名曰臣，臣吏分职受事名曰萌。今小臣在民萌之众，而逆君上之欲，故不可谓仁义。仁义不在焉，桓公又从而礼之。使小臣有智能而遁桓公，是隐也，宜刑；若无智能而虚骄矜桓公，是诬也，宜戮。小臣之行，非刑则戮。桓公不能领臣主之理而礼刑戮之人，是桓公以轻上侮君之俗教于齐国也，非所以为治也。故曰：桓公不知仁义。”[③]仁义就是不顾自己卑贱的地位和屈辱的待遇而为天下灾祸奔走；就是不丧失臣子的礼仪，不破坏君臣有别的上下级关系。桓公不能摆正君臣之间的关系而去敬重该罚该杀的小臣稷，这是用轻视和侮慢君主的坏风气来教化齐国，是不能用作治国之道的。韩非由此认为，桓公不懂仁义。

清人陈澧对韩非子的评价颇高：“其解仁、义、礼三字之义，则纯乎儒者之言，精邃无匹，是其天资绝高。又其时去圣人未远，所闻仁、义、礼之说，

---

① 《论语·八佾》。
② 《论语·阳货》。
③ 《韩非子·难一》。

尚无差谬,而其文又足以达之。使其为儒者解孔子之言,必有可观者也。《法言》云:庄周申韩,不乖寡圣人……"①对于忠孝和信,在韩非那里,主要是就臣和赏罚而言。他认为赏罚必须守信,无信则禁令不能推行,"小信成则大信立,故明主积于信。赏罚不信则禁令不行"②,"是以赏莫如厚而信"③,"所谓忠臣,不危其君;孝子,不非其亲。……臣以为人生必事君养亲,事君养亲不可以恬淡"④。

要成为明君,还须修身。只有保持清醒的头脑才能作出正确的判断。"人无愚智,莫不有趋舍。恬淡平安,莫不知祸福之所由来。得于好恶,怵于淫物,而后变乱。所以然者,引于外物,乱于玩好也。恬淡有趋舍之义,平安知祸福之计。而今也玩好变之,外物引之;引之而往,故曰拔。至圣人不然:一建其趋舍,虽见所好之物不能引,不能引谓之'不拔';一于其情,虽有可欲之类神不为动,神不为动谓之不脱。"⑤只有恬淡平安、清心寡欲才能知道什么是是非祸福。否则,如果人心被外物所诱惑,就会欲火中烧,躁动不安,乱了方寸,使自己失去正确的判断,不能作出合理的选择。本心虚静而不为外物所扰,这种不动摇的心境就是不拔、不脱。所以修身重要的就在于使内心不受外物所扰,使精神专一而不散乱。"身以积精为德……今治身而外物不以乱其精神,故曰:'修之身,其德乃真。'真者,慎之固也。"⑥

韩非除了积极地论述如何成为明君圣主,还从反面警告君主要注意十种过失和六微,以免带来亡国亡身的惨祸。

"十过:一曰,行小忠,则大忠之贼也。二曰,顾小利,则大利之残也。三曰,行僻自用,无礼诸侯,则亡身之至也。四曰,不务听治而好五音,则穷

---

① 陈澧.东塾读书记[M].钟旭元,魏达纯,校点.上海:上海古籍出版社,2012:200.
② 《韩非子·外储说左上》。
③ 《韩非子·五蠹》。
④ 《韩非子·忠孝》。
⑤ 《韩非子·解老》。
⑥ 《韩非子·解老》。

身之事也。五曰,贪愎喜利,则灭国杀身之本也。六曰,耽于女乐,不顾国政,则亡国之祸也。七曰,离内远游而忽于谏士,则危身之道也。八曰,过而不听于忠臣,而独行其意,则灭高名而为人笑之始也。九曰,内不量力,外恃诸侯,则削国之患也。十曰,国小无礼,不用谏臣,则绝世之势也。"①君主要避免十种过错:一是奉行个人之间的小忠,这是对大忠的祸害;二是贪图小利,这是对大利的危害;三是行为怪癖,自以为是,对诸侯国没有礼貌,这是使自己身灭的成因;四是不致力于治理自己的国家而喜好音乐,这是使自己陷于困境的事情;五是贪心任性追求私利,这是使国家灭亡、自身消灭的祸根;六是沉溺于女子歌舞,不管国家政事,这是亡国的灾祸;七是离开朝廷到远方游玩,而忽视了大臣的规劝,这是危及自身的做法;八是犯有过错而不听从忠臣的意见,独自按照自己的主意去做,这是丧失崇高的名声,被人讥笑的开端;九是在国内不按自己的力量办事,对外则依靠诸侯国,这是国家被削弱的灾难;十是国家小又不讲礼貌,不任用愿意提意见的臣子,这是断绝后代的趋势。韩非接着列举了楚共王、晋献公、楚灵王、卫灵公、智伯瑶、戎王、齐桓公、公仲朋、晋公子重耳等史实予以说明,以警醒君主勿重蹈覆辙。

"六微:一曰权借在下;二曰利异外借;三曰托于似类;四曰利害有反;五曰参疑内争;六曰敌国废置。此六者,主之所察也。"②有六种隐蔽微妙的情况:一是君主的权力转借臣下;二是君臣利益不同而臣下借用外力谋私;三是臣下假托类似的事蒙骗君主;四是君臣利害关系彼此相反,臣下为谋私利而危害君主;五是等级名分上下混乱而导致内部争权夺利;六是按照敌国的意图任免大臣。这六种现象是君主必须明察的。英明的君主,要使臣子不得不贪图君主给他的俸禄,不得不服役于君主给他的地位,贪图俸

---

①　《韩非子·十过》。
②　《韩非子·内储说下》。

禄、迷恋地位,这样的臣子怎么能不被君主驯服呢?"夫驯乌者断其下翎焉,断其下翎则必恃人而食,焉得不驯乎? 夫明主畜臣亦然,令臣不得不利君之禄,不得无服上之名;夫利君之禄,服上之名,焉得不服?"①

此外,韩非还有针对性地提出了"亡国之君",他指出:"所谓亡君者,非莫有其国也;而有之者,皆非己有也。令臣以外为制于内,则是君人者亡也。听大国为救亡也,而亡亟于不听,故不听。群臣知不听,则不外诸侯;诸侯知不听,则不受臣之诬其君矣。"②被称为亡国之君的人,并不是没有自己的国家,而是国家已经不受他的控制了。所以韩非建议明主要依法设立官职爵禄,赏罚分明,上下有别。"失臣主之理,则文王自履而矜。不易朝燕之处,则季孙终身庄而遇贼。"③

需要指出的是,韩非之所以要设定君主,不遗余力地加强君主的权威,在于宗法等级制度下君主的影响力不可小觑。君主要抓住四大要领,巩固权势。这四大要领是君主的出身、君主的位置、君主的威严和君主的威胁。④再言之,要掌握重要的两个方面:"一是明晓事物的根本道理,弄懂政治行为法则;二是分辨忠奸、固化权力。二者并重,才能够真正保证君王不至于大权旁落,才能够为实现霸业奠定坚实的基础。这可以说是韩非认知与实践并重的权力哲学最为重视的一个首要原则。"⑤

先秦"有君论"旨在设立君主以克服社会的"失范"。《墨子·尚同》对于君主的"治世"功能有非常清晰的阐述。"方今之时,复古之民始生,未有正长之时,盖其语曰'天下之人异义'。是以一人一义,十人十义,百人百义,其人数兹众,其所谓义者亦兹众。是以人是其义,而非人之义,故相交

---

① 《韩非子·外储说右上》。
② 《韩非子·八奸》。
③ 《韩非子·外储说左下》。
④ 任剑涛.政治:韩非四十讲[M].桂林:广西师范大学出版社,2022:40-41.
⑤ 任剑涛.政治:韩非四十讲[M].桂林:广西师范大学出版社,2022:54.

非也。内之父子兄弟作怨仇,皆有离散之心,不能相和合。至乎舍余力不以相劳,隐匿良道不以相教,腐臭余财不以相分,天下之乱也,至如禽兽然,无君臣上下长幼之节,父子兄弟之礼,是以天下乱焉。明乎民之无正长以一同天下之义,而天下乱也。是故选择天下贤良、圣知、辩慧之人,立以为天子,使从事乎一同天下之义。"《商君书·开塞》也有详细分析:"凡仁者以爱利为务,而贤者以相出为道。民众而无制,久而相出为道,则有乱。故圣人承之,作为土地货财男女之分。分定而无制,不可,故立禁。禁立而莫之司,不可,故立官。官设而莫之一,不可,故立君。"相比而言,《慎子·德立》对于君主的政治功能阐述显得更为详尽、深刻:"立天子者,不使诸侯疑焉;立诸侯者,不使大夫疑焉;立正妻者,不使婢妾疑焉;立嫡子者,不使庶孽疑焉。疑则动,两则争,杂则相伤,害在有与不在独也。故臣有两位者国必乱。臣两位而国不乱者,君在也。恃君而不乱矣,失君必乱。子有两位者家必乱。子两位而家不乱者,父在也。恃父而不乱矣,失父必乱。"

有君同时,谴责弑君弑父的乱臣贼子,提倡君主"有效存在"的必要性,主张加强君主权力,强调君尊臣卑的等级秩序不可僭越。孔子得知季氏"八佾舞于庭"的僭越行为时严肃地说:"是可忍也,孰不可忍也。"①《雍也》篇的"觚不觚,觚哉",《颜渊》篇的"君君,臣臣,父父,子子"等,都表明孔子对于春秋末期社会政治混乱局面的病理诊断主要着眼于重整君臣等级。"子路曰:不仕无义。长幼之节,不可废也;君臣之义,如之何其废之?"②《左传》记载,成公二年,孔子强调君主应该切实维护权力的象征符号——器与名:"唯器与名,不可以假人,君之所司也。"《墨子·天志中》将"子之不事父,弟之不事兄,臣之不事君"的"无序"行为视为"不仁不祥"之举,此亦说明墨子非常重视君尊臣卑。法家则鉴于君主在恢复社会秩序过程中所扮

---

① 《论语·八佾》。
② 《论语·微子》。

演角色的极端重要性，已经从历史经验的视野充分意识到战国时期社会动荡不安当为君主权力旁落、权臣叛逆所致。"《春秋》之中，弑君三十六，亡国五十二，诸侯奔走不得保其社稷者不可胜数"①以及"《春秋》记臣弑君者以百数"②的历史教训和政治事实，迫使法家诸子在思考政治秩序的重建时开始自觉从历史深处寻求思想依据和解决之道，更加重视君主实权。如《管子·版法解》主张君主政治权威的重要性："今人君之所以尊安者，为其威立而令行也，其所以能立威行令者，为其威令之操莫不在君也。"《管子·法法》篇则鉴于"故《春秋》之记，臣有弑其君、子有弑其父者矣"的政治教训，已经明确主张君主权势对于维护君位及君尊臣卑的政治作用："凡人君之所以为君者，势也；故人君失势，则臣制之矣。势在下，则君制于臣矣；势在上，则臣制于君矣；故君臣之易位，势在下也。在臣期年，臣虽不忠，君不能夺也。在子期年，子虽不孝，父不能服也。"

韩非的明君、圣主之道旨在加强君权。这是先秦法家的共同目标。"立天子者，不使诸侯疑焉；立诸侯者，不使大夫疑焉；立正妻者，不使嬖妾疑焉；立嫡子者，不使庶孽疑焉。疑则动，两则争，杂则相伤，害在有与不在独也，故臣有两位者国必乱。臣两位而国不乱者，君在也，恃君而不乱矣，失君必乱。子有两位者家必乱。子两位而家不乱者，父在也。恃父而不乱矣，失父必乱。臣疑其君，无不危之国；孽疑其宗，无不危之家。"③显然，在慎子看来，止乱是起码的功能。不过我们应该看到法家主张的是集权以至专制，而不是万事独裁或垄断。这是两个不同的概念，虽然都强调加强君主的权力和提高君主的地位，但是其程度显然不同。在法家看来，君主集权以至专制仍是法大于君，而君主独裁则是君主凌驾于法令制度。法家关于加强君权的哲学基础是道家"无为"说，自然是希望君主垂拱而治。故商

---

① 《史记·太史公自序》。
② 《战国策·东周策》。
③ 《慎子·德立》。

鞅的最高"法治"理想是"有道之国,治不听君,民不从官"①,显然是法大于君。慎到还明确反对君主专制,追论君主独裁。然韩非又如何呢?韩非虽比此前的法家更主张加强君权,但亦还是以"无为"说为基础来构建这一理论,所以也非君主独裁。韩非的君主集权的总纲是:"治民无常,唯法为治"②,"事在四方,要在中央。圣人执要,四方来效"③。

总的来看,韩非设定的是一种开明的君主政治。"这种君主政治既强调君权相对集中的必要性以确保社会秩序的稳定,同时更强调君主重用有治国才能的法术之士以确保政治权力运行的合理性。"④韩非的明主、明君、人主以至圣人都是他设定的用以治国的理想人物,他幻想有一个他假定的完美的君主来统治万民、治理天下,然眺望理想的目光总要落在现实的人间,他在倡导法治的时候便不再是完美的明主出场,而是庸主,"立法,非所以备曾、史也,所以使庸主能止盗跖也"⑤。儒家注重圣王的以身作则感化,从鼓励和理想主义的角度出发,通过潜移默化的方式达到道德教化的目的。这种设定建立在道德水平相当高的社会发展程度和与之对应的社会建构能力上。韩非认为圣主、明君的出现是一种小概率事件,绝大多数君主都属于"中人",国家的治理不应从道德出发,而要从法治出发,确立可操作的实施标准。这种标准不能太高,也不能太低,"治也者,治常者也;道也者,道常者也。殆物妙言,治之害也。天下太平之士,不可以赏劝也;天下太平之士,不可以刑禁也。然为太上士不设赏,为太下士不设刑,则治国用民之道失矣"⑥。以"中人之智"的设定要达到的效果是"度量信则伯夷不失是,而盗跖不得非;法分明则贤不得夺不肖,强不得侵弱,众不得暴寡。托

---

① 《商君书·说民》。

② 《韩非子·心度》。

③ 《韩非子·扬权》。

④ 宋洪兵,孙家洲.韩非子解读[M].北京:中国人民大学出版社,2010:70.

⑤ 《韩非子·守道》。

⑥ 《韩非子·忠孝》。

天下于尧之法，则贞士不失分，奸人不徼幸。寄千金于羿之矢，则伯夷不得亡，而盗跖不敢取。尧明于不失奸，故天下无邪；羿巧于不失发，故千金不亡"①，最终实现"其治国也，正明法，陈严刑，将以救群生之乱，去天下之祸，使强不凌弱，众不暴寡，耆老得遂，幼孤得长，边境不侵，君臣相亲，父子相保，而无死亡系虏之患，此亦功之至厚者也"②。

第三节　君之臣民

臣与民是韩非治国之现实的依靠力量。儒家道德理想主义遭遇官僚制的现实冲击，最直接的表现就是与其管理宽度和管理幅度不相适应所产生的管理效果虚化、弱化和钝化。韩非认为君主应该治吏驭民，而不应该直接治吏治民。"夫水之胜火亦明矣，然而釜鬵间之，水煎沸竭尽其上，而火得炽盛焚其下，水失其所以胜者矣。今夫治之禁奸又明于此，然法守之臣为釜鬵之行，则法独明于胸中，而已失其所以禁奸者矣。"③

"虫有虺者，一身两口，争食相龁也。遂相杀，因自杀。人臣之争事而亡其国者，皆虺类也。"④这是韩非对臣子之间现状的生动描述。他以古代传说中的多头毒蛇虺做比喻，喻示臣子之间争权夺利而使国家灭亡。如何在现实中处理臣民关系，韩非提出："徭役多则民苦，民苦则权势起，权势起则复除重，复除重则贵人富。苦民以富贵人，起势以借人臣，非天下长利也。故曰：徭役少则民安，民安则下无重权，下无重权则权势灭，权势灭则

---

① 《韩非子·守道》。
② 《韩非子·奸劫弑臣》。
③ 《韩非子·备内》。
④ 《韩非子·说林下》。

德在上矣。"①法令约束了普通的民众,却使权贵者逃避惩罚,这都是君主应当提防的。

韩非依他的视角提出了君主所希望的臣、民形象。

一、取舍之臣

"为主而无臣,奚国之有?"②作为君主而没有臣下,哪里还有国家呢?韩非更是借晋平公与叔向的对话来说明国家的治理需要君臣一起齐心协力。"晋平公问叔向曰:'昔者齐桓公九合诸侯,一匡天下,不识臣之力也?'叔向对曰:'管仲善制割,宾胥无善削缝,隰朋善纯缘,衣成,君举而服之。亦臣之力也,君何力之有?'师旷抚琴而笑之。公曰:'太师奚笑也?'师旷对曰:'臣笑叔向之对君也。凡为人臣者,犹炮宰和五味而进之君。君弗食,孰敢强之也?臣请譬之:君者,壤地也;臣者,草木也。必壤地美,然后草木硕大。亦君之力,臣何力之有?'"③臣子要恪守职责,"以吏为师",做民众的榜样,这既是对臣子的职分要求,也是对臣子的内在鞭策。

在韩非眼中,理想的臣子应该是这样的:

> 为人臣不忠,当死;言而不当,亦当死。④
>
> 贤者之为人臣,北面委质,无有二心。⑤
>
> 夫有术者之为人臣也,得效度数之言,上明主法,下困奸臣,以尊主安国者也。……故有忠臣者,外无敌国之患,内无乱臣之忧,长安于天下,而名垂后世,所谓忠臣也。⑥

---

① 《韩非子·备内》。
② 《韩非子·扬权》。
③ 《韩非子·难二》。
④ 《韩非子·初见秦》。
⑤ 《韩非子·有度》。
⑥ 《韩非子·奸劫弑臣》。

贤臣者，能明法辟、治官职以戴其君者也。……所谓忠臣，不危其君。①

在韩非看来，益君利国之臣当是无有二心，明主之法，尊君威行法治以治国的人。

（一）君所取之臣

1. 法术之士

法术之士、智术之士或能法之士是韩非所设计的理想臣子，他们既是一些通晓法术势的理论家，又是可以协助君主以法治国的政治家。君主应该任用这些人，因为他们可以协助君主察奸防奸，清除那些隐藏在君主身边的大权在握、亏法自利的重人。"智术之士，必远见而明察，不明察，不能烛私；能法之士，必强毅而刚直，不劲直，不能矫奸。人臣循令而从事，案法而治官，非谓重人也。……智术之士明察，听用，且烛重人之阴情；能法之士劲直，听用，且矫重人之奸行。故智术能法之士用，则贵重之臣必在绳之外矣。是智法之士与当涂之人，不可两存之仇也。"②治理国家需要这些不烛私的人，他们不可以失去公平，是能法律公正的人。"孔子曰：'善为吏者树德，不能为吏者树怨。概者，平量者也；吏者，平法者也。治国者，不可失平也。'"③

但是君主一般不会任用法术之士，因为他们直截了当地指明是非而不会迎合君主并投其所好。韩非借虞庆为屋和范且张弓来说明法术之士在面临华丽虚浮辞藻时不被君主重用的窘境："范且、虞庆之言，皆文辩辞胜而反事之情。人主说而不禁，此所以败也。夫不谋治强之功，而艳乎辩说文丽之声，是却有术之士而任'坏屋''折弓'也。故人主之于国事也，皆不

① 《韩非子·忠孝》。
② 《韩非子·孤愤》。
③ 《韩非子·外储说左下》。

达乎工匠之构屋张弓也。然而士穷乎范且、虞庆者；为虚辞，其无用而胜；实事，其无易而穷也。人主多无用之辩，而少无易之言，此所以乱也。今世之为范且、虞庆者不辍，而人主说之不止，是贵'败''折'之类而以知术之人为工匠也。工匠不得施其技巧，故坏屋折弓；知治之人不得行其方术，故国乱而主危。"①法术之士自身还被五不胜的情境所制约，"处势卑贱，无党孤特。夫以疏远与近爱信争，其数不胜也；以新旅与习故争，其数不胜也。以反主意与同好恶争，其数不胜也；以轻贱与贵重争，其数不胜也；以一口与一国争，其数不胜也。法术之士操五不胜之势，以岁数而又不得见；当涂之人乘五胜之资，而旦暮独说于前。做法术之士奚道得进，而人主奚时得悟乎"②。出身卑微但胸怀天下，处境卑贱而挂记朝廷；依法以断而不瞒上欺下，秉性耿直而不阿谀奉承。法术之士期冀为明君所用，明主亦愿得法术之士助。然世之庸主常常而明君稀少，所以才会有伊尹为宰、百里奚为虏的事情发生。

韩非身为法术之士一员，孤掌难鸣，作《和氏》以孤愤。"夫珠玉，人主之所急。和虽献璞而未美，未为主之害也，然犹两足斩而宝乃论，论宝若此其难也。今人主之于法术也，未必和璧之急也；而禁群臣士民之私邪。然则有道者之不戮也，特帝王之璞未献耳。"③而一旦他们的法术进献成功，却仍然会有像吴起被肢解、商君被车裂一样的下场，何故？曰："大臣苦法而细民恶治也。当今之世，大臣贪重，细民安乱，甚于秦、楚之俗，而人主无悼王、孝公之听，则法术之士，安能蒙二子之危也而明己之法术哉？此世所以乱无霸王也。"④

韩非借被砍双脚而献和氏璧以说明法术推进之艰难。但更遗憾的是

---

① 《韩非子·外储说左上》。
② 《韩非子·孤愤》。
③ 《韩非子·和氏》。
④ 《韩非子·和氏》。

有法术之士而无明主用之,"然则有术数者之为人也⋯⋯非明主弗能听也"①。

2.不危君之臣

如果法术之士是能为君主出谋划策、提供治国方案的人,那么不危君之臣则是忠于君主、严格执行国家法令之人。

忠臣,不危其君。对主忠心耿耿,做事不辞卑贱,任劳任怨,听从君主调遣。"贤者之为人臣,北面委质,无有二心。朝廷不敢辞贱,军旅不敢辞难;顺上之为,从主之法,虚心以待令,而无是非也。故有口不以私言,有目不以私视,而上尽制之。为人臣者,譬之若手,上以修头,下以修足;清暖寒热,不得不救,镆铘傅体,不敢弗搏。无私贤哲之臣,无私事能之士。"②

韩非通过对史实的考察,认为忠君之臣才是霸王之佐也。在现实中,有的臣子是非颠倒,内心阴险而外表善良,操纵君主,扰乱国家,如失度、成驹、侯侈等;有的臣子见利不喜,见危不慌,对抗法令而不能臣服于君,世不能用,如许由、伯阳、伯夷、叔齐等;有的臣子疾诤强谏,甚至以死相逼,君不能忍也,如关龙逢、比干、子胥等;有的臣子结党营私,狼狈为奸,欺上瞒下,君不易识,如田恒、白公、子云等;而像后稷、伊尹、周公旦、范蠡、文种等,"夙兴夜寐,卑身贱体,竦心白意,明刑辟、治官职以事其君,进善言、通道法而不敢矜其善,有成功立事而不敢伐其劳;不难破家以便国,杀身以安主,以其主为高山泰山之尊,而以其身为壑谷鬴洧之卑,主有明名广誉于国,而身不难受壑谷鬴洧之卑。如此臣者,虽当昏乱之主尚可致功,况于显明之主乎? 此谓霸王之佐也"③。这类臣子早起晚睡,自谦自卑,恭敬地表白自己的心意;严明执法,忠心尽职地侍奉自己的君主,进献好的建议,通晓治理之法而不自我夸耀,立功成事也不自表劳苦;为了国家利益,不惜家庭残

---

① 《韩非子·奸劫弑臣》。
② 《韩非子·有度》。
③ 《韩非子·说疑》。

破，为了君主安全，不惜献出生命；把君主看成像上天和泰山一样尊贵，而把自己置于谷底和河床的位置。韩非认为这样的臣子才是"霸王之佐"。韩非指出，做臣子的，君主有过失就规劝，规劝不听就放弃爵禄，等待君主的醒悟，"夫为人臣者，君有过则谏，谏不听则轻爵禄以待之，此人臣之礼义也。今师旷非平公之过，举琴而亲其体，虽严父不加于子，而师旷行之于君，此大逆之术也。臣行大逆，平公喜而听之，是失君道也。故平公之迹不可明也，使人主过于听而不悟其失；师旷之行亦不可明也，使奸臣袭极谏而饰弑君之道。不可谓两明，此为两过。故曰：平公失君道，师旷亦失臣礼矣"[①]。

（二）君所舍之臣

君所取之臣是益君利国之臣，君所舍之臣则属危君害国之臣。申子有言："明君如身，臣如手；君若号，臣如响。君设其本，臣操其末；君治其要，臣行其详；君操其柄，臣事其常。为人臣者，操契以责其名。"[②]

对君主而言，受到臣子的威胁主要有三种："有明劫，有事劫，有刑劫。"[③]即公开的威胁、通过政事的威胁和专擅刑罚的威胁。君主所应提防和清除的就是通过种种手段造成这三种威胁的人。

1. 重人

重人是与智法之士相对立的人。"重人也者，无令而擅为，亏法以利私，耗国以便家，力能得其君者，此所为重人也。"[④]这些人无视君主的命令而独断专行，破坏法律而使自己得利，损害国家而使私家受益，其实力足以操纵君主。

重人像一张网，遍布国内各大机构，于国外也有交错，而君主被蒙在鼓

---

① 《韩非子·难一》。
② 《申子·大体》。
③ 《韩非子·三守》。
④ 《韩非子·孤愤》。

中,于外界一无所知,全凭重人之说,由此使得君主愈弱而重人日强。"当涂之人(即重人)擅事要,则外内为之用矣。是以诸侯不因,则事不应,故敌国为之讼;百官不因,则业不进,故群臣为之用;郎中不因,则不得近主,故左右为之匿;学士不因,则养禄薄礼卑,故学士为之谈也。此四助者,邪臣之所以自饰也。重人不能忠主而进其仇,人主不能越四助而烛察其臣,故人主愈弊而大臣愈重。"①

重人大都爵位高、权力大、私党多,而且又是君主的亲信,会逢迎君主的心意并投其所好,极易获得君主的宠信。由此重人蒙蔽君主,用颠倒是非的言论为自己信任的人谋取私利,封官加爵。信重人,宠左右,这本身就是亡国的象征,哪有君主将国家交由大臣或左右来控制?韩非指出:"人之所以谓齐亡者,非地与城亡也,吕氏弗制而田氏用之;所以谓晋亡者,亦非地与城亡也,姬氏不制而六卿专之也。今大臣执柄独断,而上弗知收,是人主不明也。与死人同病者,不可生也;与亡国同事者,不可存也。今袭迹于齐、晋,欲国安存,不可得也。"②人们所谓的国家的灭亡不是其土地与城池的消失,而是权力主体的转移,是臣子越位而行君权才导致的。

重人横行,亲信当道,这仅仅是他们的错吗?非也。君主也有错,而且有大错。"万乘之患,大臣太重;千乘之患,左右太信,此人主之所公患也。且人臣有大罪,人主有大失。……臣有大罪而主弗禁,此大失也。"③

2.奸劫弑臣

所谓奸劫弑臣即指奸邪之臣、劫主之臣和弑君之臣,此三类臣子依靠骗取君主之信任与宠爱而用所得来的权势夸奖、诽谤、提升或罢免群臣,由此而孤君于上、结党于下,国亡不远矣。韩非指出:"凡奸臣皆欲顺人主之心以取亲幸之势者也。是以主有所善,臣从而誉之;主有所憎,臣因而毁

① 《韩非子·孤愤》。
② 《韩非子·孤愤》。
③ 《韩非子·孤愤》。

之。凡人之大体,取舍同者则相是也;取舍异者则相非也。今人臣之所誉者,人主之所是也,此之谓同取;人臣之所毁者,人主之所非也,此之谓同舍。夫取舍合而相与逆者,未尝闻也。此人臣之所以取信幸之道也。"①奸臣之狡黠在于始终遂君主之愿,君主喜物则赞,恶则斥,取舍一致而未有逆者,有哪个国君能在浮华粉饰、虚拟太平中保持清醒呢?

　　韩非指出,人臣中有五种奸臣,君主却不了解。做臣下的,有花费大量钱财贿赂别人窃取美名的;有尽力夺取奖赏所赐予的权力和国君争夺百姓的;有尽力于结党营私、交结智士、尊崇儒生而为非作歹的;有用免除赋役、赦免罪犯的方式为自己树立威信的;有用迎合民众、混淆是非、危言耸听、奇装异服、哗众取宠等手段欺骗和迷惑民众的。这五种人是圣明的君主必须警惕和禁止的。"故曰:人臣有五奸,而主不知也。为人臣者,有侈用财货赂以取誉者,有务庆赏赐予以移众者,有务朋党徇智尊士以擅逞者,有务解免赦罪狱以事威者,有务奉下直曲、怪言、伟服、瑰称以眩民耳目者。此五者,明君之所疑也,而圣主之所禁也。去此五者,则噪诈之人不敢北面立谈,文言多,实行寡而不当法者,不敢诬情以谈说。是以群臣居则修身,动则任力,非上之令不敢擅作疾言诬事,此圣王之所以牧臣下也。彼圣主明君,不适疑物以窥其臣也,见疑物而无反者,天下鲜矣。"②

　　韩非还具体分析了奸臣夺取君主权力的种种手段,告诫君主不可不察。凡人主之所道成奸者有八术:一曰在同床;二曰在旁;三曰父兄;四曰养殃;五曰民萌;六曰流行;七曰威强;八曰四方。所谓同床,即指做人臣的对宫廷内部的人奉上金银珠玉以迷惑君主;所谓在旁,即指做人臣的对宫内之人奉上珍贵玩物,又在宫外为其做违法之事以影响君主;所谓父兄,即指做人臣的用美声女色讨好嫔妃的儿子,用花言巧语收买朝中大臣,事急

---

① 《韩非子·奸劫弑臣》。
② 《韩非子·说疑》。

之时让他们向皇上进言以干扰君主；所谓养殃，即指做人臣的搜刮民脂民膏以使君主娱乐并扰乱其心思以达到自己的目的；所谓民萌，即指做人臣的以公家之财产推行小恩小惠，取悦人民，使百姓歌颂自己而蒙蔽君主以达其欲望；所谓流行，即指做人臣的征召天下巧言辩说之人为牟取私利而游说于君主；所谓威强，即指做人臣的豢养亡命之徒以显扬威势而恐吓群臣；所谓四方，即指做人臣的散尽国库以侍奉大国，借大国力量对自己国家的君主或控制威慑，或恐吓畏惧。"凡此八者，人臣之所以道成奸，世主所以壅劫，失其所有也，不可不察焉。"①"晋中行文子出亡，过于县邑。从者曰：'此啬夫，公之故人。公奚不休舍，且待后车？'文子曰：'吾尝好音，此人遗我鸣琴；吾好佩，此人遗我玉环。是振我过者也。以求容于我者，吾恐其以我求容于人也。'乃去之。果收文子后车二乘而献之其君矣。"②国有擅主之臣，而人有趋利之情，加之君臣并非骨肉之亲，所以奸臣得势、权倾朝野则群臣趋之，君之奈何？韩非认为："人主诚明于圣人之术，而不苟于世俗之言，循名实而定是非，因参验而审言辞。是以左右近习之臣，知伪诈之不可以得安也。"③如果君主能明白这个道理，就可以通过赏罚来禁奸防邪，治理天下。管仲理齐、商君强秦就是最好的例子。

君臣之间，理应有分，臣子之间，也应有别。臣子行为谦恭、节俭，那么爵位就不足以鼓励他们；尊宠和赞誉没有节制，那么臣下就会侵害、威胁君主。"臣以卑俭为行，则爵不足以观赏；宠光无节，则臣下侵逼。说在苗贲皇非献伯，孔子议晏婴。故仲尼论管仲与孙叔敖。而出入之容变，阳虎之言见其臣。而简主之应人臣也失主术。朋党相和，臣下得欲，则人主孤；群臣功成名就举，下不相和，则人主明。阳虎将为赵武之贤、解狐之公，而简

---

① 《韩非子·八奸》。
② 《韩非子·说林下》。
③ 《韩非子·奸劫弑臣》。

主以为枳棘,非所以教国也。"①所以,君主要管理官吏而不一味地要求百姓。"人主者,守法责成以立功者也。闻有吏虽乱而有独善之民,不闻有乱民而有独治之吏,故明主治吏不治民。说在摇木之本与引网之纲。故失火之啬夫,不可不论也。救火者,吏操壶走火,则一人之用也;操鞭使人,则役万夫。故所遇术者,如造父之遇惊马,牵马推车则不能进,代御执辔持策则马咸骛矣。是以说在椎锻平夷,榜檠矫直。不然,败在淖齿用齐戮闵王,李兑用赵饿主父也。"②韩非所谓的贤能、忠臣,不是凭借百姓的口碑,而是依赖实际工作中的经验获取,所谓"宰相必起于州部,猛将必发于卒伍"③是也。由此君臣之道差异明显,君主作为治臣者,不必亲力亲为,当虚静以待,以术操之。"问题在于韩非子对于无为的阐发,完全是对臣子有为的否定,认为君主不应当和臣下同一个标准去作为,但又后退了一万步,不应当有所表现之方法作为,这便不只是一种阴谋了。更为悲惨的是,君主权术成为一种'秘而不宣、威不可测'的神权性质的东西,这在法律的演进上是一种倒退;最为恐怖的还在于,君主将自己的喜好和管理跨度任意结合,而借此成为'无特操'的一类人。"④

　　鉴于取舍之臣,韩非提出了对臣子的任免、考核和赏罚的各种办法。

　　关于任免,韩非认为基本的原则就是"因任而授官"⑤。此意在慎子中也有论及。"古者工不兼事,士不兼官。工不兼事,则事省;事省,则易胜。士不兼官,则职寡;职寡,则易守。故士位可世,工事可常。百工之子不学而能者,非生巧也,言有常事也。今也国无常道,官无常法,是以国家日缪。教虽成,官不足;官不足,则道理匮矣。道理匮,则慕贤智;慕贤智,则国家

① 《韩非子·外储说左下》。
② 《韩非子·外储说右下》。
③ 《韩非子·显学》。
④ 任文启.王权时代的韩非子批评史研究[M].北京:法律出版社,2019:57.
⑤ 《韩非子·定法》。

之政要在一人之心矣。"①主要体现在:第一,所举者必有贤,所用者必有能。韩非说:"明主者,推功而爵禄,称能而官事,所举者必有贤,所用者必有能。"②很显然,韩非主张德才兼备。同时,韩非的思想没有停留在一般的推贤举能、任官当能的地步,他还主张在贤能中又分厚薄:"贤材者处厚禄,任大官;功大者有尊爵,受重赏。官贤者量其能,赋禄者称其功。"③这样,才能使能力的大小与职位的高低相宜,俸禄的多寡又与功劳的大小符称。并且也只有这样,才能免除"偷官而外交"以及"树私党"等亡国之风。第二,官吏必起于基层,用人不讳避卑贱。韩非极力主张在选贤择能过程中,重视有实际经验的人。他说:"明主之吏,宰相必起于州部,猛将必发于卒伍。"④为了选拔有实践经验的人才,明主用人不避卑贱,即使他们在山林湖泽或岩洞之中,即使他们在监牢或是被拘捕的犯人当中,即使他们从事着烹调、放牧、喂养牲畜等工作,但只要他们有才能,做事执行法令,使国家百姓受益,他们同样可以得到举荐,"观其所举,或在山林薮泽岩穴之间,或在囹圄缧绁缰索之中,或在割烹刍牧饭牛之事。然明主不羞其卑贱也,以其能,为可以明法,便国利民,以而举之"⑤。第三,任人不分内外,求贤不分亲仇。韩非提出"内举不避亲,外举不避仇,是在焉,从而举之,非在焉,从而罚之"⑥的原则。毋庸置疑,这就是"任人唯贤"的升迁原则。

关于考核,韩非汲取荀子在《荀子·正名》中"制名,以指实"和墨者在《墨子·经说上》中的"是名也,止于实也"等思想的合理成分,又对申不害术治学说的术思想进行了改造,进而构建了一套考察官吏的原则和方法。

---

① 《慎子·威德》。
② 《韩非子·人主》。
③ 《韩非子·八奸》。
④ 《韩非子·显学》。
⑤ 《韩非子·说疑》。
⑥ 《韩非子·说疑》。

第一，"论之于任，试之于事，课之于功"①。他说："夫欲得力士而听其自言。虽庸人与乌获不可别也，授之以鼎俎，则置健效矣。故官职者，能士之鼎俎也，任之以事而愚智分矣。故无术者得于不用，不肖者得于不任。"②要想得到大力士，如果听他们自吹自擂，即使是庸人和乌获那样的大力士也无法分别开来。但是如果把鼎和俎交给他们举一举，那么谁疲弱无力谁健壮有力就可以分明了。所以官职就是有才能之士的鼎和俎，把事情交给他们做，愚蠢和聪明就可以区分开了。韩非用齐桓公与管仲的对话来说明这一道理："桓公问置吏于管仲，管仲曰：'辩察于辞，清洁于货，习人情，夷吾不如弦商，请立以为大理。登降肃让，以明礼待宾，臣不如隰朋，请立以为大行。垦草仞邑，辟地生粟，臣不如宁戚，请以为大田。三军既成阵，使士视死如归，臣不如公子成父，请以为大司马。犯颜极谏，臣不如东郭牙，请立以为谏臣。治齐，此五子足矣；将欲霸王，夷吾在此。'"③第二，求功责实。韩非对那些"言是如非，言非如是"④的夸夸其谈、不务实际的作风是反对的。他说："听言观行，不以功用为之的彀，言虽至察，行虽至坚，则妄发之说也。"⑤现在听取言论、考察行为不以功用作为目标，言论即使精深，行动即使坚决，也只能像无的放矢之类的情形一样。正是以这种思想为指导，他认为明主御臣"功当其事，事当其言则赏；功不当其事，事不当其言则诛"⑥。君主交给臣下的事情，如果取得的功效与交给的事情相当，所做的事情与陈述的主张相当，就给予奖赏；反之，就给予惩罚。君主不允许臣下陈述主张不相符。第三，力求客观。韩非说："参伍比物，事之形也。参之

①　《韩非子·难三》。
②　《韩非子·六反》。
③　《韩非子·外储说左下》。
④　《韩非子·说疑》。
⑤　《韩非子·问辩》。
⑥　《韩非子·主道》。

以比物,伍之以合虚。"①多方验证、反复比较是事物的表现形式,用排比事物的方法来验证,用会合抽象概念的方法来考核,这样才能客观反映事物的真实面貌。他还强调"去喜、去恶,虚心以为道合"②,只有这样,才能做到"循名实而定是非"③。

关于赏罚,韩非认为:"赏誉薄而谩者,下不用也;赏誉厚而信者,下轻死。其说在文子称若兽鹿。故越王焚宫室,而吴起倚车辕,李悝断讼以射,宋崇门以毁死。勾践知之,故式怒蛙;昭侯知之,故藏弊裤。厚赏之使人为贲、诸也,妇人之拾蚕,渔者之握鳝,是以效之。"④韩非提出了赏罚的一系列原则和方法。第一,赏罚要得当。韩非认为赏罚必须有一个客观的标准,"赏罚随是非"⑤就是这一思想的集中体现。正是在这一基础上,他强调"赏不加于无功,而诛必行于有罪"⑥,"发矢中的,赏罚当符"⑦,否则,就是无术之患。重要的是:"赏于无功,使谗谀以诈伪为贵;诛于无罪,使伛以天性剖背。"⑧对无功的人给予奖赏,使阿谀奉承的人凭着欺诈手段得以尊贵起来;对无过的人横加刑戮,使驼背的人因为先天不足而被剖背。这样滥用赏罚只会带来不少祸患。第二,赏罚必有度。韩非认为,只要是得当的就可以行厚赏。因为"若夫厚赏者,非独赏功也,又劝一国。受赏者甘利,未赏者慕业,是报一人之功而又劝境内之众"⑨。厚赏奖励的不是某个人的功劳,而是在勉励一国之人。受赏的人得到好处感到快乐,没受赏的人羡慕受赏者的功业。可见,行奖赏,对于被赏者和未被赏者都有鼓励和鞭策的作用。

---

① 《韩非子·扬权》。
② 《韩非子·扬权》。
③ 《韩非子·奸劫弑臣》。
④ 《韩非子·内储说上》。
⑤ 《韩非子·安危》。
⑥ 《韩非子·奸劫弑臣》。
⑦ 《韩非子·用人》。
⑧ 《韩非子·安危》。
⑨ 《韩非子·六反》。

但是奖赏若超过一定限度,或滥用奖赏则会产生副作用。韩非在《饰邪》中指出,"用赏过者失民",因为"赏繁而奸生",奸邪生,则民心必乱,民心乱,"则国虽大,必危"。第三,赏罚当有信。韩非在《难一》中提出"庆赏信而刑罚必"的主张。他又说:"以赏者赏,以刑者刑,因其所为,各以自成。善恶必及,孰敢不信。"①该赏不赏,当刑不刑,其结果就是失掉威信。君主要信赏必罚,而不是对臣民讲仁爱,"治强生于法,弱乱生于阿,君明于此,则正赏罚而非仁下也。爵禄生于功,诛罚生于罪,臣明于此,则尽死力而非忠君也。君通于不仁,臣通于不忠,则可以王矣。昭襄知主情而不发五苑,田鲔知臣情故教田章,而公仪辞鱼"②。第四,赏罚等贵贱。韩非说:"刑过不避大臣","诚有功虽疏贱必赏,诚有过,则虽近爱必诛",这样就可使"疏贱者不怠,而近爱者不骄"③。尤其重要的是,赏罚权力一定要独自掌握在君主手中,如果与大臣共享,法令必将无法推行,"赏罚共则禁令不行。何以明之?明之以造父、于期。子罕为出彘,田恒为圃池,故宋君、简公弑。患在王良、造父之共车,田连、成窍之共琴也"④。

韩非相当理解臣子的处境,这种同情式的理解似又为他的学说主旨增添了些许温情。他指出,做臣子的处境其实很危险、很艰难,因为他的尊贵与低贱是随着君主的爱憎而发生变化的,"故有爱于主,则智当而加亲;有憎于主,则智不当见罪而加疏"⑤。韩非列举了卫灵公宠臣弥子瑕的故事予以说明,君主犹如巨龙一样,喉下有逆鳞,有人动之,则必杀人。君主治吏,得以贯彻治国之策,爱与不爱,杀与不杀,仅在君主一念之间。难怪千年历史,几多臣民相喟叹"伴君如伴虎"。更有甚者,韩非提出:"势不足以化则

---

① 《韩非子·扬权》。
② 《韩非子·外储说右下》。
③ 《韩非子·主道》。
④ 《韩非子·外储说右下》。
⑤ 《韩非子·说难》。

除之。师旷之对,晏子之说,皆合势之易也,而道行之难,是与兽逐走也,未知除患。患之可除,在子夏之说《春秋》也;善持势者,蚤绝其奸萌。故季孙让仲尼以遇势,而况错之于君乎。是以太公望杀狂矞,而臧获不乘骥。嗣公知之,故不驾鹿。薛公知之,故与二栾博。此皆知同异之反也。故明主之牧臣也,说在畜乌。……夫驯乌者断其下翎焉,断其下翎则必恃人而食,焉得不驯乎? 夫明主畜臣亦然,令臣不得不利君之禄,不得无服上之名。夫利君之禄,服上之名,焉得不服?"①把臣子训练得和家鸟一样,仰君鼻息,投喂依赖,失去了最起码的人性观照,使政治本身化为残酷的斗兽场。

二、民

《管子》中有《牧民》篇章,它在强调"知予之为取者,政之宝也"的同时,也指出"御民之辔,在上之所贵;道民之门,在上之所先;召民之路,在上之所好恶。故君求之,则臣得之;君嗜之,则臣食之;君好之,则臣服之;君恶之,则臣匿之"。《商君书》中有《说民》《徕民》《弱民》。"民勇,则赏之以其所欲;民怯,则刑之以其所恶。故怯民使之以刑,则勇;勇民使之以赏,则死。怯民勇,勇民死,国无敌者必王。"②"民弱国强,国强民弱。故有道之国,务在弱民。朴则强,淫则弱。弱则轨,淫则越志。弱则有用,越志则强。故曰:以强去强者,弱;以弱去强者,强。"③慎子也有言曰:"法非从天下,非从地出,发于人间,合乎人心而已。治水者,茨防决塞,九州四海,相似如一。学之于水,不学之于禹也。"④

韩非要的是驱民以耕战,从而富国强兵王天下。"《韩非子》文本对民的态度不是'亲',而是'牧'甚至是'驱'。所以可以说韩非思想中有牧民驱

---

① 《韩非子·外储说右上》。
② 《商君书·说民》。
③ 《商君书·弱民》。
④ 《慎子·逸文》。

民之术,却没有亲民爱民之说。"①韩非对民的认识,集中起来主要是:民之性,恶劳而乐佚;民之智,犹婴儿之心。

第一,民之性,恶劳而乐佚。韩非认为人之性,以利就之。君主治理百姓,考虑的是百姓的根本利益而不是他们暂时的欲望,眼前的貌似残酷实则是为百姓以后的幸福。"圣人之治民,度于本,不从其欲,期于利民而已。故其与之刑,非所以恶民,爱之本也。刑胜而民静,赏繁而奸生。故治民者,刑胜,治之首也;赏繁,乱之本也。夫民之性,喜其乱而不亲其法。故明主之治国也,明赏,则民劝功;严刑,则民亲法。劝功,则公事不犯;亲法,则奸无所萌。故治民者,禁奸于未萌;而用兵者,服战于民心。禁先其本者治,兵战其心者胜。圣人之治民也,先治者强,先战者胜。……夫民之性,恶劳而乐佚。佚则荒,荒则不治,不治则乱……欲治其法而难变其故者,民乱不可几而治也。故治民无常,唯治为法。……故王道在所闻(开),在所塞,塞其奸者必亡。"②

"且夫死力者,民之所有者也,情莫不出其死力以致其所欲。"③既然民好利且趋之,君主就应设置奖赏以顺应民意,鼓励人民为富贵而努力耕作,拼死征战。"故明主用其力,不听其言;赏其功,必禁无用。故民尽死力以从其上。夫耕之用力也劳,而民为之者,曰:可得以富也。战之为事也危,而民为之者,曰:可得以贵也。"④

第二,民之智,犹婴儿之心。韩非指出,民众的智谋不可以采用,他就像婴儿的心理一样,完全不懂得去小痛而大治的道理。所以君主督促耕种,民众认为君主太严酷了;修订刑法,加重处罚,民众认为君主太严厉了;征收钱粮,充实国库,民众认为君太贪婪了;要求全民积极服役,保卫国家,

---

① 任文启.王权时代的韩非子批评史研究[M].北京:法律出版社,2019:20.
② 《韩非子·心度》。
③ 《韩非子·制分》。
④ 《韩非子·五蠹》。

民众认为君主太残暴了。君主为了人民生活安定，民众却不知道感谢与高兴。此等智谋怎能用于治国？"民智之不可用，犹婴儿之心也。夫婴儿不剃首则腹痛，不揊痤则寝益。剃首，揊痤，必一人抱之，慈母治之，然犹啼呼不止，婴儿不知犯其所小苦致其所大利也。今上急耕田垦草以厚民产也，而以上为酷；修刑重罚以为禁邪也，而以上为严；征赋钱粟以实仓库，且以救饥馑、备军旅也，而以上为贪；境内必知介而无私解，并力疾斗，所以禽虏也，而以上为暴。此四者，所以治安也，而民不知悦也。夫求圣通之士者，为民知之不足师用。昔禹决江浚河，而民聚瓦石；子产开亩树桑，郑人谤訾。禹利天下，子产存郑人，皆以受谤，夫民智之不足用亦明矣。"①

韩非认为"利之所在，民归之；名之所彰，士死之"②。民众资质愚钝，心智幼稚，只要以利诱之，以势威之，民安矣。"凡人难变古者，惮易民之安也。夫不变古，袭乱之迹；适民心者，恣奸之行也。民愚而不知乱，上懦而不能更，是治之失也。……是以愚赣窳堕之民，苦小费而忘大利也，故赘虎受阿谤。"③"且民者固服于势，寡能怀于义。"④同时，韩非又相当重视人民在国家中的地位和作用。他在不同篇章提出同样的问题——对民不可过于苛刻，民心关系国家命运。他说："简侮大臣，无礼父兄，劳苦百姓，杀戮不辜者，可亡也"⑤，"故用赏过者失民，用刑过者民不畏"⑥，"民怨则国危"⑦。他指出轻视侮辱大臣，使百姓劳苦，杀害无罪的，国家就可能灭亡；人民有了埋怨与怨恨，国家就相当危险；滥赏则不能激励臣民，滥罚则不能震慑臣民。此外，"徭役多则民苦，民苦则权势起，权势起则复除重，复除重

---

① 《韩非子·显学》。
② 《韩非子·外储说左上》。
③ 《韩非子·南面》。
④ 《韩非子·五蠹》。
⑤ 《韩非子·亡征》。
⑥ 《韩非子·饰邪》。
⑦ 《韩非子·难一》。

则贵人富。苦民以富贵人，起势以借人臣，非天下长利也。故曰徭役少则民安，民安则下无重权，下无重权则权势灭，权势灭则德在上矣"①。徭役多民众困苦，民众困苦大臣的权势就会扩张，大臣权势扩张，借大臣之私门以隐匿户口而免除徭役和赋税的人就会增多，免除徭役和赋税的人多了，贵人就更加富有。这不符合国家的长远利益，所以，徭役少民众就安定，民众安定臣下就没有大权，没有大权就没有权势，没有权势恩德就属于君主了。

　　韩非重视人民的作用，是真的想为民谋福利，在乎民众生计，还是居心不良，有意欺骗呢？周勋初先生指出，这种精神后面的真实动力，是狭隘的地主阶级利益。②"事情是这样的，每一个企图代替旧统治阶级的地位的新阶级，就是为了达到自己的目的而不得不把自己的利益说成是社会全体成员的共同利益，抽象地讲，就是赋予自己的思想以普遍性的形式，把它们描绘成唯一合理的、有普遍意义的思想。进行革命的阶级，仅就它对抗另一个阶级这一点来说，从一开始就不是作为一个阶级，而是作为全社会的代表出现的；它俨然以全社会群众的姿态反对唯一的统计阶级。"③韩非指出，人民都是追求安逸的，但他要暂离家庭而为国征战，可是家庭出现困苦却无人过问，这真是很伤民的事情。"民之政计，皆就安利如辟危穷。今为之攻战，进则死于敌，退则死于诛，则危矣。弃私家之事而必汗马之劳，家困而上弗论，则穷矣。穷危之所在也，民安得勿避？"④所以，君主要成就大业，必须赋税适当，禁止奸邪，鼓励耕作。"故明主之治国也，适其时事以致财务，论其税赋以均贫富，厚其爵禄以尽其能，重其刑罚以禁其奸邪，使民以

①　《韩非子·备内》。
②　周勋初.《韩非子》札记[M].南京：凤凰出版社，2021：269.
③　马克思恩格斯全集(第3卷)[M].北京：人民出版社，1960：54.
④　《韩非子·五蠹》。

力得富，以事致贵，以过受罪，以功致赏，而不念慈惠之赐，此帝王之政也。"①

人民中间还有一些迂腐学者和重人的帮凶。这些帮凶除了各级官吏，还有郎中和儒生等社会之民，这些愚污之人"上与之欺主，下与之收利侵渔，朋党比周，相与一口，惑主败法，以乱士民，使国家危削，主上劳辱，此大罪也"②。而当代那些愚蠢的学者，都不知道国家治理和混乱的实际情形，只是喋喋不休地背些古代的书籍，以扰乱当代的政治；他们的智慧和思虑还不足以躲开陷阱，还妄自否认懂得权术的人。听他们的话，国家将危险，用他们的计谋，国家将混乱，这是愚蠢到了极点，对国家的祸患也达到极点。他们和懂得权术的人比，有会谈说的名声，实际却相差千万倍，这是名声相同而实质完全不同的人，当世愚蠢的学者比起懂得权术的人，就好像蚂蚁窝和大土山相比，差得太远了。"且夫世之愚学，皆不知治乱之情，谍谍多诵先古之书，以乱当世之治；智虑不足以避阱井之陷，又妄非有术之士。听其言者危，用其计者乱，此亦愚之至大而患之至甚者也。俱与有术之士，有谈说之名，而实相去千万也，此夫名同而实有异者也。夫世愚学之人比有术之士也，犹蚁垤之比大陵也，其相去远矣。"③

韩非也对社会之民做了分类。一类是"赴险殉诚，死节之民，而世少之曰'失计之民也'。寡闻从令，全法之民，而世少之曰'朴陋之民也'。力作而食，生利之民也，而世少之曰'寡能之民也'。嘉厚纯粹，整谷之民也，而世少之曰'愚戆之民也'。重命畏事，尊上之民也，而世少之曰'怯慑之民也'。挫贼遏奸，明上之民也，而世少之曰'谄谗之民也'。此六民者，世之所毁也。奸伪无益之民六，而世誉之如彼；耕战有益之民六，而世毁之如

---

① 《韩非子·六反》。
② 《韩非子·孤愤》。
③ 《韩非子·奸劫弑臣》。

此；此之谓'六反'"①。忠诚勇敢，赴汤蹈火，不怕牺牲，却被称为不会算计；不传谣言，不生是非，遵守法令，却被称为愚昧寡闻；努力耕作，自食其力，创造财富，却被称为缺少才能；忠厚善良，单纯朴实，诚恳正派，却被称为愚蠢呆板；服从命令，谨慎办事，敬畏君主，却被称为胆小怕事；打击坏人，除奸止恶，劝君明察，却被称为溜须逢迎。这六种人是社会所诋毁而君主应该褒奖的人。

另一类是"畏死远难，降北之民也，而世尊之曰'贵生之士'。学道立方，离法之民也，而世尊之曰'文学之士'。游居厚养，牟食之民也，而世尊之曰'有能之士'。语曲牟知，伪诈之民也，而世尊之曰'辩智之士'。行剑攻杀，暴憿之民也，而世尊之曰'磏勇之士'。活贼匿奸，当死之民也，而世尊之曰'任誉之士'。此六民者，世之所誉也"②。韩非指出，贪生怕死而临危逃难，这是投降败逃的人，社会上却尊称他们珍惜生命；学习邪道，树立个人学说，这是违法的人，社会上却尊称他们研究学术；多方游说以谋取优厚待遇，这是靠游说混饭吃的人，社会上却尊称他们有才能；阿谀奉承，卖弄智巧，这是虚伪欺诈的人，社会上却尊称他们善辩而有智谋；用剑攻打厮杀，这是粗暴冒险的人，社会上却尊称他们方正勇敢；包庇盗贼，隐藏坏人，这是应当诛杀的人，社会上却尊称他们享有盛誉。这六种人都是社会所赞美而君主应该严惩的人。

韩非所厌恶的是怕死的贵生之士、学道的文学之士、游居的有能之士、诈民的智辩之士、私斗的磏勇之士、匿奸的任誉之士；所赞赏的是赴险殉诚之民、从令全法之民、力作生利之民、嘉厚纯粹之民、重命尊上之民、挫贼遏奸之民。韩非力劝君主不要轻信世俗毁誉，搞清实际上真正对国家有利的是后六种而不是前六种百姓。从这两个"六种"，我们可以推断韩非的标

① 《韩非子·六反》。
② 《韩非子·六反》。

准：他所推崇的不是成就私名、无益耕战的闲民，而是勤恳老实、服法奉公的顺民。空谈误国，实干兴邦。清时顾炎武曾提及"刘、石乱华，本于清谈之流祸，人人知之，孰知今日之清谈有甚于前代者。昔之清谈谈老庄，今之清谈谈孔孟。未得其精而已遗其粗，未究其本而先辞其末。不习六艺之文，不考百王之典，不综当代之务，举夫子论学论政之大端一切不问，而曰'一贯'，曰'无言'。以明心见性之空言，代修己治人之实学。股肱惰而万事荒，爪牙亡而四国乱，神州荡覆，宗社丘墟"①。

相比于先秦法家其他成员而言，韩非没有过多的从政经验和治理体验，他更为丰富地吸取了历史的经验积累和时代生活的现实考察。其冰冷和残酷的理论幕后是整个时代的忠实折射，这种折射带有一定的建构性、理想性，当然也存在一定的局限性。就君臣民的权力构建而言，君主无为在上，臣子执法而行，民众全力耕战，"在当时交通不便，信息传递不发达情形下，行政管理信息传递的有效性只能通过每一个层级对上一层命令的严格执行来实现……通过吏与法的结合，实现信息的有效传达，就是军法治国的最有效手段。换句话说，这就是最为锋利的'达摩克利斯之剑'！其示范效应立竿见影，其灾难性后果也显而易见"②。需要指出的是，韩非认为国家治理不可以依赖民智，是在一般的意义上指出民众短视、浅薄以及缺少君主的远见卓识，并没有明确主张要实行"愚民政策"，只是驱民以耕战而已。

对君、臣、民三者的关系认知，也是对中国传统政治关系的一种认知。正如喻中先生所言："君主是一个大牧场的老板，官吏是君主雇用的放牛娃，老百姓则相当于牛群或羊群。牧场老板只要把'放牛娃'管好了，牛群或羊群自然能够井井有条。"③由此所决定的关系是单向、命令式的，不是双

---

① 顾炎武：《亭林文集》卷四《与人书二十五》。
② 任文启. 王权时代的韩非子批评史研究[M]. 北京：法律出版社，2019：57.
③ 喻中. 法与术：喻中读韩非[M]. 北京：中国法制出版社，2018：69.

向、互动式的；是一方面压制、压迫、剥削的关系，而不会是双方互动、沟通、协商的关系。这种关系潜藏的最大风险，就是"官吏把来自君主的压力，转嫁到百姓身上；当百姓忍无可忍的时候，就只好揭竿而起。这就是传统中国一个王朝取代另一个王朝、治乱循环的文化根源"①。

---

① 喻中.法与术：喻中读韩非[M].北京：中国法制出版社，2018：69.

第七章　法治论

出于时代研究与历史研究的不同考量,对韩非理论的关注也往往存在差异。要么着重关注韩非理论本身的历史研究,要么侧重韩非理论的时代立场与政治主张,当然也被众多的诠释者借此表达自己的观点。陈深在其书序中,基于充分的历史理解,给予了韩非中肯的认可,进行了一番历史研究的努力,试图在历史中还原韩非理论生成和影响的合理性。书序曰:"世有申、韩之书,何自而出也? 自刘向、班固,皆以为法家者流,本出于理官之明罚敕法,而刻者为之,残及至亲,伤恩薄厚,失其本矣。窃以为不然。凡治之衰也,起于相胜;而乱之作也,成于相激。激之甚,则乱从而生焉。盖上古之治天下,忠与质焉耳矣。忠之极也,质胜之;质之极也,文胜之。文不与浮饰期而浮饰自至,浮饰不与诈欺期而诈欺自至。非关世也,所渐者然也。战国之时,诈欺极矣。纵横之徒遍天下,而以驰骛有土之君,以至君畏其臣,臣狎其君,而篡弑攸起,诸侯是以不救。此皆上下浮诐而怠慢舒缓、不振于法之效也。于是申、韩之徒出,而以名实之说胜之矣。名实者,按名求实,严刑必诛,详于法律,而笃于耕战,凡以破浮淫之说而振其怠慢舒缓之情也。其用意固亦无恶于世。但其愤激之甚,至于刑弃灰,废《诗》《书》,以吏为师,则秦祸之必至耳。使其遇圣主明王,与之折衷,被之以封疆折冲之任,则其治功岂可量哉? 然余以为二子之徒,但可以为臣而不可以为相,可以从命而不可以为命。使其遇尧、舜、汤、武法度修明之世,则为股肱之良;其在桓、文、孝公之时,亦足以治兵、力农而营富强;使其遇始皇、二世,直丧亡之雄耳。何也?物有受也,人有器也。今读其书,上下数千年,古今事变,奸臣世主,隐微伏匿,下至委巷穷间,妇女婴儿,人情曲折,不啻隔垣而洞五脏。非著书当在未入秦之先,年未壮也,而已能如此事如指掌,何其材之夐也!其识事也夐,其命物也材,穷智究虑,渊竭谷虚,故不终其天年而中道夭绝。后之君子,悲其志,想见其人,悼其术之不终,而惜其不遇圣主明王以裁之,不究以死。非死至今,千八百年矣,而书不磨灭。唐、宋以来,病其术之不中,黜而不讲。故其字文,多舛驳而不雠,市亦无售。近世之学者,乃始艳其文词,家习而户尊之,以为希世之珍,沿讹习舛而不以为怪。"①

　　此外,黄辉明教授指出,从地域上划分晋法家和齐法家有不足之处。这表现在:过于贬低齐法家的地位,不利于深入研究齐法家的全貌;以《管子》一书代替齐法家思想,易于得出片面结论。因而他提出以学术渊源为标准来重新定义晋法家和齐法家。"晋法家即晋国化的法家,是指从晋国西河儒家现实派转化而来的法家,注重功利,主张严刑峻法,或称纯法家;齐法家即齐国化的法家,是从齐国稷下黄老道家演化而来的法家,注重无为,主张因道循法,或称道法家。"②其中,齐法家的代表人物有管仲、慎到、田骈、尹文、邹忌等,晋法家的代表人物有子产、赵鞅、李悝、吴起、商鞅、申不害、韩非、李斯等。

---

① 陈深:《〈韩子迂评〉序》。
② 黄辉明.晋法家源流研究[M].上海:上海交通大学出版社,2021:11.

第一节 以法为本

法是法家思想的核心范畴。先秦法家不大讲师承关系,但他们在思想上有着共同的特点,归纳起来主要有如下几点:第一,特别强调法的作用。法家认为法是治国的不二法门,概括言之,即以法治国,一切由法裁断。第二,倡导耕战。法家特别注重实力,认为实力是解决社会矛盾的基本手段。在社会诸因素中,他们认为农与战是力的源泉,与之相应,都有一套加强耕战的政策。第三,强化君主专制。法家是君主专制的讴歌者,事事都为君主打算,从而把君主专制主义思想推到了顶峰。第四,法家关于社会的基本理论是历史进化说和人性好利说。第五,法家在政治上使用的最基本的概念和范畴,主要有法、势、术、刑、罚、赏、公、私、耕、战等。这些概念和范畴是法家思想的支柱,使法家独具特色。王叔岷先生认为法家有"三短三长":"法家人物中,商鞅知霸道(强国之术)可以收速效,而'难以比德于殷、周',是商鞅已知法家之长短。法家之长,重实用、正名分、绝偏私。有此三长,故能收速效。法家之短,抑人性、塞民智、积怨愤,此三短,即为法之弊,所以速亡其身,亦所以速亡其国也。"①

韩非之法也摆脱不了法家的整体特征,他承继商鞅任法为治的思想,提出治国应该以法为本的主张。

一、韩非之法的主要来源

商君之法是韩非法治思想的主要来源。商鞅主张君主应当通过制定公布统一的法令,"壹赏""壹刑""壹教",最终达到"以刑去刑"、维护君主专

---

① 王叔岷.先秦道法思想讲稿[M].北京:中华书局,2007:273-275.

制的目的。对于法的产生,他指出,法是适应制止争夺和克服社会混乱的需要产生的。"昔者昊英之世,以伐木杀兽,人民少而木兽多。黄帝之世,不麛不卵,官无供备之民,死不得用椁。事不同,皆王者,时异也。神农之世,男耕而食,妇织而衣,刑政不用而治,甲兵不起而王。神农既没,以强胜弱,以众暴寡,故黄帝作为君臣上下之义,父子兄弟之礼,夫妇妃匹之合,内行刀锯,外用甲兵。故时变也。由此观之,神农非高于黄帝也,然其名尊者,以适于时也。故以战去战,虽战可也。以杀去杀,虽杀可也。以刑去刑,虽重刑可也。昔之能制天下者,必先制其民者也;能胜强敌者,必先胜其民者也。故胜民之本在制民。若冶于金,陶于土也。本不坚,则民如飞鸟禽兽,其孰能制之? 民本,法也。故善治者塞民以法,而名地作矣。"①

商鞅指出,法应严明,有统一的标准。"法者,国之权衡也。"②法令如同称轻重的衡器,量长短的尺寸,是判断是非功过和行赏施罚的公平标准。因此,圣明的君主要治理国家,使国家强盛,必须"缘法而治",做到"言不中(合)法者。不听也;行不中法者,不高也;事不中法者,不为也"。③ 在行赏施罚上应公正无私,不分亲疏远近,有功则赏,有罪则罚。如果"授官予爵,不以其劳,则忠臣不进。行赏赋禄,不称其功,则战士不用"④,而"世之为治者,多释法而任私议,此国之所以乱也",只有"立法明分,而不以私害法"⑤,国家才能得到治理。而对于民众百臣来说,"中程者赏之,毁公者诛之。赏诛之法,不失其义,故民不争"⑥。即行为符合法令要求的就奖赏,破坏法令者就诛杀,赏罚以法令作为明确的统一标准,黎民百官也就不会起纷争了。

商鞅还提出法应公开,将法令公布于众;主张吏民学法、知法,甚至"为

---

① 《商君书·画策》。

② 《商君书·修权》。

③ 《商君书·君臣》。

④ 《商君书·修权》。

⑤ 《商君书·修权》。

⑥ 《商君书·修权》。

法令置官置吏"①。他主张颁布成文法，认为"为法必使之明白易知"，力求做到家喻户晓，使"万民皆知所避就"。②

为了强调垂法而治的重要性，商鞅还批驳了儒家的"仁治"，提出仁义不足以治天下。他说："仁者能仁于人，而不能使人仁；义者能爱于人，而不能使人爱；是以知仁义之不足以治天下也。"③而好利恶害、避祸求福是人之天性，只有明法令才能使吏民皆知所避就，即知道什么是法令允许、鼓励的，什么是法令禁止的。

在商鞅看来，法是治理国家的根本，只有实行法治，国家才能安定。治理国家不可以一日无法。"法令者，民之命也，为治之本也，所以备民也。为治而去法令，犹欲无饥而去食也，欲无寒而去衣也，欲东西行也。"④法律之所以如此重要，首先在于其能够定分。"故夫名分定，势治之道也，名分不定，势乱之道也。"⑤商鞅认为制止社会动乱的根本途径是确定人与人之间的财产分界，即定分，然而定分又必须通过法律才能实现。其次，法律是实现富国强兵的保证。"立爵而民羞之，设刑而民乐之。"⑥国家通过法律奖励勤于农事、勇于参战者；用刑罚惩罚那些惰于农事、不勇于参战的人。在法律的驱使下，民众不得不趋于田亩，国家也必然富强。另外，商鞅认为实行法治也必须具备一些原则。他最早提出"刑无等级"的主张，"所谓壹刑者，刑无等级。自卿相、将军以至大夫、庶人，有不从王令、犯国禁、乱上制者，罪死不赦"⑦。在执行法律的过程中，除君主外，任何人都不能逃脱法律的制裁，爵禄不得抵刑，功不得抵过。

---

① 《商君书·定分》。
② 《商君书·画策》。
③ 《商君书·画策》。
④ 《商君书·定分》。
⑤ 《商君书·定分》。
⑥ 《商君书·算地》。
⑦ 《商君书·赏刑》。

在商鞅的法治思想中，其提出的重刑主张也给后世法家以极大影响。商鞅认为，为了实现法治，就必须使民众对法律有所畏惧，唯一的办法就是轻罪重罚，严刑苛法。"立君之道，莫广于胜法；胜法之务，莫急于去奸；去奸之本，莫深于严刑。故王者以赏禁，以刑劝，求过不求善，借刑以去刑。"①商鞅认为，用重刑处置犯有轻罪的人，轻罪者都被处以死刑，人们对犯轻罪都十分害怕，重罪便不会出现。重刑的目的是以刑去刑。"以刑去刑，国治；以刑致刑，国乱。故曰，行刑重轻，刑去事成，国强；重重轻轻，刑至事生，国削。刑生力，力生强，强生威，威生惠，惠生于力。"②"重刑连其罪，则民不敢试。民不敢试，故无刑也。夫先王之禁刺杀，断人之足，黥人之面，非求伤民也，以禁奸止过也。故禁奸止过，莫若重刑。刑重而必得，则民不敢试，故国无刑民。故曰：明刑不戮。"③他认为，为了消灭战争，进行战争是必要的；为了防止犯罪，消灭刑罚，实行"重刑"是必经之路。此所谓"以战去战，虽战可也；以杀去杀，虽战可也；以刑去刑，虽重刑可也"④。商鞅提出的刑无等级、一断于法，以及重刑等主张都被后来的韩非所汲取。

二、韩非之法

"法者，编著之图籍，设之于官府，而布之于百姓者也。"⑤"法者，宪令著于官府，刑罚必于民心，赏存乎慎法，而罚加乎奸令者也。"⑥这是韩非对法的定义，从中可以发现：第一，法是用文字确定下来的成文法，是朝廷的法律、禁令和赏罚准则。第二，法律的主要对象是民众。第三，法律是公开实

① 《商君书·开塞》。
② 《商君书·去强》。
③ 《商君书·赏刑》。
④ 《商君书·画策》。
⑤ 《韩非子·难三》。
⑥ 《韩非子·定法》。

施的统治工具。

法是韩非法治论的核心,也是其治国的中心支柱。韩非不止一次论述了法对于治国的重要性和必要性。

《韩非子·爱臣》:"是故明君……尽之以法,质之以备。"

《韩非子·有度》:"国无常强,无常弱。奉法者强,则国强;奉法者弱,则国弱。……明主使法择人……使法量功。……故明主使其群臣不游意于法之外,不为惠于法之内,动无非法。峻法,所以禁过外私也。……法不阿贵,绳不挠曲。法之所加,智者弗能辞,勇者夫敢争。刑过不避大臣,赏善不遗匹夫,故矫上之失,诘下之邪,治乱决缪,绌羡齐非,一民之轨,莫如法。"

《韩非子·奸劫弑臣》:"故其治国也,正明法,陈严刑。"

《韩非子·南面》:"人主使人臣虽有智能,不得背法而专制;虽有贤行,不得逾功而先劳;虽有忠信,不得释法而不禁。此之谓明法。"

《韩非子·饰邪》:"古者先王尽力于亲民,加事于明法。彼法明,则忠臣劝。……故曰明法者强,慢法者弱。强弱如是其明矣,而世主弗为,国亡宜矣。……治国之道,去害法者,则不或于智能,不矫于名誉矣。……故先王以道为常,以法为本。本治者名尊,本乱者名绝。……禁主之道,必明于公私之分,明法制,去私恩。"

《韩非子·解老》:"是以有道之君贵静,不重变法。"

《韩非子·安危》:"明主之道忠法,其法忠心,故临之而法,去之而思。"

《韩非子·守道》:"今天下无一伯夷,而奸人不绝世,故立法度量。度量信,则伯夷不失是,而盗跖不得非。法分明,则贤不得夺不肖,强不得侵弱,众不得暴寡。……立法,非所以备曾、史也,所以庸主能止盗跖也。"

《韩非子·大体》:"因道全法,君子乐而大奸止。"

《韩非子·内储说上》:"爱多者则法不立。"

《韩非子·外储说右下》:"人主者,守法责成以立功者也。"

《韩非子·问辩》:"明主之国,令者,言最贵者也;法者,事最适者也。言无二贵,法不两适,故言行而不轨于法令者必禁。"

《韩非子·说疑》:"法也者,官之所以师也。"

《韩非子·诡使》:"所以治者,法也;所以乱者,私也。法立,则莫得为私矣。故曰:道私者乱,道法者治。"

《韩非子·六反》:"圣人之治也,审于法禁,法禁明著,则官治。……明主之法,揆也。治贼,非治所揆也;知所揆也者,是治死人也。刑盗,非治所刑也;治所刑也者,是治胥靡也。"

《韩非子·五蠹》:"故明王峭其法而严其刑也。……法莫如一而故,使民知之。……明主之道,一法而不求智。……故明主之国,无书简之文,以法为教。"

《韩非子·显学》:"不务德而务法。"

《韩非子·忠孝》:"上法而不上贤。"

《韩非子·饬令》:"饬令,则法不迁;法平,则吏无奸。法已定矣,不以善言售法。"

《韩非子·心度》:"故法者,王之本也。……故治民无常,唯治为法。法与时转则治,治与世宜则有功。"

《韩非子·制分》:"治国者莫不有法。"

韩非的法,特点主要表现在:

第一,法要详明。韩非言:"法者,编著之图籍……而布之于百姓者也……故法莫如显。"[1]"明主之法必详事。"[2]有了公布于众的详细具体的法律,举国上下,事无巨细,将一断于法。

第二,法要严峻。"峭其法而严其刑。"[3]韩非认为,人有好恶之情。故

---

① 《韩非子·难三》。
② 《韩非子·八说》。
③ 《韩非子·五蠹》。

应按照爱好行赏,依从厌恶施刑。只要严格执法,重赏重罚,就能做到令行禁止,保持威势。他在《主道》《二柄》二篇中提出:"群臣陈其言,君以其言授其事,事以责其功。功当其事,事当其言,则赏;功不当其事,事不当其言,则诛。""故明主之畜臣,臣不得越官而有功,不得陈言而不当。越官则死,不当则罪。"法如此之严峻在于"严刑者,民之所畏也;重罚者,民之所恶也。故圣人陈其所畏禁其所为,设其所恶以防其奸。是以国安而暴乱不起"①。

第三,法不常易。韩非在《忠孝》中说"法也者,常者也",在《亡征》中谈及"法禁变易,号令数下者,可亡也",都说明法要"常",也就是要稳定,不要"朝令夕改"。

第四,法要公开。《难三》云"法莫如显",《五蠹》云"是境内之民,其言谈者必轨于法""以法为教""以吏为师",说明法一定要"显",即公开,臣民言谈就有法为依据了。

第五,尚法不尚贤。韩非主张法治,虽有强调政治规范化的内容。但更主要地表现了君主信法不信人、尚法不尚贤,视群臣为统治工具的独裁本质。韩非认为君有二患:一是任由贤能,被其挟持;二是随意推举贤能,不易成功。

第六,法不阿贵。韩非在《有度》中言:"法之所加,知者弗能辞,勇者弗敢争,刑过不避大臣,赏善不遗匹夫。"无论权臣还是匹夫,应该一律对待,也就是现在人们常说的法律面前人人平等。

韩非在许多篇章中都谈到了立法的原因,归纳起来,主要是以下三方面:第一,"使庸主能止盗跖也"②,防止君主被奸臣迷惑。韩非说"凡败法之人,必设诈托物以来亲,又好言天下之所希有。此暴君乱主之所以惑也"③,

---

① 《韩非子·奸劫弑臣》。
② 《韩非子·守道》。
③ 《韩非子·饰邪》。

于是"人主离法失人，则危于伯夷不妄取，而不免于田成、盗跖之祸"①。他看到当今之世，奸人不绝，"故立法度量。度量信则伯夷不失是，而盗跖不得非"②。只有用法分明，则"贤不得夺不肖，强不得侵弱，众不得暴寡"③。当然在这里，韩非所说的主要是为"庸主"立法，"立法，非所以避曾、史也，所以使庸主能止盗跖也"④。第二，"莫知察孝悌忠顺之道而审行之，是以天下乱"。韩非认为传统的孝悌忠顺之道是天下大乱的原因，"天下皆以孝悌忠顺之道为是也，而莫知察孝悌忠顺之道而审行之，是以天下乱"⑤。他还举例说明不立法而遵循尧、舜、汤、武之道的严重消极后果，"皆以尧、舜之道为是而法之，是以有弑君，有曲父。尧、舜、汤、武或反君臣之义，乱后世之教者也。尧为人君而君其臣，舜为人臣而臣其君，汤、武为人臣而弑其主、刑其尸，而天下誉之，此天下所以至今不治者也"⑥。所以，明君应摒弃传统的伦理道德，以法治国。第三，"夫立法令者以废私也"，立法就是为了废除臣民的私智、私心，"夫立法令者以废私也，法令行而私道废矣"⑦。如果君主对于言语只求辩论而不求恰当，对于行动只求动听而不求功劳，则君臣百姓"其谈言者务为辩而不周于用，故举先王言仁义者盈廷，而政不免于乱；行身者竞于为高而不合于功，故智士退处岩穴，归禄不受，而兵不免于弱，政不免于乱，此其故何也？民之所誉，上之所礼，乱国之术也。今境内之民皆言治，藏商、管之法者家有之，而国愈贫"⑧。他还认为"恬淡，无用之教也；恍惚，无法之言也。……恍惚之言，恬淡之学，天下之惑术也"⑨。

① 《韩非子·守道》。
② 《韩非子·守道》。
③ 《韩非子·守道》。
④ 《韩非子·守道》。
⑤ 《韩非子·忠孝》。
⑥ 《韩非子·忠孝》。
⑦ 《韩非子·诡使》。
⑧ 《韩非子·五蠹》。
⑨ 《韩非子·忠孝》。

所以,私智的危害导致"民儇调调智慧,欲自用,不听上"①。在韩非看来,崇尚贤治、私治,是一种逆道,而君臣百姓却认为是正确的治国方法,殊不知,这样对国家不利。"士有二心私学、岩居窞路、诘伏深虑,大者非世,细者惑下,上不禁,又从而尊之以名,化之以实,是无功而显,无劳而富也。如此,则士之有二心私学者,焉得无深虑、勉知诈、与诽谤法令以求索,与世相反者也。凡乱上反世者,常士有二心私学者也。"②所以,在这种国家,"人臣称伊尹、管仲之功,则背法饰智有资;称比干、子胥之忠而见杀,则疾强谏有辞"③。历史上,"田氏夺吕氏于齐,戴氏夺子氏于宋"④,这些就是废常、上贤、舍法、任智的结果,"废常、上贤则乱,舍法、任智则危"⑤。所以,治理国家应"上法而不上贤"⑥。总之,韩非对私智的危害有很深的认识,"是以百人事智而一人用力,事智者众则法败,用力者寡则国贫"⑦。他认为国家乱亡一定是私智引起的,只有法律才能治国,立法,则"群官无奸诈矣"⑧。所以说用私智治国,则"上无其道,则智者有私词,贤者有私意。上有私惠,下有私欲,圣智成群,造言作辞,以非法措于上。上不禁塞,又从而尊之,是教下不听上、不从法也。是以贤者显名而居,奸人赖赏而富。贤者显名而居,奸人赖赏而富,是以上不胜下也"⑨。所以,圣明的君主治理国家,"无书简之文,以法为教;无先王之语,以吏为师;无私剑之捍,以斩首为勇"⑩,"必明于公私之分,明法制,去私恩。夫令必行,禁必止"⑪,"一法而不求智,固术

---

① 《韩非子·忠孝》。
② 《韩非子·诡使》。
③ 《韩非子·饰邪》。
④ 《韩非子·忠孝》。
⑤ 《韩非子·忠孝》。
⑥ 《韩非子·忠孝》。
⑦ 《韩非子·五蠹》。
⑧ 《韩非子·五蠹》。
⑨ 《韩非子·诡使》。
⑩ 《韩非子·五蠹》。
⑪ 《韩非子·饰邪》。

而不慕信"①。

我们可从立法、明法、守法、执法等方面深入剖析韩非之法的具体奥义。

立法。慎子曾言："法者,所以齐天下之动,至公大定之制也。故智者不得越法而肆谋,辩者不得越法而肆议;士不得背法而有名,臣不得背法而有功。我喜可抑,我忿可窒,我法不可离也。骨肉可刑,亲戚可灭,至法不可阙也。"②同样地,韩非也对法寄予很高的期望。他认为在当今之世,如果能够除去专牟私利的歪门邪道,而遵照国家法令办事,就能使民众安定、国家太平;如果能够除去奸邪的行为而实行国家法令,就能使兵力强盛、敌人削弱。所以经过考察得失,有法度作规定,用来驾驭群臣,君主就不会被臣下的权诈虚伪所欺骗;经过考察得失,有法度做衡量,用来察听远离自己的事,君主就不会被天下轻重颠倒的事所欺骗。选拔人才与衡量功劳也不是凭借个人的好恶而是靠法制,这样君主才能清楚地分辨臣下。所以,只有用法,才能统一百姓的行为规范,打击荒淫怠惰,禁止欺诈虚伪。"故当今之时,能去私曲就公法者,民安而国治;能去私行行公法者,则兵强而敌弱。故审得失有法度之制者,加以群臣之上,则主不可欺以诈伪;审得失有权衡之称者,以听远事,则主不可欺以天下之轻重。……故明主使法择人,不自举也;使法量功,不自度也。能者不可弊,败者不可饰,誉者不能进,非者弗能退,则君臣之间明辨而易治,故主仇法则可也。……故明主使其群臣不游意于法之外,不为惠于法之内,动无非法。峻法,所以禁过外私也;严刑,所以遂令惩下也。威不贰错,制不共门。威、制共,则众邪彰矣;法不信,则君行危矣;刑不断,则邪不胜矣。……故以法治国,举措而已矣。法不阿贵,绳不挠曲。法之所加,智者弗能辞,勇者弗敢争。刑过不避大臣,赏善

---

① 《韩非子·五蠹》。
② 《慎子·逸文》。

不遗匹夫。故矫上之失,诘下之邪,治乱决缪,绌羡齐非,一民之轨,莫如法。……人主释法用私,则上下不别矣。"①只有立法,依法治国,才能消除齐桓公为臣下要求做官和韩宣子为马消瘦发愁之类的事情。"利所禁,禁所利,虽神不行。誉所罪,毁所赏,虽尧不治。夫为门而不使入,委利而不使进,乱之所以产也。齐侯不听左右,魏主不听誉者,而明察照群臣,则钜不费金钱,屦不用璧。西门豹请复治邺,足以知之。犹盗婴儿之矜裘与跀危子荣衣。子绰左右画,去蚁驱蝇。安得无桓公之忧索官与宣主之患臞马也?"②

明法。"人主使人臣虽有智能,不得背法而专制;虽有贤行,不得逾功而先劳,虽有忠信,不得释法而不禁。此谓之明法。"③一个国家要想富强,必须"明其法禁,察其谋计","法明则内无变乱之患,计得则外无死虏之祸。"④宣明法令,治理国家就井然有序、有条不紊,则"夫国事务先而一民心,专举公而私不从,赏告而奸不生"⑤,国君"虽罩弋驰骋,撞钟舞女,国犹且存也"⑥。如果君主不明法,"主上有令而民以文学非之,官府有法而民以私行矫之,人主顾渐其法令而尊学者之智行"⑦,君王"虽节俭勤劳,布衣恶食,国犹自亡也"⑧。韩非举上古先王的例子来说明明法的重要性,秦因明法而地广主尊,齐因行私曲而地削主卑等。"古者先王尽力于亲民,加事于明法。彼法明,则忠臣劝;罚必,则邪臣止。忠劝邪止而地广主尊者,秦是也。群臣朋党比周,以隐正道,行私曲而地削主卑者,山东是也。"⑨还比如

---

① 《韩非子·有度》。
② 《韩非子·外储说左下》。
③ 《韩非子·南面》。
④ 《韩非子·八说》。
⑤ 《韩非子·心度》。
⑥ 《韩非子·说疑》。
⑦ 《韩非子·问辨》。
⑧ 《韩非子·说疑》。
⑨ 《韩非子·饰邪》。

"越王勾践恃大朋之龟与吴战而不胜,身臣入宦于吴;反国弃龟,明法亲民以报吴,则夫差为擒"①。所以,治理国家,不明法危害很大,"恃鬼神者慢于法,恃诸侯者危其国"②。韩非也举了历史上的例子:"曹恃齐而不听宋,齐攻荆而宋灭曹。荆恃吴而不听齐,越伐吴而齐灭荆。许恃荆而不听魏,荆攻宋而魏灭许。郑恃魏而不听韩,魏攻荆而韩灭郑。今者韩国小而恃大国,主慢而听秦、魏,恃齐、荆为用,而小国愈亡。故恃人不足以广壤,而韩不见也。荆为攻魏而加兵许、鄢,齐攻任扈而削魏,不足以存郑,而韩弗知也。"③这些都是不明法禁,卑躬屈膝于他国,而导致国家灭亡的例证。韩非又举例说,魏国、赵国、燕国从"明法"到"慢法",导致国家由盛变衰,说明"明法"应有始有终,不能朝令夕改。"当魏之方明《立辟》,从宪令行之时,有功者必赏,有罪者必诛,强匡天下,威行四邻;及法慢,妄予,而国日削矣。当赵之方明国律,从大军之时,人众兵强,辟地齐、燕;及国律慢,用者弱,而国日削矣。当燕之方明奉法,审官断之时,东县齐国,南尽中山之地;及奉法已亡,官断不用,左右交争,论从其下,则兵弱而地削,国制于邻敌矣。"④所以说,"家有常业,虽饥不饿;国有常法,虽危不亡。夫舍常法而从私意,则臣下饰于智能;臣下饰于智能,则法禁不立矣。是妄意之道行,治国之道废也"⑤。

韩非之法是君主进行赏罚的客观依据和最高准则。"明主之所导制其臣者,二柄而已矣。二柄者,刑德也。何谓刑德?曰:杀戮之谓刑,庆赏之谓德。为人臣者畏诛罚而利庆赏,故人主自用其刑德,则君臣畏其威而归其利矣!"⑥赏罚是君主治理民众最好的办法,君主通过赏罚就可以"掌好恶

---

① 《韩非子·饰邪》。
② 《韩非子·饰邪》。
③ 《韩非子·饰邪》。
④ 《韩非子·饰邪》。
⑤ 《韩非子·饰邪》。
⑥ 《韩非子·二柄》。

以御民力"①。进行赏罚必须遵循两个原则：一是信赏必罚；二是厚赏重罚。所谓信赏必罚是指该赏的一定赏，该罚的一定罚。其原因在于"赏罚不信则禁令不行"②，"圣人之治国也，赏不加于无功，而诛必行于有罪者也"③。不论是赏是罚，都应当以法为准绳，不受私情左右。"明君无偷赏，无赦罚。赏偷，则功臣堕其业；赦罚，则奸臣易为非。是故诚有功，则虽疏贱必赏；诚有过，则虽近爱必诛。疏贱必赏，近爱必诛，则疏贱者不怠，而近爱者不骄也。"④关于厚赏重罚，韩非解释说："凡赏罚之必者，劝禁也。赏厚，则所欲之得也疾；罚重，则所恶之禁也急。……是故欲治甚者，其赏必厚矣；其恶乱甚者，其罚必重矣。"⑤凡是赏罚坚决的，都是为了鼓励立功和禁止犯罪。赏赐厚，所需要的东西就会很快得到；惩罚重，所厌恶的东西就会很快禁止。所以希望治理最迫切的人，他的赏赐必然丰厚；厌恶祸乱最迫切的人，他的刑罚必然严厉。此则"赏莫如厚而信，使民利之；罚莫如重而必，使民畏之"⑥。这样的结果，是"想让法治自动发挥其价值引导功能，使人们形成自觉遵守法律的习惯，从而形成一种自治自律，是一种预防犯罪理论而非事前不管、事后惩罚的理论"⑦。当然，也有学者认为韩非是"重罚轻赏"。白彤东教授指出："韩非子实际支持的是重罚轻赏。他之所以支持重罚，是因为小罪可以导致大的后果，因此重罚是适当的。并且，重罚可以通过杀鸡儆猴来养成人民的守法习惯，也可以改变心存侥幸的潜在犯罪者的理性计算，使其选择不去犯罪，还可以同时吓阻大罪与小罪，因而比轻罚在治理上更有效。重罚可以以刑去刑，轻刑反而会以刑致刑，所以重罚并不比轻

---

① 《韩非子·制分》。
② 《韩非子·外储说左上》。
③ 《韩非子·奸劫弑臣》。
④ 《韩非子·主道》。
⑤ 《韩非子·六反》。
⑥ 《韩非子·五蠹》。
⑦ 宋洪兵，孙家洲.韩非子解读[M].北京：中国人民大学出版社，2010：188.

罚严酷。就少赏乃至无赏而重罚的原因,韩非子指出,罚比赏的耗费少。"①

守法。韩非认为君主应该"据法而进贤","使法择人,不自举也;使法量功,不自度也。能者不可弊,败者不可饰,誉者不能进,非者弗能退,则君臣之间明辨而易治,故主仇法则可也"②。这样"明主之吏,宰相必起于州部,猛将必发于卒伍"③。韩非认为不依法择人会产生消极后果,"商君之法曰:'斩一首者爵一级,欲为官者为五十石之官;斩二首者爵二级,欲为官者为百石之官。'官爵之迁与斩首之功相称也。今有法曰:斩首者令为医匠,则屋不成而病不已。夫匠者,手巧也;而医者,齐药也;而以斩首之功为之,则不当其能。今治官者,智能也;今斩首者,勇力之所加也。以勇力之所加而治智能之官,是以斩首之功为医匠也。故曰:二子之于法术,皆未尽善也"④。君王"据法而进贤"思想还表现在,圣王明君"内举不避亲,外举不避仇"。韩非列历史上尧、舜、武王的例子来说明不论亲仇和贵贱,只要对国家和臣民有利,就要重用。"尧有丹朱,而舜有商均,启有五观,商有太甲,武王有管、蔡。五王之所诛者,皆父兄子弟之亲也,而所杀亡其身残破其家者何也?以其害国伤民败法类也。观其所举,或在山林薮泽岩穴之间,或在囹圄缧绁缳索之中,或在割烹刍牧饭牛之事。然明主不羞其卑贱也,以其能,为可以明法,便国利民,从而举之,身安名尊","是在焉从而举之,非在焉从而罚之。是以贤良遂进而奸邪并退,故一举而能服诸侯"⑤。

执法。"爱多者则法不立,威寡者则下侵上。是以刑罚不必则禁令不行。其说在董子之行石邑,与子产之教游吉也。故仲尼说陨霜,而殷法刑弃灰;将行去乐池,而公孙鞅重轻罪。是以丽水之金不守,而积泽之火不

---

① 白彤东.重罚轻赏:韩非子对二柄的不对等使用诠释[J].现代哲学,2022(6):126-132.
② 《韩非子·有度》。
③ 《韩非子·显学》。
④ 《韩非子·定法》。
⑤ 《韩非子·说疑》。

救。成欢以太仁弱齐国,卜皮以慈惠亡魏王。管仲知之,故断死人;嗣公知之,故买胥靡。"①韩非指出,君主过分仁慈,法制就难以建立;威严不足,就要受到臣下的侵害。因此刑罚执行得不坚决,禁令就无法推行。这种论点的说明在董阏于巡视石邑和子产教导游吉的故事中。所以孔子要解说落霜,殷法要重罚把灰烬倒在街上的人,领队因为自己没有赏罚的权力而辞别中山之相乐池,商鞅要重罚轻罪。由于执行刑罚不坚定,丽水的砂金常会因为盗窃而守不住,积泽的大火没人营救而不能扑灭。成欢认为齐王太仁会削弱齐国,卜皮认为魏王慈惠会走向灭亡。管仲懂得必罚,所以要分斩尸体来禁止厚葬;卫嗣君懂得必罚,所以要买回逃到魏国的罪犯。如果没有公正执法的人,那么法律再周全也无济于事。执法也要适当,"晏子之贵踊,非其诚也,欲便辞以止多刑也。此不察治之患也。夫刑当无多,不当无少。无以不当闻,而以太多说,无术之患也。败军之诛以千百数,犹且不止;即治乱之刑如恐不胜,而奸尚不尽。今晏子不察其当否,而以太多为说,不亦妄乎? 夫惜草茅者耗禾穗,惠盗贼者伤良民。今缓刑罚,行宽惠,是利奸邪而害善人也,此非所以为治也"②。韩非认为执法者要有远见且能明察秋毫,又要有强毅和刚直的性格。"智术之士,必远见而明察,不明察不能烛私;能法之士,必强毅而劲直,不劲直不能矫奸。"③还要"大忠",忠于君主和法律,因为"小知不可使谋事,小忠不可使主法……小忠,大忠之贼也。若使小忠主法,则必将赦罪,赦罪以相爱,是与下安矣,然而妨害于治民者也"④。所以,执法人员有高尚的品德情操,百姓就会爱戴他、尊敬他,"故行之而法者,虽巷伯信乎卿相;行之而非法者,虽大吏诎乎民萌"⑤。执

---

① 《韩非子·内储说上》。
② 《韩非子·难二》。
③ 《韩非子·孤愤》。
④ 《韩非子·饰邪》。
⑤ 《韩非子·难一》。

法者必须公平对待臣民和百姓，"法不阿贵，绳不挠曲""刑过不辟大臣，赏善不遗匹夫"①，"饬令，则法不迁；法平，则吏无奸"②。执法必须坚决，该赏即赏，该罚即罚，"诚有功，则虽疏贱必赏；诚有过，则虽近爱必诛。疏贱必赏，近爱必诛，则疏贱者不怠，而近爱者不骄也"③，"有功者必赏，有罪者必诛"④。

韩非提倡以法治国，一切由法断事，反对儒家的仁政学说。反对儒家的仁政学说不等于彻底推翻或摒弃儒家思想。"韩非子更多强调现实社会以何种方式向一种好的政治方向转变（即怎么做的问题）。因此，韩非子对儒家的批判，并不是要在理论上彻底推翻儒家的政治主张（因为就政治共识而言，儒法之间在基本政治价值追求层面根本不存在本质区别），而是批判儒家一味关切'做什么'而忽视了'怎么做'的务虚不务实的理论态度。"⑤对于此点，杨玲教授通过文本比对的方式阐述了儒法之间的关联，认为孔子是韩非重视的一个历史人物，《韩非子》一书中，孔子出现 40 余次，韩非有时批驳他，有时又称他为圣人。这是因为虽然孔子的某些观点不被韩非认同，但也有一些观点，如君臣观念、等级观念，给了韩非很大启发，被他汲取融入自己的法家思想。同时，今本《家语》和《韩非子》"重文"的原因是它们使用了相同的文献。这批文献由韩非的老师荀子收集、整理，后辗转流传至汉，成为《韩非子》《家语》《说苑》等典籍共同的素材。《韩非子》中的寓言有一部分是通过改编历史故事而成，其改编的一般方法就是把所用历史文献中与法家思想不合的内容删除，增加符合法家思想的细节，同时有意

---

① 《韩非子·有度》。
② 《韩非子·饬令》。
③ 《韩非子·主道》。
④ 《韩非子·难三》。
⑤ 宋洪兵.韩非子政治思想再研究[M].北京:中国人民大学出版社,2010:275.

增强其故事性，通过一些细节说明它们与历史文献本貌的不同。①

韩非指出："夫严刑者，民之所畏也；重罚者，民之所恶也。故圣人陈其所畏以禁其邪，设其所恶以防其奸，是以国安而暴乱不起。吾以是明仁义爱惠之不足用，而严刑重罚之可以治国也。"②儒家重视人治，强调统治者的道德修养，认为统治者的修养提高了，国家自然就可以治理好。这样就必然忽视外在的约束机制——法的作用。韩非认为，仁义恩惠不仅无益于治国，而且会给国家带来混乱，而严刑重罚可以有效禁止奸邪。法律追求的不是道德上的完善，只是防止人们作恶，法律关注的只是那些恶人或者可以为恶的人。韩非强调："以仁义教人，是以智与寿说也，有度之主弗受也。故善毛嫱、西施之美，无益吾面；用脂泽粉黛，则倍其初。言先王之仁义，无益于治；明吾法度，必吾赏罚者，亦国之脂泽粉黛也。故明主急其助而缓其颂，故不道仁义。"③宣扬仁义学说，就像用漂亮的话夸奖别人一样，听起来悦耳，实际无用。治理国家不能靠动听的言辞，而是靠严格的法律，只有法律才能使国家大治。"夫圣人之治国，不恃人之为吾善也，而用其不得为非也。恃人之为吾善也，境内不什数；用人不得为非，一国可使齐。为治者用众而舍寡，故不务德而务法。"④法治的建立不是针对少数自觉为善的人，而是针对多数不能自觉为善的人。对于大多数人来说，如果没有强有力的外在约束，他们就可能为一己私利而为非作歹。法治虽然不能导人为善，但可以禁人为恶，从而使社会秩序得以稳定。相反，如果提倡德治，靠道德教化治国，则只能对少数自觉为善的人起作用，而对大多数人来说则不会起什么作用，这样就等于对这一部分人放任自流，以至于干出种种为非作歹

---

① 杨玲.文本差异与思想分歧：《韩非子》与《孔子家语》"重文"现象研究[J].中州学刊，2022(6)：146-147.

② 《韩非子·奸劫弑臣》。

③ 《韩非子·显学》。

④ 《韩非子·显学》。

的事情来,导致社会秩序的破坏。故圣人治国必须加强法治。法家重实务,强调事功。"韩非子的事功思想与儒家不同之处在于:儒家略显抽象和模糊,韩非子更为具体和确定;在价值位序上,儒家立德在先,而韩非子尚立功;目标上儒家法先王,韩非子尊霸道;手段上儒家循礼治,韩非子重法治。'法所以制事,事所以名功也',这种事功思想在韩非子那里体现得如此彻底,乃至于言行都需要纳入到事功评价的行列。"①

韩非用辩证的眼光分析了法在实行过程中可能出现的问题。"法所以制事,事所以名功也。法有立而有难,权其难而事成,则立之;事成而有害,权其害而功多,则为之。无难之法,无害之功,天下无有也。"②又说:"法之为道,前苦而长利;仁之为道,偷乐而后穷。圣人权其轻重,出其大利,故用法之相忍,而弃仁人之相怜也。"③在实行法的过程中,难免产生一些负面作用,但不能因噎废食。如果权衡利弊,实行法应该是利大于弊。因此,英明的君主总是积极推行法而反对道德说教。相比于儒家的保守复古与前期法家激进的变法而言,韩非更看重法令的统一、法律的稳定和法治的推进,变法面临的最大障碍是民众对于习惯的坚守,变法与否的判断标准不能看其阻力大小,而应考虑是否对国家有利。"变与不变,圣人不听,正治而已。然则古之无变,常之毋易,在常古之可与不可。伊尹毋变殷,太公毋变周,则汤、武不王矣。管仲毋易齐,郭偃毋更晋,则桓、文不霸矣。凡人难变古者,惮易民之安也。夫不变古者,袭乱之迹;适民心者,恣奸之行也。民愚而不知乱,上懦而不能更,是治之失也。人主者,明能知治,严必行之,故虽拂于民,必立其治。说在商君之内外而铁殳,重盾而豫戒也。故郭偃之始治也,文公有官卒;管仲始治也,桓公有武车:戒民之备也。是以愚戆窳堕之民,苦小费而忘大利也,故黍虎受阿谤而辗小变而失长便,故邹贾非载

① 任文启.王权时代的韩非子批评史研究[M].北京:法律出版社,2019:41.
② 《韩非子·八说》。
③ 《韩非子·六反》。

旅。狎习于乱而容于治,故郑人不能归。"①韩非在这里论及的不仅是变与不变的问题,还涉及是否具备变的条件、怎么变的问题,体现的是"应时而权变"的思想。

第二节　潜御之术

先秦法家中,申不害以术闻名。韩非集前辈术理论之大成,以独特的角度和丰富的层次解析复杂多变的社会政治现象,从而为君主得出了一整套以功利计算为基本方法的治人之术。这种治人之术,在具体实践中,是"隐",要"遮",须"藏"。人类政治既有公开宣传各种制度与原则,弘扬各种价值和道德"显"的一面;也离不开需要秘密进行才能成功的"隐"的一面。"儒家对人类政治之认识,尚停留在正当伦理之宣扬层面,并未真正深入人类政治生活去认识政治本质。韩非子恰好对此明确反对……当人类还在不断为人类政治生活寻求各种价值依据及正当理由时,先秦法家就明确指出,法治之'显'与术治之'隐',构成了人类政治的黑白两面,这是任何道德思想家都无法否认的一个基本事实。这是先秦法家对人类政治的一种深刻洞见。不管世人对此持认同、中立还是批判态度,都不能改变人类政治的这种属性,亦不能否认法家对此问题所作出的深刻判断。换言之,这是人类政治的根本处境。"②所谓"六微""七术""八奸""十过"等,就是这种术的具体展开。若法是稳定、不易,那么针对不同情境,随时做出调整,填补法之鞭长莫及和滞后反应的就是术了,当然,术的运作是在法的框架之内的。

---

① 《韩非子·南面》。
② 宋洪兵.为政治奠基:论法家的政治形上学[J].人文杂志,2022(5):21-36.

一、韩非术论的主要来源

《史记·老子韩非列传》载："申不害者，京人也，故郑之贱臣。学术以干韩昭侯，昭侯用为相；内修政教，外应诸侯，十五年。终申子之身，国治兵强，无侵韩者。"此一句"无侵韩者"当为申子相韩之最大功绩。"申子之学，本于黄、老，而主刑名。黄、老之学，易流于阴谋权变。刑名之学，易流于残刻寡恩。而申子独能不失其正，此其所以相韩十五年，而未闻其不善终也。申不害名不害，一生未曾遭遇祸害，得保其天年，无怪西汉慕其名不害或无害者颇多也。"[1]

作为三晋法家的代表人物，申不害将术与法治理论相结合，以术论见长，兼重势重法，提倡制法以因，循名责实。即君主要按照臣下的才能来授予其官职，其后还要考察臣下作出的成绩是否合乎此职位的要求，并根据考察的结果来判断是否给予赏罚。申不害之术论是韩非术论思想的主要来源，究其术论旨要，主要包含四方面内容：

之一，行法要正。行法不失其正，不正则法伤。"君必有明法正义，若悬权衡以称轻重，所以一群臣也。"[2]明法正义，即通晓法令的公正之意。"明君治国，而晦晦，而行行，而止止。三寸之机运而天下定，方寸之基正而天下治。一言正而天下定，一言倚而天下靡。"[3]王叔岷先生将此处"而"解读为"能"。意即明君治国，能隐晦就隐晦，能推行就推行，能停止就停止。"定"与"靡"皆在是否"正"。

之二，重在名实。申子刑名重在名实，此刑名有二义，"一为循名责实，简言之即名实，此申子之刑名也。一为信赏必罚，此商君之刑名也。二者

① 王叔岷.先秦道法思想讲稿[M].北京：中华书局，2007：203.
② 《申子·佚文》。
③ 《申子·君臣》。

之意迥别，申子之刑名，刑与形通。商鞅之刑名，应是刑罚之刑，不当与形通。至于韩非之刑名，乃兼循名责实信赏必罚而言"①。尤其要注意的是，"申子运用道家因循之道以督查责备臣下，乃化道入法也"②。"名者，天地之纲，圣人之符，则万物之情，无所逃之矣。……名自正也，事自定也。是以有道者，自名而正之，随事而定之也。……昔者尧之治天下也，以名。其名正，则天下治。桀之治天下也，亦以名。其名倚，而天下乱。是以圣人贵名之正也。主处其大，臣处其细。以其名听之，以其名视之，以其名命之。"③只有名正，才可得万物之情，亦可获万物之实。

之三，君主独断。基于君臣利异这一政治逻辑，申不害主张在政治决策上君主不必与臣下共议国事，集思广益，不必采纳臣下的建议，君主应该独思独虑、幽幽冥冥，自己决断政事。他说："今人君之所以高为城郭而谨门闾之闭者，为寇戎盗贼之至也；今夫弑君而取国者，非必逾城郭之险而犯门闾之闭也。"④申不害力劝统治者应"独视""独听""独断"，"独视者谓明，独听者谓聪。能独断者，故可以为天下主"⑤。

之四，驭臣之术。术是申不害所特别注重的。他认为君主要巩固自己的政权，就必须运用一种统治术来驾驭臣下。具体表现在：第一，君主"操契以责其名"⑥。君主要按照臣下的能力大小而授予相应的官职，然后考察臣下所做的工作（实）是否符合他的职责（名），据以进行奖赏，"治不逾官，虽知弗言"⑦。第二，君主要"藏于无事，窜端匿迹，示天下无为"⑧。为防止臣下觉察到君主的意图，君主自己知道的要装作不知道，不知道的要装作

---

① 王叔岷.先秦道法思想讲稿[M].北京：中华书局，2007：198.
② 王叔岷.先秦道法思想讲稿[M].北京：中华书局，2007：198.
③ 《申子·大体》。
④ 《申子·大体》。
⑤ 《韩非子·外储说右上》。
⑥ 《申子·大体》。
⑦ 《韩非子·定法》。
⑧ 《申子·大体》。

知道。深藏不露,虚虚实实,真真假假,免得臣下有所提防。如果君主能够做到不暴露自己,臣下也就无从投己之所好,而君主却能洞察臣下一切,真正识别其忠奸。"慎而言也,人且知女;慎而行也,人且随女。而有知见也,人且匿女;而无知见也,人且意女。女有知也,人且臧女;女无知也,人且行女。故曰:惟无为可以规之。"①

申不害术论对韩非的影响非常大,韩非将申不害的诸种驭臣之术进行梳理,其目的就在于使君王"天下不得不为己视,天下不得不为己听。故身在深宫之中而明照四海之内,而天下弗能蔽、弗能欺"②。

二、韩非术论的内容

"术者,因任而授官,循名而责实,操杀生之柄,课群臣之能者也。此人主之所执也。"③"术者,藏之于胸中以偶众端,而潜御群臣者也。故法莫如显,而术不欲见,是以明主言法,则境内卑贱莫不闻知也,不独满于堂;用术,则亲爱近习莫之得闻也,不得满室。"④这是韩非对术的定义,有人据此认为韩非的术有两种:阴术与阳术,或曰明术与暗术;还有人提出韩非的术是君主对臣之术和君主己用之术。笔者以为韩非之术就是君主用来潜御群臣而不可泄人之术,不存在阴阳、明暗之分。"明主之行制也天,其用人也鬼"⑤是韩非对术的最经典描述。一个"鬼"字,形象传神,体现了术的特征。"鬼"既有无定型、无常形之意,也有令人恐怖、不知所有、百般惊悚之意,在这一点上,韩非之术被作为专制独裁和恐怖政治的标靶予以攻击。把"术"视为阴谋论,是没有注意到"《韩非子》中的'术'具有七种含义、八种

---

① 《韩非子·外储说右上》。
② 《韩非子·奸劫弑臣》。
③ 《韩非子·定法》。
④ 《韩非子·难三》。
⑤ 《韩非子·八经》。

用法,从而导致了偏颇。韩非提出术治是为了保障君权、重建强国。'术'从产生的基础看,是基于不确定的权力感而进行的防范;从保护的对象看,是针对不确定的权势进行的防范;从表现的方式看,包括从弱到强获取臣下真实情况的各种行为模式;从实施的效果看,君臣间信息不对称的境况导致臣属陷入了预期不确定的危机"①。

韩非对术也有如下论述:

《韩非子·和氏》:"今人主之于法术也,未必和璧之急也;而禁群臣士民之私邪。……主用术,则大臣不得擅断,近习不敢卖重。"

《韩非子·奸劫弑臣》:"人主诚明于圣人之术,而不苟于世俗之言,循名实而定是非,因参验而审言辞。"

《韩非子·亡征》:"万乘之主,有能服术行法以为亡征之君风雨者,其兼天下不难矣。"

《韩非子·饰邪》:"臣故曰:明于治之数,则国虽小,富;赏罚敬信,民虽寡,强。"

《韩非子·大体》:"寄治乱于法术,托是非于赏罚。"

《韩非子·外储说左上》:"无术而御之,身虽痒癯,犹未有益。"

《韩非子·外储说左下》:"故有术之主,信赏以尽能,必罚以禁邪,虽有驳行,必得所利。"

《韩非子·外储说右下》:"故国者,君之车也;势者,君之马也。无术以御之,身虽劳,犹不免乱;有术以御之,身处佚乐之地,又致帝王之功也。……人主者不操术,则威势轻而臣擅名。"

《韩非子·难三》:"人主之大物,非法则术也。……用术,则亲爱近习莫之得闻也,不得满室。"

《韩非子·八说》:"无术以任人,无所任而不败。"

---

① 戴木茅.韩非"术"论澄释[J].哲学动态,2016(9):47-53.

《韩非子·五蠹》："故明主之道……固术而不慕信。"

《韩非子·显学》："故有术之君，不随适然之善，而行必然之道。"

《韩非子·饬令》："以刑治，以赏战，厚禄以用术。"

烽烟不绝、兵戈战乱的历史与现实让韩非认识到术对君主的重要性。懂得权术的君主，有功必赏，以使人们竭尽所能；有罪必罚，以禁止奸邪。即使臣下有作乱的行为，也一定有可以利用的地方。"恃势而不恃信，故东郭牙议管仲。恃术而不恃信，故浑轩非文公。故有术之主，信赏以尽能，必罚以禁邪，虽有驳行，必得所利。简主之相阳虎，哀公问'一足'。"①所以，君主只有掌握了术，同时重用两个人也不会有忧患；如果不掌握术，重用两个人就会导致内争权势外通敌国，重用一个人就会被大臣专权而威胁、杀害君主。"或曰：昔者齐桓公两用管仲、鲍叔，成汤两用伊尹、仲虺。夫两用臣者国之忧，则是桓公不霸，成汤不王也。滑王一用淖齿，而手死乎东庙；主父一用李兑，减食而死。主有术，两用不为患；无术，两用则争事而外市，一则专制而劫弑。今留无术以规上，使其主去两用一，是不有西河、鄢、郢之忧，则必有身死减食之患，是樛留未有善以知之知言也。"②韩非说："人主者，利害之辐毂也，射者众，故人主共矣。"③君主就像是利害积聚的车毂，众人追求利益的欲望都像辐条一样投向他，所以，君主成了群臣共同对准的目标。于是人主的一言一行，最容易为亲贵所利用，因而韩非教导人主御臣必须深藏不露。韩非说："函掩其迹，匿其端，下不能原；去其智，绝其能，下不能意。……不谨其闭，不固其门，虎乃将存；不慎其事，不掩其情，贼乃将生。"④这里的"虎"和"贼"就是韩非所说的重臣、亲信、左右近习之人。君主要掩盖自己的行迹，隐藏事情的苗头，臣下就不能推测到君主的心意；如

---

① 《韩非子·外储说左下》。

② 《韩非子·难一》。

③ 《韩非子·外储说右上》。

④ 《韩非子·主道》。

果君主不牢固地关好大门,饿虎就将潜入;如果君主不谨慎地对待自己的
事情,掩盖自己的真情,奸贼就要产生。韩非指出,大国的祸患是大臣过于
受重用,小国的祸患是身边的侍从过于受宠信,这是诸侯国君主共同招致
祸患的原因。而权臣欺诈君主图谋私利的原因就在于君主丧失了尊贵的
权势和地位。"万乘之患,大臣太重;千乘之患,左右太信,此人主之公患
也。……主利在有能而任官,臣利在无能而得事;主利在有劳而爵禄,臣利
在无功而富贵;主利在豪杰使能,臣利在朋党用私。是以国地削而私家富,
主上卑而大臣重。故主失势而臣得国,主更称蕃臣,而相室剖符,此人臣之
所以谲主便私也。"①韩非通过宓子贱治单父的例子来说明术的重要性。
"宓子贱治单父,有若见之曰:'子何臞也?'宓子曰:'君不知贱不肖,使治单
父,官事急,心忧之,故臞也。'有若曰:'昔者舜鼓五弦,歌《南风》之诗而天
下治。今以单父之细也,治之而忧,治天下将奈何乎? 故有术而御之,身坐
于庙堂之上,有处女子之色,无害于治;无术而御之,身虽瘁臞,犹未有
益。'"②掌握了术去治理国家,即使身处朝堂之上,也不会对治理国家产生
妨害;不掌握术而统治国家,即使日渐劳累,身体消瘦,对国家治理也没有
任何益处。

韩非之术对各级官吏的监督,"本质就是阐述君主如何任用、监督、奖
惩各级官吏以使他们能够忠实地履行本职工作,按照法律规定来治理国
家,而不敢损公肥私、贪渎腐败、以权谋私"③。具体而言,韩非的潜御之术
主要有无为术、听言术、察奸术、禁奸术等。

第一,无为术。"无为术"是韩非将老子"无为"论向他的政治论作了创
造性发挥。"韩非与老子的最终目的,都是要造成一个'无为'的社会。这
一共通点把韩非拉到老子的阵营去,所以老子的很多话可以与韩非的思想

---

① 《韩非子·孤愤》。
② 《韩非子·外储说左上》。
③ 宋洪兵.韩非子政治思想再研究[M].北京:中国人民大学出版社,2010:167.

联系。"①《解老》《喻老》等篇表现了韩非对老子的精深研究,但他所谈"无为"已非老子原意。韩非所谓虚静无为,并非要君主无所事事、无所裁决。无为的全面意义,应该是君"去好去恶""去其智,绝其能","尽人之智""尽人之力""不亲小事","君操其名,臣效其形""循名而责实""按法以治众",是"消解君权对实际政治运作的负面影响,约束和限制君权滥用,确保政治统治的公平性和公正性"②。《扬权》篇解释"无为"说:"圣人执要,四方来效,虚而待之,彼自以之。"韩非认为,君主为了认清群臣,不使他们有"饰行"的机会,就必须"去好去恶""去智与巧",这样才能"进退以为宝"。韩非借申子之言,进一步说明"无为"。"申子曰:上明见,人备之;其不明见,人惑之。其知见,人饰之;不知见,人匿之。其无欲见,人司之;其有欲见,人饵之。故曰:吾无从知之,惟无为可以规之。"③韩非针对种种阴谋,为人君提出了相应的七术:一曰"众端参观",即多方面验证臣下的言行;二曰"必罚明威",即对罪犯坚决施罚,显示君主的威严;三曰"信赏尽能",即对功臣的奖赏保证兑现;四曰"一听责下",即全面听取意见,以便督责臣下的行动;五曰"疑诏诡使",即用可疑的命令和诡诈的手段,以便考察臣下是否忠诚;六曰"挟知而问",即用知道的事来探测臣下言行的真伪;七曰"倒言反事",即用反语反事来探测臣下的阴谋。④"韩非子之无为则在'虚无'方面转化成为看似虚无、实无特操的一种具有隐蔽性的无不为的手段。这种无不为的无为之术,是一种工具合理性的考量,而丧失了目的合理性的思考。"⑤

第二,听言术。韩非的听言术并不是要求君主公开征询各种不同意

① 陈奇猷.韩非子新校注[M].上海:上海古籍出版社,2000:1266.
② 宋洪兵.孙家洲.韩非子解读[M].北京:中国人民大学出版社,2010:103.
③ 《韩非子·外储说右上》。
④ 《韩非子·内储说上》。
⑤ 任文启.王权时代的韩非子批评史研究[M].北京:法律出版社,2019:209.

见。相反，他主张君主要"若醉"，即故意装出什么也不知道的样子，而由臣下任意发表意见，从中洞悉奸情，或者"以其言授之事，专以其事责其功"①，就是要依据臣言授予他事情做，根据做事的情况给予奖赏，最后"功当其事，事当其言，则赏；功不当其事，事不当其言，则诛"②。臣下做事结果与他的言语相符就赏，不符就诛罚。那么，对于那些因为害怕负责而有话不说的人又怎么办呢？韩非的办法是："主道者，使人臣必有言之责，又有不言之责"，"则人臣莫敢妄言矣，又不敢默然矣，言默则皆在责也"。③ 再加上他的"不得两谏"即不准模棱两可、前后相反，否则"有功必伏其罪"之法，其听言之术不可谓不周密。韩非强调，君主听言，一定要以功效为目的。"人主之听言也，不以功用为的，则说者多棘刺、白马之说；不以仪的为关，则射者皆如羿也。人主于说也，皆如燕王学道也；而长说者，皆如郑人争年也。是以言有纤察微难而非务也。故季、惠、宋、墨皆画策也；论有迂深闳大，非用也。故魏、长、瞻、陈、庄皆鬼魅也；行有拂难坚确，非功也，故务、卞、鲍、介、田仲皆坚瓠也。且虞庆诎匠也而屋坏，范且穷工而弓折。是故求其诚者，非归饷也不可。"④听取言论不以功效为目的，就像射箭不以箭靶为中心一样。所以，凭借虚浮缥缈的言论可能会压倒一国，但是考察实际，对照具体事物时，可能连一个人也骗不了。"儿说，宋人，善辩者也，持'白马非马也'服齐稷下之辩者。乘白马而过关，则顾白马之赋。故籍之虚辞，则能胜一国；考实按形，不能谩于一人。"⑤

第三，察奸术。由于君臣利异，为了达到个人的目的，私利之心会使臣下使用种种奸术蒙蔽君主。君主要想控制与自己不同利的臣下就应该知

---

① 《韩非子·主道》。
② 《韩非子·南面》。
③ 《韩非子·主道》。
④ 《韩非子·外储说左上》。
⑤ 《韩非子·外储说左上》。

道臣下可能运用什么样的手段对付自己,然后采取相应的措施进行防备。为了防止君主受蒙蔽,韩非提醒君主要防备臣下的奸邪之事,并主要讲到了六微和八奸。"六微:一曰权借在下;二曰利异外借;三曰托于似类;四曰利害有反;五曰参疑内争;六曰敌国废置。此六者,主之所察也。"①有六种微妙的情况:一是君权被臣下盗用;二是君臣利益不同,臣下借助外援牟取私利;三是奸臣假借类似情况欺骗君主;四是利害关系相反,奸臣危害他人牟取私利;五是不同等级名分的人相互越位,争权夺利;六是按照敌国的意图任免大臣。这六种情况,是君主应予以明察的。"八奸"之术便是"同床""在旁""父兄""养殃""民萌""流行""威强""四方"。② 就是说,臣子会利用君王的夫人、爱妃在其安逸快乐之时提出要求,或靠左右近臣察言观色,或对民众施小惠加以笼络,或结交外部势力以自重。韩非告知了君主这些奸邪行为,如果君主身边出现这些情况,其就能判断出臣子行为是否奸邪,韩非对君主关于六微、八奸的提醒亦起到了察奸的作用。此外,制定一定标准,设置相对固定的考核原则,亦有利于防止君主被蒙蔽。"夫新砥砺杀矢,彀弩而射,虽冥而妄发,其端未尝不中秋毫也,然而莫能复其处,不可谓善射,无常仪的也;设五寸之的,引十步之远,非羿、逢蒙不能必全者,有常仪的也;有度难而无度易也。有常仪的,则羿、逢蒙以五寸为巧;无常仪的,则以妄发而中秋毫为拙。故无度而应之,则辩士繁说;设度而持之,虽知者犹畏失也,不敢妄言。今人主听说,不应之以度而说其辩;不度以功,誉其行而不入关。此人主所以长欺,而说者所以长养也。"③

第四,禁奸术。韩非指出治理得最好的国家,都善于把禁止奸邪作为急务,因为禁止奸邪的法律是和人情息息相通,和政理紧密相关的。"是故

---

① 《韩非子·内储说下》。
② 《韩非子·八奸》。
③ 《韩非子·外储说左上》。

夫至治之国,善以止奸为务。是何也? 其法通乎人情,关乎治理也。"①君臣之间,不如父子般亲情关系,都是从自身利害得失出发。君主有正确的治国原则,臣下就尽力为君主效劳,奸邪就不会产生;君主没有正确的治理原则,臣下就会对上蒙蔽君主而在下牟取自己的私利。"君臣之际,非父子之亲也,计数之所出也。君有道,则臣尽力而奸不生;无道,则臣上塞主明而下成私。管仲非明此度数于桓公也,使去竖刁,一竖刁又至,非绝奸之道也。且桓公所以身死虫流出尸不葬者,是臣重也。臣重之实,擅主也。有擅主之臣,则君令不下究,臣情不上通。一人之力能隔君臣之闻,使善败不闻,祸福不通,故有不葬之患也。明主之道:一人不兼官,一官不兼事;卑贱不待尊贵而进论,大臣不因左右而见;百官修通,群臣辐凑;有赏者君见其功,有罚者君知其罪。见知不悖于前,赏罚不弊于后,安有不葬之患? 管仲非明此言于桓公也,使去三子,故曰:管仲无度矣。"②

怎样禁奸呢? 韩非在《说疑》中指明:"是故禁奸之法,太上禁其心,其次禁其言,其次禁其事。"即禁止奸邪的办法,首要的是禁止奸邪的思想,其次是禁止奸邪的言论,再次是禁止奸邪的行为。在韩非看来,奸邪的思想和言论无非在《五蠹》《显学》等篇中多次说到的儒家、墨家等。韩非说:"世之显学,儒、墨也。……无参验而必之者,愚也;弗能必而据之者,诬也。故明据先王,必定尧、舜者,非愚则诬也。愚诬之学,杂反之行,明主弗受也。"③世上最出名的学派是儒家和墨家。不对事实加以检验就对事物作出判断,那就是愚昧;不能正确判断就引为根据,那就是欺骗。所以,公开宣称依据先王之道,武断地肯定尧舜的一切,不是愚蠢就是欺骗。对于这种愚昧欺骗的学说,杂乱矛盾的行为,明君是不能接受的。韩非说:"其位至而任大者,以三节持之:曰质,曰镇,曰固。亲戚妻子,质也;爵禄厚而必,镇

---

① 《韩非子·制分》。
② 《韩非子·难一》。
③ 《韩非子·显学》。

也;参伍贵帑,固也。贤者止于质,贪饕化于镇,奸邪穷于固。忍不制则下
上,小不除则大诛,而名实当则径之。生害事,死伤名,则行饮食;不然,而
与其仇;此之谓除阴奸也。"①对于职位很高并担任重要职务的人,要用三种
不同办法来加以控制:一是质;二是镇;三是固。厚待他们的亲戚妻子而严
加看管,叫作"质";给以丰厚的爵禄而且一定实行,叫作"镇";检验言论,督
责实效,叫作"固"。贤者因有人质抵押而不敢妄自行动,贪婪的人因受奖
赏抚慰而消除野心,奸邪的人因有种种约束而无计可施。宽容而不予制
裁,臣下就会侵犯君主;小的奸邪不除掉,势必要导致大的诛罚。可见罪名
与罪行相符时就该加以处置。对那些活着会妨碍自己的权力,杀掉又败坏
自己的名声的权臣,君主最好是用隐秘或间接的手段将其除掉。

　　韩非说:"圣人之所以为治道者三:一曰利;二曰威;三曰名。夫利者,
所以得民也;威者,所以行令也;名者,上下之所同道也。"②圣人用来治理国
家的措施有三种:一是利禄;二是威权;三是名称。利禄是用来赢得民众
的,威权是用来推行政令的,名称是君臣共同遵行的准则。韩非在阐明了
何谓奸邪思想和言论后,给帝王出谋划策:"故明主举实事,去无用,不道仁
义者故,不听学者之言。"③明君办实事,去无用,不空谈什么仁义道德,也不
听信学者的言论。对于奸邪的思想和言论,韩非的观点就是去仁义。帝王
带头对奸邪学说进行禁心和禁言,最后一步是"禁其事"。要做到禁事,就
必须采用严刑重罚的手段。韩非说:"夫严刑者,民之所畏也;重罚者,民之
所恶也。故圣人陈其所畏以禁其邪,设其所恶以防其奸,是以国安而暴乱
不起。"④严刑是百姓畏惧的,重罚是百姓厌恶的。赏罚并施才是君主治国
之道。

---

① 《韩非子·八经》。
② 《韩非子·诡使》。
③ 《韩非子·显学》。
④ 《韩非子·奸劫弑臣》。

值得注意的是,韩非之术更多地侧重于事实描述,而不是价值评判。他通过大量的实例来说明术的可行及必要。"'术治'的主观动机与客观效果之间,往往存在一种与主观动机不同甚至相反的政治效应,如果没有一种政治智慧消除'术治'思想潜藏的道德危机,那么我们就应该给予深刻的揭露和批判。"①术也有不能推行的时候,其缘故往往在于身边存有欺瞒的臣子。"术之不行,有故。不杀其狗,则酒酸。夫国也有狗,且左右皆社鼠也。人主无尧之再诛,与庄王之应太子,而皆有薄媪之决蔡妪也。知贵、不能,以教歌之法先揆之。吴起之出爱妻,文公之斩颠颉,皆违其情者也。故能使人弹疽者,秘其忍痛者也。"②对术的作用和地位的认识,高柏园在《韩非哲学研究》中指出,术如能在韩非设计的理想状态下运作不但不会损害法治的顺利施行而且恰恰是为了防止君主的有为对法治客观性的破坏:"术的目的原本就是在保护并贯彻法结构的执行,因此,术原本即在于避免主体之主观性对法之客观结构之破坏,是以术的引入既只是在消解个人主体对客观法结构之扭曲与破坏,因而便不至于破坏法的客观结构。然而,这样的结论乃是建立在以下的前提之下的:术的运用是十分成功的。"③

第三节　人为之势

《孙子兵法·计》对势给出了明确的定义:"势者,因利而制权也。"还有诸如《孙子兵法·势篇》有所谓"故善战人之势,如转圆石于千仞之山者,势也""激水之疾,至于漂石者,势也""势如弓弩,节如发机"等。《荀子·王霸》则将势与人主之尊联系起来:"人主者,天下之利势也。"可以看出,势是

---

① 宋洪兵,孙家洲.韩非子解读[M].北京:中国人民大学出版社,2010:338.
② 《韩非子·外储说右上》。
③ 高柏园.韩非哲学研究[M].台北:文津出版社,1994:138.

234

一种待发的优势和力量,由于势有这种形胜势便之意,所以又引申为趋势、力量、权势等。

一、韩非之势的来源

势对君主而言即意味着权力,权力掌控的强弱直接影响君主治国之效果。《管子·法法》说:"凡人君之所以为君者,势也。故人君失势,则臣制之矣。"这句话指出了势的实质和失势后的结果。所以商鞅明确提出"权制断于君"的君主集权论。他说:"国之所以治者三:一曰法;二曰信;三曰权。法者,君臣之所共操也。信者,君臣之所共立也。权者,君之所独制也。……权制独断于君则威……惟明主爱权重,而不以私害法。"①商君认为法、信、权是治理国家的三宝。其中的法令和诚信是君臣之间共同建立的,唯有"权"是君主所独有的。国家至高无上的统治权集于君主一人,他就具有无比的威力。这对稳定统治是至关重要的。商鞅还曾用比赋的手法描述"势"对君主的重要性:"今夫飞蓬遇飘风而行千里,乘风之势也。探渊者知千仞之深,县绳之数也。故托其势者,虽远必至;守其数者,虽深必得。今夫幽夜,山陵之大,而离娄不见;清朝日撽,则上别飞鸟,下察秋毫。故目之见也,托日之势也。"②国君善于运用势,就像借助风力可以飘行千里,借助悬绳可知潭之深浅,有阳光可以明察秋毫一样。

慎到重势,是法家重势派之代表人物。最早论慎子之学的是庄子。"公而不党,易而无私,决然无主,趣物而不两,不顾于虑,不谋于知,于物无择,与之俱往。古之道术有在于是者,彭蒙、田骈、慎到闻其风而悦之。齐万物以为首……知万物皆有所可,有所不可,故曰:'选则不遍,教则不至,道则无遗者矣。'是故慎到弃知去己,而缘不得已。……謑髁无任,而笑天

---

① 《商君书·修权》。
② 《商君书·禁使》。

下之尚贤也；纵脱无行，而非天下之大圣；椎拍輐断，与物宛转；舍是与非，苟可以免。"①其言，有道家之意，亦有法家之旨。

慎到尚法。"法虽不善，犹愈于无法，所以一人心也。夫投钩以分财，投策以分马，非钩、策为均也。使得美者，不知所以德；使得恶者，不知所以怨。此所以塞愿望也。故蓍龟，所以立公识也；权衡，所以立公正也；书契，所以立公信也；度量，所以立公审也；法制礼籍，所以立公义也。凡立公，所以弃私也。明君动事分功必由慧，定赏分财必由法。"②唯如此，则上下无事，一任于法。

慎到根据他的"人莫不自为"的人性论，提出要使国家得到治理，只能针对人们的自为心，借助权势使其不得不服从法令，只有"权重位尊""抱法处势"，才能"令行禁止"。他反对当时儒家推行的"德治"，认为不可能纯粹用道德软化的手段来感化相互争夺的人们，使国家得到治理，从而揭示了法律的推行必须以强有力的国家政权为后盾的真理。为了说明君主掌握使臣民不得不服从的权势的重要性，他将君的权势形象地比喻为飞龙和云雾，权势好比云雾，君主如同飞龙，有了云雾，飞龙才能得以高飞；没有云雾，飞龙就成了地上的蚯蚓。君主没有权势，就不可能使臣民遵守法令，推行法治。君主有了权势，即使像桀那样的昏庸残暴之人也能令行天下；而没有权势，即使尧那样大贤大智之人也不会使百姓服从。所以，"贤而屈于不肖者，权轻也；不肖而服于贤者，位尊也。尧为匹夫，不能使其邻家；至南面而王，则令行禁止。由此观之，贤不足以服不肖，而势位足以屈贤矣"③。"尧为匹夫，不能治三人，而桀为天子，能乱天下。吾以此知势位之足恃，而贤智之不足慕也。"④由此他得出结论："贤人而诎（屈）于不肖者，则权轻位

①　《庄子·天下》。
②　《慎子·威德》。
③　《慎子·威德》。
④　《韩非子·难势》。

卑也;不肖而能服贤者,则权重位尊也","贤智未足以服众,而势位足以屈(诎)贤者也"。① 也就是说,要推行法令,使臣民服从自己的统治,只能靠"权势"而不能靠"德治"。

在慎到看来,君主要巩固权势,必须实行集权。这样才能制服臣下,防止人民之间的纷争。他说:"君臣之间,犹权衡也。权左轻则右重,右重则左轻,轻重迭相撅,天地之理也。"②即君臣之间的关系就是权势与利害的对抗和较量,因此只有"尊君",才能有效地防止臣下专权。他总结历史的经验和现实的教训,指出"两贵不相事,两贱不相使"③。权势要归于君主一人,"臣有两位者,国必乱。臣两位而国不乱者,君在也"④。对于一个国家来说,不可以无君,没有君主就会发生战乱;但又不可以多君,多君则其乱甚于无君。在慎到看来,君主要想实行法治,必须掌握权势,只有"抱法处势""位尊权重",才能"令行禁止",天下大治。

君主如何才能使自己的权势大于臣子? 慎到认为在于"得助于众",使自己在民众中树立威信,通过得民,来挟制臣下。"得助则成,释助则废。"⑤"得助于众"的关键在于"兼蓄下者"。他说:"民杂处而各有所能,所能者不同,此民之情也。……下之所能不同,而皆上之用也。是以大君因民之能为资,尽包而畜之,无能去取焉。是故不设一方以求于人,故所求者无不足也。大君不择其下,故足。不择其下,则易为下矣。易为下,则莫不容。莫不容,故多下。多下之谓太上。"⑥这些思想均被后来的韩非所吸收。

---

① 《韩非子·难势》。
② 《慎子·逸文》。
③ 《慎子·逸文》。
④ 《慎子·德立》。
⑤ 《慎子·威德》。
⑥ 《慎子·民杂》。

二、韩非之势的内容

在韩非看来，势是君主尊贵于臣下的资本，"抱法处势则治，背法去势则乱"，是韩非之势的主要观点。

韩非对势的论述主要有：

《韩非子·爱臣》："万物莫如身之至贵也，位之至尊也，主威之重，主势之隆也。"

《韩非子·备内》："人臣之于其君，非有骨肉之亲也。缚于势而不得不事也。"

《韩非子·外储说左下》："恃势而不恃信。"

《韩非子·外储说右上》："势不足以化则除之。……故国者，君之车也；势者，君之马也。"

《难三》："凡明主之治国也，任其势。势不可害，则虽强天下无奈何也。"

《韩非子·难势》："夫势者，非能必使贤者用己，而不肖者不用己也。贤者用之则天下治，不肖者用之则天下乱。人之情性，贤者寡而不肖者众，而以威势之利济乱世不肖之人，则是以势乱天下者多矣，以势治天下者寡矣。夫势者，便治而利者也。……势之于治乱，本末有位也，而语专言势之足以治天下者，则其智之所治者浅矣。……夫势者，名一而变无数者也。势必于自然，则无为言于势矣。吾所言势者，言人之所设也。……吾所以为言势者，中也。中者，上不及尧、舜，而下亦不为桀、纣。抱法处势则治，背法去势则乱。"

《韩非子·八经》："势者，胜众之资也。"

《韩非子·人主》："威势者，人主之筋力也。今大臣得威，左右擅势，是人主失力；人主失力而能有国者，千无一人。"

《韩非子·心度》:"夫国之所以强者,政也;主之所以尊者,权也。"

从以上韩非对势的认识中,我们可以发现:

第一,韩非之势来源于对慎到势的批判。在《难势》中,韩非首先引述慎到的观点:"慎子曰:飞龙乘云,腾蛇游雾,云罢雾霁,而龙蛇与蚯蚁同矣,则失其所乘也。贤人而诎于不肖者,则权轻位卑也;不肖而能服于贤者,则权重位尊也。尧为匹夫不能治三人,而桀为天子能乱天下,吾以此知势位之足恃,而贤智之不足慕也。"[1]慎到的意思是说能否做到令行禁止、施威于众,不在于是否有德,而在于是否有位。有了权势,不肖也可以治众;没有权势,贤智也无济于事。接着韩非又引一位辩难者的话,介绍了另一种观点。这位辩难者首先指出慎到的逻辑错误,认为飞龙乘云、腾蛇游雾,固然是由于有势可凭,然而,有云雾之势是一回事,能否乘之又是一回事。比如同样的云雾之势,龙蛇可以乘之,而蚯蚓却不能,说到底还是因为龙蛇与蚯蚓的资质不同。这位辩难者针对慎到释贤而专任势的主张提出了批评,认为权势虽同,"贤者用之则天下治,不肖者用之则天下乱"[2]。而且,世上往往贤者少而不肖者众,若单任权势,结果只能"是以势乱天下者多矣,以势治天下者寡矣"[3]。

第二,韩非把慎到之势称作"自然之势",在他看来,自然之势不考虑效果,因此无法抵挡尚贤论的攻击。贤者在位则治,不肖者在位则乱,治乱的根据显然不在势,而在于贤或不肖。所以韩非特别强调"人为之势",也就是君主自己通过法和术主动营造的制度环境。韩非明确指出,如果"势"理论仅止于"自然之势",那就没有什么可多说的。正是因为"人为之势"大有可为,"势"才是真正有意义的。法和术都是塑造"势"的手段。对民,要形成"法如朝露"之势,使"民一于君,事断于法"。对臣,要形成"群臣惊惧"的

---

[1] 《韩非子·难势》。

[2] 《韩非子·难势》。

[3] 《韩非子·难势》。

局面,使臣下都像被拔去下翎的笼中之鸟一样,不好好服侍君主就根本无法存活。

自然之势即客观条件下所掌握的权力以及对权力的运用。"桀为天子,能制天下,非贤也,势重也。尧为匹夫,不能正三家,非不肖也,位卑也……有势之与无势也。"①韩非继承了慎到等人"君之本位"的立场,赞同君主权威至高无上的天生性。《人主》篇云:"万乘之主、千乘之君所以制天下而征诸侯者,以其威势也。威势者,人主之筋力也。"即君主能征服诸侯,靠的是威势。所以在《爱臣》中他又言:"万物莫如身之至贵也,位之至尊也,主威之重,主势之隆也。"什么都比不上势的尊贵。然而,他也认为:"夫势者,非能必使贤者用已,而不肖者不用已也","贤者用之则天下治,不肖者用之则天下乱"。② 因此,只有自然之势是不够的,还要有人为之势来保证。

韩非也通过伯乐教人识马的例子来说明先天形势的重要。"伯乐教二人相踶马,相与之简子厩观马。一人举踶马。其一人从后而循之,三抚其尻而马不踢。此自以为失相。其一人曰:'子非失相也,此其为马也,踶肩而肿膝。夫踢马也者,举后而任前,肿膝不可任也,故后不举。子巧于相踢马拙于任肿膝。'夫事有所必归,而以有所肿膝而不任,智者之所独知也。惠子曰:'置猿于柙中,则与豚同。'故势不便,非所以逞能也。"③事物都有存在的依赖条件,如果形势不利,就不能更好地施展才能。

人为之势是针对自然之势的不足而提出的。韩非认为,确保和利用人为之势的关键,一是一统君权。"上古竞于道德,中世逐于智谋,当今争于气力。"④韩非指出,势与人的德、才无关,势归于利而不归于德,归于力而不

①《韩非子·功名》。
②《韩非子·难势》。
③《韩非子·说林下》。
④《韩非子·五蠹》。

归于心。势的威力在于一而忌两，君主必须牢牢掌握权势。二是适度授权。与"治务在无为而已"的无为术相一致，君主本属"中人"，仅靠其一人之力不足以治国。"夫为人主而身察百官，则日不足，力不给。且上用目，则下饰观；上用耳，则下饰声；上用虑，则下繁辞。先王以三者为不足，故舍己能而因法数，审赏罚。"①人主亲自察百官，由于精力有限不可能做到，所以必须用法施以赏罚。因此，君主必须借助众人力量，实施必要的授权。"明君之道，使智者尽其虑，而君因以断事，故君不穷于智；贤者效其材，君因而任之，故君不穷于能。"②给臣适度授权为君办事，但是，君主的授权不是无原则的。他必须"刑名一致"，必须建立在各官僚阶层权力、职责明确的基础之上。从这个角度看，这种授权使政治及其职责落实给各级朝臣，同时分隔了属下臣僚的权势，其实它是对君主势的保护。

第三，关于势的重要性，韩非和其他法家代表人物一样看重势在治国中的分量，他说："明君操权而上重，一政而国治。"③凡是英明的君主治理国家，都是依靠他的权势。权势不被侵害，即使天下最强大的国家也不能对君主怎么样。"凡明主之治国也，任其势。势不可害，则虽强天下无奈何也，而况孟常、芒卯、韩、魏能奈我何？其势可害也，则不肖如如耳、魏齐及韩、魏犹能害之。然则害与不侵，在自恃而已矣，奚问乎？自恃其不可侵，强与弱奚其择焉？失在不自恃，而问其奈何也，其不侵也幸矣。"④韩非认为势的重要性表现为：其一，势是制服众人的条件，是君主制服众人的资本和凭借，"势者，胜众之资也"⑤。君主能否统治的关键不在于贤与不贤，而在于有势无势，犹如物的沉浮不在轻重而在于有无船载所造成的漂浮之势。

---

① 《韩非子·有度》。
② 《韩非子·主道》。
③ 《韩非子·心度》。
④ 《韩非子·难三》。
⑤ 《韩非子·八经》。

所以"夫有材而无势,虽贤不能制不肖。故立尺材于高山之上,则临千仞之溪,材非长也,位高也。桀为天子,能制天下,非贤也,势重也;尧为匹夫,不能正三家,非不肖也,位卑也。千钧得船则浮,锱铢失船则沉。非千钧轻锱铢重也,有势之与无势也。故短之临高也以位,不肖之制贤也以势"①。他又说:"仲尼,天下圣人也,修行明道以游海内,海内说其仁,美其义,而为服役者七十人,盖贵仁者寡,能义者难也。故以天下之大,而为服役者七十人,而仁义者一人。鲁哀公,下主也,南面君国,境内之民莫敢不臣。民者固服于势,诚易以服人,故仲尼反为臣,而哀公顾为君。仲尼非怀其义,服其势也。故以义则仲尼不服于哀公,乘势则哀公臣仲尼。"②鲁哀公是一个下等的君主,而仲尼是天下贤士。仲尼对哀公俯首称臣,是屈服于其权势也。其二,势是君主备受尊重的原因。他说:"国之所以强者,政也;主之所以尊者,权也"③,"君执柄以处势,则令行禁止"④。他告诫君主:"夫虎之所以能服狗者,爪牙也,使虎释其爪牙而使狗用之,则虎反服于狗矣。"⑤所以权势不可外借,权势一旦外借,就会出现"宋君失刑而子罕用之,故宋君见劫。田常徒用德而简公弑,子罕徒用刑而宋君劫"的旧事重演的悲剧。其三,势是君主力量的源泉。"势重者,人主之渊也"⑥,君主必须大权独揽,绝不能出现"一栖两雄"和"一家二贵"的局面。

第四,韩非对"势"的作用的认识。其一,以势用人。"彼民之所为我用者,非以吾爱之为我用者,以吾势之为我用者也"⑦,"人臣之于其君,非有骨肉之亲也,缚于势而不得不事也"⑧。其二,以势治国。"善任势者国安,不

---

① 《韩非子·功名》。
② 《韩非子·五蠹》。
③ 《韩非子·心度》。
④ 《韩非子·八经》。
⑤ 《韩非子·二柄》。
⑥ 《韩非子·内储说下》。
⑦ 《韩非子·外储说右下》。
⑧ 《韩非子·备内》。

知因其势者国危。"①"凡明主之治国也,任其势。势不可害,则虽强天下无奈何也……其势可害也,则不肖如如耳、魏齐及韩、魏犹能害之。然则害与不侵,在自恃而已矣。"②其三,以势制天下。"夫马之所以能任重引车致远道者,以筋力也。万乘之主、千乘之君所以制天下而征诸侯者,以其威势也。"③势对君主之重要性不言而喻,因此君主要守势并严防臣下因权势过大而篡权。"爱臣太亲,必危其身;人臣太贵,必易主位;主妾无等,必危嫡子;兄弟不服,必危社稷。臣闻千乘之君无备,必有百乘之臣在其侧,以徙其民而倾其国。是以奸臣蕃息,主道衰亡。是故诸侯之博大,天子之害也;群臣之太富,君主之败也。将相之管主而隆家,此君人者所外也。万物莫如身之至贵也,位之至尊也,主威之重,主势之隆也。此四美者,不求诸外,不请于人,议之而得之矣。故曰:人主不能用其富,则终于外也。此君人者之所识也。"④韩非强调君主过于宠信臣下,必定危及自身;臣子过于尊贵,必定篡君权。诸侯强大是天子的祸害,群臣太富是君主的失败。万事万物中没有比君身更高贵、比君位更尊崇、比君威更强大、比君权更隆盛的。君主只要保有身贵、位尊、威重、势隆,就不会被奸臣驱逐在外。

韩非之所以强调势在政治领域的重要性,根本目的是要在政治秩序混乱的社会重新确立最高政治权力的权威性,从而将势视为重建和恢复社会秩序的基本政治前提。重建秩序固然离不开权势,然而权势只有在得到合理使用并符合正义价值的前提下才能最终获得政治正当性。这样,韩非子的政治思想已经内在地蕴含了一种对君主最高政治权力进行约束和限制的意味。

如何才能防止君主失势呢?韩非指出:其一,君主固握赏罚大权。人

---

① 《韩非子·奸劫弑臣》。
② 《韩非子·难三》。
③ 《韩非子·人主》。
④ 《韩非子·爱臣》。

有好恶之情，君主应顺人情行赏罚，"君见赏，臣则损之以为德；君见罚，臣则益之以为威"①。对于权势不能驯化的臣下，君主就应除掉他。"势不足以化则除之。师旷之对，晏子之说，皆合势之易也，而道行之难，是与兽逐走也，未知除患。患之可除，在子夏之说《春秋》也。善持势者，蚤绝其奸萌。故季孙让仲尼以遇势，而况错之于君乎。是以太公望杀狂矞，而臧获不乘骥。嗣公知之，故不驾鹿。薛公知之，故与二栾博。此皆知同异之反也。故明主之牧臣也，说在畜乌。"②其二，君主独擅法令和任免大权。"臣闭其主则主失位；臣制财利则主失德；臣擅行令则主失制；臣得行义则主失名；臣得树人则主失党。此人主之所以独擅也，非人臣之所以得操也。"③要善于把握权势，就应杜绝奸邪苗头。"子夏曰：《春秋》之记臣杀君、子杀父者，以十数矣，皆非一日之积也，有渐而以至矣。凡奸者，行久而成积，积成而力多，力多而能杀，故明主蚤绝之。今田常之为乱，有渐见矣，而君不诛。晏子不使其君禁侵陵之臣，而使其主行惠，故简公受其祸。故子夏曰：'善持势者，蚤绝奸之萌。'"④其三，铲除重臣，起用法术之士。重臣即擅令违法之臣。在韩非看来，"爱臣太亲，必危其身；人臣太贵，必易主位。……诸侯博大，天子之害也，群臣之太富，君主之败也"⑤。起用法术之士，是因为"智术之士，明察听用，可烛重人之阴情；能法之士，劲直听用，可矫重人之奸行"⑥。韩非认为，只要有了这种制度环境，一切就都在君主掌握之中，虽中才之主亦可为国，完全不必等待千世一出的尧、舜来治理天下。无论政治、军事、经济、社会、文化，国家中一切的一切都缚于"势"下，只能以君主的利益为利益、以君主的意志为意志。

---

① 《韩非子·喻老》。
② 《韩非子·外储说右上》。
③ 《韩非子·主道》。
④ 《韩非子·外储说右上》。
⑤ 《韩非子·爱臣》。
⑥ 《韩非子·孤愤》。

韩非的法、术、势实则为一整体，我们刻意将之人为分割并在以上各节一一论述，只是相对单独地对其剖析，而绝无割裂之意。"韩非子在王权政治开启之时的影响和地位使它在一定程度上代表着王权政治的某些方面。……宏观上，作为君主集权时代可供选择的治理方式，在此后的社会发展和政治演进中形成了一定的制度惯习和思想惯习。……在微观上，韩非子脱离了法家（商鞅一脉）的轨道，更加专注官场政治和宫廷政治，讲求权力的安全掌握和有效使用，着力于权力地位的斗争和权谋权术的博弈，以更加深入和隐秘的方式影响了中国的王权时代。"[1]

韩非法、术、势一体的法治论既来自现实的客观需要，又是在对前期法家理论的批判基础上形成的。"韩非子充分运用其通权思维和应时观念，提出秩序重建和正义实现的逻辑和历史前提必须首先立足于君主世袭这一最大的政治现实，不能超越历史和现实而任意凭空幻想，主张以外在客观规范为中心的制度建设。"[2]

对法而言，主承商鞅，但纯任法治不足以治国，"然而无术以知奸，则以其富强也资人臣而已矣。及孝公、商君死，惠王即位，秦法未败也，而张仪以秦殉韩、魏。惠王死，武王即位，甘茂以秦殉周。武王死，昭襄王即位，穰侯越韩、魏而东攻齐，五年而秦不益尺土之地，乃城其陶邑之封。应侯攻韩八年，成其汝南之封。自是以来，诸用秦者，皆应、穰之类也。故战胜，则大臣尊；益地，则私封立；主无术以知奸也"[3]。要注意的是，"韩非虽谓商鞅未尽于法，而其所见往往与商鞅相合。如商鞅反微妙，韩非亦反微妙；商鞅反辩慧，韩非亦反辩智；商鞅反慈仁，韩非亦反慈惠"，韩非"甚至对商鞅大加赞扬"[4]。

① 任文启.王权时代的韩非子批评史研究[M].北京:法律出版社,2019:88.
② 宋洪兵.韩非子政治思想再研究[M].北京:中国人民大学出版社,2010:297.
③ 《韩非子·定法》。
④ 王叔岷.先秦道法思想讲稿[M].北京:中华书局,2007:260.

对术而言,主承申不害,然申子任术治而不擅其法,不足用。"申不害不擅其法,不一其宪令,则奸多。故利在故法前令则道之,利在新法后令则道之,利在故新相反,前后相勃,则申不害虽十使昭侯用术,而奸臣则犹有所谲其辞矣。故托万乘之劲韩,十七年而不至于霸王者,虽用术于上,法不勤饰于官之患也。"①其政绩虽不至于霸王,然其"治不逾官,虽知弗言"②,当为守正之道。

对势而言,主承慎到。慎子重自然之势,而韩非重人为之势,势本身无所谓贤与不贤,关键在于居势之人如何去治。所以,慎子着眼于有势、无势,韩非除势外,也着眼于贤与不肖。"慎子曰:飞龙乘云,腾蛇游雾,云罢雾霁,而龙蛇与蚓蚁同矣,则失其所乘也。贤人而诎于不肖者,则权轻位卑也;不肖而能服于贤者,则权重位尊也。尧为匹夫不能治三人,而桀为天子能乱天下,吾以此知势位之足恃,而贤智之不足慕也。……应慎子曰:飞龙乘云,腾蛇游雾,吾不以龙蛇为不托于云雾之势也。虽然,夫释贤而专任势,足以为治乎?则吾未得见也。……且其人以尧之势以治天下也,其势何以异桀之势也,乱天下者也。夫势者,非能必使贤者用已,而不肖者不用已也。贤者用之则天下治,不肖者用之则天下乱。……夫势者,便治而利乱者也。……势之于治乱,本末有位也,而语专言势之足以治天下者,则其智之所至者浅矣。"③批判后的结果,是韩非明白了居势之君"无术则蔽于上,臣无法则乱于下,此不可一无,皆帝王之具也"④。

总体而言,韩非的法治论思想主要有以下几点:

第一,人性好利。前期法家都以人性恶为出发点,韩非则认为人性"好利恶害",即使君臣、父子、夫妻关系也不例外。而人们的这种"好利恶害"

---

① 《韩非子·定法》。
② 《韩非子·定法》。
③ 《韩非子·难势》。
④ 《韩非子·定法》。

的本性是不能改造的,"性命者非所学于人也"①,后天的学习和改造是没有作用的。统治者只能像"驯乌者断其下翎焉,断其下翎则必恃人而食,焉得不驯乎? 夫明主畜臣亦然,令臣不得不利君之禄,不得无服上之躬;夫利君之禄,服上之名,焉得不服"②。君主只能利用人们的自私自利的心理,以利害相挟,用赏和罚的办法来控制臣民。

第二,抱法、用术、处势。法、术、势是君主执行赏罚的手段与权能。法是衡量一切是非曲直的准绳,由官府制定,针对趋利避害的民心施以刑罚。术是君主执掌杀生、考核、监察的手段与方法。韩非认为,统治者只要抱法、用术、处势,一切皆备矣。"韩非集三派之大成,取三派之长,去三派之短,重在因势用术,以术行法。"③

第三,无书简之文,弃伦常之礼。韩非将治国之希望完全寄托在君主实行法治上。他说:"故明主之国,无书简之文,以法为教;无先王之语,以吏为师。"④"故父母之爱,不足以教子,必待州部之严刑者,民固骄于爱,听于威矣。"⑤他把人完全置于法的控制之下,所谓"圣王者不贵义而贵法"⑥也。

第四,以刑去刑,严刑重罚。韩非指出:"赏厚则所欲之得也疾,罚重则所恶之禁也急。"⑦"行刑,重其轻者,轻者不至,重者不来,此谓以刑去刑。"⑧何谓重其轻,"所谓重刑者,奸之所利者细。而上之所加罪者大也;民不以小利蒙大罪,故奸必止者也"⑨。利小刑重,使人民丢掉侥幸得利的心理。

---

① 《韩非子·显学》。
② 《韩非子·外储说右上》。
③ 王叔岷. 先秦道法思想讲稿[M]. 北京:中华书局,2007:254.
④ 《韩非子·五蠹》。
⑤ 《韩非子·五蠹》。
⑥ 《商君书·画策》。
⑦ 《韩非子·六反》。
⑧ 《韩非子·饬令》。
⑨ 《韩非子·六反》。

　　第五,君主集权,专制独断。韩非力主君主集权,他提出:"权势不可以借人,上失其一,臣以为百。"①"夫以王良、造父之巧,共辔而御不能使马,人主安能与其臣共权以为治?"②"能独断者,故可以为天下主。"③国家权力不允许被分割与共享,唯君主一人而已。

　　笔者对三者关系的基本看法是:法、术、势是韩非法治论的基本范畴。所谓法,是指君主用以统治臣民的成文法令;所谓术,是指君主实行统治的手段,亦指君主驾驭群臣的权术或心计;所谓势,是指权力权位,即指君主的势位。三者之间有着严谨的内在逻辑。法是约制臣民的行为规范和准则;术是统治臣下的手段;势是君主抱法、用术的凭借。在此三者中,法莫如显,术不欲见,势必固守。无法无以为治,无术难以为之,有势无法、术,"君则蔽于上,臣心乱于下",以致君臣易位,王冠落地。三者结为一体,才能使"明君无为于上","群臣悚惧乎下","臣有其劳,君有其功";才能形成"强不凌弱,众不暴寡,耆老得遂,幼孤得长,边境不侵,君臣相亲,父子相保,而无死亡系虏之患"④的政治局面。

　　法、术、势三者有圆融之趋。蒋重跃教授指出,法、术、势三者的循环互补是韩非政治思想体系的内部联系,之所以有这种关系,"在于它们有共同的基础,那就是:第一,尊主卑臣;第二,刑赏二柄;第三,明分职不得逾越;第四,不上贤(无为);等等。在这些共同点的基础上,它们简直就是一个东西。"⑤但

---

① 《韩非子·内储说下》。
② 《韩非子·外储说右下》。
③ 《韩非子·外储说右上》。
④ 《韩非子·奸劫弑臣》。
⑤ 蒋重跃.韩非子的政治思想[M].北京:北京师范大学出版社,2010:3.

也有细微的上下主次之别,笔者倾向于以势为中心的观点。① "法、术、势三者之间并非一平列的关系,而是有优先性关系,此中乃是以势为优先,而法与术皆只是助成君势之充分伸张之方法与条件而已。"②势对于法、术而言,是目的与手段的关系。"在理论上,法、术、势的关系中,法似乎是法家的主要手段,在实际上,其起作用的程序却要倒过来,法家最重视的是势,如果没有势,就失去了推行法和术的依据。《韩非子》中一篇不太显眼的短文中明确、扼要地指出这个问题:夫有材而无势,虽贤不能制不肖。故立尺材于高山之上,下临千仞之溪,材非长也,位高也。桀为天子,能制天下,非贤也,势重也。尧为匹夫,不能正三家,非不肖也,位卑也。千钧得船则浮,锱铢失船则沉,非千钧轻而锱铢重也,有势之与无势也。故短之临高也以位,不肖之制贤也以势。(《功名》)势是前提和依据,有了势才谈得上推行法和术……从法、术、势的综合关系考虑,实际上君主最看重的是势……新君上来,首先要抓住的还是势,用韩非的话,就是'鱼不可脱于渊'。"③黄辉明教授也提出:"韩非的法治就是以法治民,以术治臣,以势使用法、术,将法、术、势系于君主一身的集权政治。三者的结合以势为统领,法为工具,术为方法。"④

我们以势为中心,在于以下原因:第一,在韩非子的法治理论中,大量地论证了权力对于统治的重要性和君主如何维护既得大权。韩非反复强

---

① 学界关于韩非法、术、势何者为中心的争论大致有以下几点:第一,法中心论(杨幼炯.中国政治思想史[M].北京:商务印书馆,1998:155;王邦雄.韩非子的哲学[M].台北:东大图书公司,1983:235);第二,术中心论(熊十力.韩非子评论[M].台北:台湾学生书局,1984:22;王元化.韩非论稿[J].中华文史论丛,1980(4);饭冢由树.《韩非子》中法、术、势三者的关系[J].中国人民大学学报,1993(5):66-71);第三,势中心论(谷方.韩非与中国文化[M].贵阳:贵州人民出版社,1996:170;高柏园.韩非哲学研究[M].台北:文津出版社,1994:97)。

② 高柏园.韩非哲学研究[M].台北:文津出版社,1994:97.

③ 施觉怀.韩非评传[M].南京:南京大学出版社,2002:364.

④ 黄辉明.晋法家源流研究[M].上海:上海交通大学出版社,2021:160.

调权力对统治的重要性。如："势者,胜众之资也"①,"得势位则不进而名成"②,"民以制畏上,而上以势卑下"③,"无威严之势,赏罚之法,虽尧舜不能以为治"④,"万乘之主、千乘之君所以制天下而征诸侯者,以其威势也"⑤,等等。而在他的"术"治论中,则告诫君主竭力维护好手中大权,防止奸劫弑臣的窃夺。他不仅强调为了不给"奸臣"可乘之机,君主应当掩情匿端,使臣下不可捉摸,还要君主使用"诡使""挟知""倒言""反事"之术,察"五奸""六微",塞"五壅"除"五患",可谓竭尽心智。第二,韩非思想之产生离不开当时的社会环境。而当时的具体史实如《史记·太史公自序》载:"春秋之中,弑君三十六,亡国五十二。诸侯奔走,不得保其社稷者,不可胜数。"《史记·六国表序》云:"三国终之卒分晋,田和亦灭齐而有之……虽置质剖符,犹不能约束也。"《韩非子》内外储说中,亦记录了大量的臣弑君、仆杀主、窃篡大权的事实。加之战国时期法家思想的基本点都是崇力信法,这个思想产生的基础,一是新兴地主阶级夺取天下、统一天下的雄心壮志给了法家之士生机勃勃的意志力量;二是当时激烈复杂的阶级矛盾靠礼仪教化已经无法解决了,只有用现实的强权才能解决。徐复观认为:"法家政治,是以臣民为人君的工具,以富强为人君的唯一目标,而以刑罚为达到上述两点的唯一手段的政治。这是经过长期精密构造出来的古典的极权政治。任何极权政治的初期,都有很高的行政效率;但违反人道精神,不能作为立国的长治久安之计。秦所以能吞并六国,但又二世而亡,皆可于此求得解答。"⑥所以,君权失落才导致以下犯上、小臣弑君屡屡不绝,而治国之要务在禁止奸邪篡夺君权,保证君主享有至高无上的权威。

---

① 《韩非子·八经》。

② 《韩非子·功名》。

③ 《韩非子·八经》。

④ 《韩非子·奸劫弑臣》。

⑤ 《韩非子·人主》。

⑥ 徐复观.两汉思想史(卷二)[M].台北:台湾学生书局,1980:43.

在韩非看来,国乃君之车,势乃君之马。"今以国位为车,以势为马,以号令为辔,以刑罚为鞭策,使尧、舜御之则天下治,桀、纣御之则天下乱,则贤不肖相去远矣。"①君乃国之车夫,使鞭(刑罚,术)执辔(号令,法)以驱马(势)。韩非重法之效果,所论之法权远大于君权,立法以治国本身也是对君权的限制。然法由君立,谁又能以法限君?韩非重术之运用,所论之术乃君控臣之秘笈,不可轻易告人。如果法是明于天下、使人人皆知的治国明规则,那么术就是藏于胸中、密不可漏的潜规则。然用术之种种技巧,岂非庸主所悟?所以,法是为中主能止盗跖而立,而术是为明主能使臣而设。韩非重势之尊贵,所论之势皆在以胜人,然势本身无所谓善治祸乱之分,全在掌势之人,占势者如尧、舜、桀、纣等鲜矣,而中主多多,中主只有用法占势运术才能平治天下。

对韩非的法治理论,历史上多有不同的评价。班固在《汉书》中设置了一个《古今人物表》,列出上古至秦朝的三六九等人物,作为对他们的评价与总结。在《古今人物表》的"九品量表"中,所有人物被分为上(上智)、中(中人)、下(下愚)三等,上又分为上上圣人、上中仁人、上下智人,中亦分为中上、中中、中下三等,下亦同,共九等。先秦儒家的代表人物无一例外地排在上等,而法家代表人物商鞅、韩非仅列中上。班固对诸子思想学说进行了评价比较,对于儒家思想推崇备至,而对其他诸子皆有所批评。班固称赞法家"信赏必罚,以辅礼制",批评其去仁爱之理,弃教化之道,专任刑法,不利于宗法关系的维护。"及刻者为之,则无教化,去仁爱,专任刑法而欲以致治,至于残害至亲,伤恩薄厚。"②到东汉时期,王充在《论衡·非韩》中肯定了韩非法治思想,他说:"韩子之术,明法尚功。贤,无益于国不加赏;不肖,无害于治不施罚。责功重赏,任刑用诛。""养三军之士,明赏罚

① 《韩非子·难势》。
② 班固.汉书[M].北京:中华书局,1962:1736.

之命,严刑峻法,富国强兵,此法度也。"王充肯定了法治是富国强兵不可缺少的必要条件,是制约臣民的严厉措施。"法明,民不敢犯也。设明法于邦,有盗贼之心,不敢犯矣;不测之者,不敢发矣。奸心藏于胸中,不敢以犯罪法,罪法恐之也。"最后,他总结出法治是解决纠纷、治理国家的行之有效的手段。《论衡·非韩》曰:"夫君犹火也,臣犹水也,法度釜也。"在肯定韩非及法家思想重要性、作为治国手段有效性的同时,王充也表明了他对法家集权与专制统治手段的否定。在《论衡·非韩》中,他指出:"治国犹治身也。治一身,省恩德之行,多伤害之操,则交党疏绝,耻辱至身。推治身以况治国,治国之道当任德也。韩子任刑独以治世,是则治身之人任伤害也。"王充认为韩非单独任用刑法治理国家,会导致更大的混乱,"享国久长,功传于世"也就无从谈起。同时,他进一步指出韩非专讲强国之术、不行仁义的弊端:"夫德不可独任以治国,力不可直任以御敌也。韩子之术不养德,偃王之操不任力。二者偏驳,各有不足。偃王有无力之祸,知韩子必有无德之患。"对此,王叔岷指出:"王充谓韩非所以专意于刑之故,甚是。谓衰世仍当用德,不脱儒家习气。盖当用德为一事,用德是否有效有为一事。法家重在有效也。"①

诚然,在很多时候,韩非的法治论被冠以"严慈少恩""无教化,去仁爱"等字眼,"古今法家研究,各种成见和偏见太多,充斥着研究者太多的情绪化立场,古代儒生的暴政批判和现代学者的专制批判,基本就把法家学说给完全否定了,没有做到全面理解,更别提'了解之同情'"②。但正如我们前面所讲,韩非并不是一味片面地强调法治,也在用自己独特的视角重申道德的不可或缺性,他甚至在某种程度上肯定道德的重要性。韩非虽然反对仁义,认为要使用严刑酷法治理国家,但同时也反对暴政。"存国者,非

① 王叔岷.先秦道法思想讲稿[M].北京:中华书局,2007:268.
② 宋洪兵.法家研究的"照着讲"与"接着讲"[J].中国文化研究,2022(1):26-31.

仁义也。仁者,慈惠而轻财者也;暴者,心毅而易诛者也。慈惠,则不忍;轻财,则好与。心毅,则憎心见于下;易诛,则妄杀加于人。不忍,则罚多宥赦;好与,则赏多无功。憎心见,则下怨其上;妄诛,则民将背叛。故仁人在位,下肆而轻犯禁法,偷幸而望于上;暴人在位,则法令妄而臣主乖,民怨而乱心生。故曰:仁暴者,皆亡国者也。"①保全国家虽然不是靠仁义道德,但也不是胡乱杀戮,残暴的人当权妄行法令,君主和百姓臣子就会离心离德,民众就会怨声载道而背叛,国家就会灭亡。因而根据实际情况减轻刑罚也是一种谋求国家强盛的治国策略。

　　总体而言,韩非的法治主张缺乏必要的权力制衡思想和组织机制,他提出"法不阿贵",也承认君主有不受法律制裁的特权。"圣王之立法也,其赏足以功善,其威足以胜暴,其备足以必完法。"②法律是君主实施统治的有力武器和工具。君主制定法律却又超越法律,这既是韩非法治思想内在纠结的显现,也是封建制度在当时的现实矛盾要求。我们理解韩非,又为韩非感到遗憾。理解,是因为看到韩非适应从君政到帝制转变之际中国政治理论的需要,建构了对政治本身来说特别具有洞察力和穿透力的政治理论。遗憾,则是一种评价性的态度,与韩非在当时的处境、遭遇以及他的理论建构,可以说相关联,但并不是最重要的关系。"韩非子政治思想是一个融合基本政治价值和具体政治措施的思想体系。它既追求充分体现'民利'的'天下大治',又充分观照实现这一政治理想的现实条件和历史环境,不能以'法治中心主义''术治中心主义''势治中心主义'或'绝对君主专制'等抽取政治价值和理想追求的分析模式去审视和评价。其务实、理性的理论品格,不仅对中国历史的影响深远,而且在当代中国的政治文明建设中亦具有'辅助性的历史价值'和'具体实在的本土价值',切忌一味以君

---

① 　王先慎.韩非子集解[M].北京:中华书局,1954:328-329.
② 　《韩非子·守道》。

主专制理论、封建思想遗毒的态度加以批判和否定。"[1]选择性地抽取,只会使韩非的思想更加支离破碎;针对性地责难,无疑会加大我们对韩非思想的理性把握。

---

① 宋洪兵.韩非子政治思想再研究[M].北京:中国人民大学出版社,2010:376-377.

余　论

　　先秦诸子为了充分和深入论述他们的政治思想,特别注意其思想的哲理性认识。梁启超曾经在论及如何分析政治思想内容的方法和框架时有一段十分精辟的话,可以为我们所参考。他说:"政治思想之内容,从所表现的对象观察,可分为二类:一曰纯理,二曰应用。纯理者,从理论上悬一至善之鹄,研究国家当用何种组织,施政当采何种方针……等等。应用者,从实际上校其效率,研究某种组织某种方针……等等如何始能实现。此两者虽有区别,然常为连锁的关系。纯理必借应用而始圆满,应用必以纯理为其基据。"[①]梁启超较早地进行过系统分析,指出先秦各家共通的思想正是中国人政治思想的特色,将先秦诸子的共同特征概括为四个方面:"第一,中国人深信宇宙间有一定的自然法则,把这些法则适用到政治,便是最圆满的理想政治。……老子所谓'道法自然',孔子所谓'天垂象,圣人则之'。墨子所谓'立天志以为仪式',都是要把自然界的理应用到人事。这一点是各派所同认,惟实现这自然法则的手段,各家不同。""第二,君位神授,君权无限。……各家之说,皆为救济社会维持安宁秩序起见,不得不建国,不得不立君。……所以他们向来不承认国家为一个君主或某种阶级所

---

　　①　梁启超.先秦思想史[M].北京:东方出版社,1996:8.

有，向来不承认国家为一个君主或某种阶级的利益而存在。""第三，中国人对于国家性质和政治目的，虽看得不错，但怎么样才能贯彻这目的呢？可惜没有彻底的发明。申而言之，中国人很知民众政治之必要，但从没有想出个方法叫民众自身执行政治。""第四，中国人说政治，总以'天下'为最高目的，国家不过与家族同为达到这个最高目的中之一阶段。儒家说的'平天下'，'以天下为一家，中国为一人'，道家说的'以天下观天下'这类话到处皆是，不必多引了。法家像很带有国家主义的色彩，然而他们提倡法治，本意实为人类公益起见，并不是专为一个国家，所以《商君书·修权篇》说'为天下治天上'，而斥'区区然擅一国者'为'乱世'。至于墨家，越发明了了。墨子说：'天兼天下而爱之。……天之有天下也，譬之无以异乎国君诸侯之有四境之内也。……''夫取天之人，以攻天之邑，此刺杀天民……上不中天之利矣。'"①具体到法家学说而言，宋洪兵教授认为法家学理体现在四个方面：法家的历史哲学、法家的政治正当性、法家的内治外强观念、法家政治思维方式的普遍性。② 他尤其区分了法治与政治的差异。这种区分显然是我们先前研究所极端缺少的。"法治与政治的关系应该有以下内涵：其一，二者具有相关性。法治离不开政治，体现了政治领域中的国家意志，法治决定于政治；法治在公正与诚信的价值层面以及维护秩序层面，要求社会所有成员包括统治集团都遵守法制。任何人公然违背法律，都应受到惩罚。其二，二者属于不同的场域，存在区别。法治不及以及法治脆弱之处，便是政治活跃的地方；法治在明，政治明暗兼具；法治主常，政治主变；法治的核心主题在于公平与正义，政治的核心主题在于权力与利益博弈；法治主要面向普通百姓，'政治'则事关国家权力以及统治集团内部的权力与利益之争。……法治与政治的关系体现了人类政治的基本困境：价

---

① 梁启超. 先秦政治思想史[M]. 天津：天津古籍出版社，2003：240-249.
② 宋洪兵. 法家研究的"照着讲"与"接着讲"[J]. 中国文化研究，2022(1)：26-31.

值与事实之间的张力,稳定与多变之间的张力,秩序与公正之间的张力。法家研究应该体现法治与政治的双重视角;法家思想正是围绕人类政治的基本困境而呈现。"①由此造成的结果就是,政治的事务归属政治,法治的事务归属法治。换句话说,该君主掌管的由君主掌管,该法治负责的由法治负责。各有场域,并行不悖,但又存在调和的张力。

道自老子起,始成一重要哲学范畴,中经列子、杨朱、庄子等的承继发展,义理玄妙,包容社会人生,及至稷下学者,将道、法相连,用以作治国之策。后期韩非,作《解老》《喻老》,上承老子,中接稷下,以道为根,融法、术、势于一体,以明己之治国方略。"在先秦诸子的系谱上,有三支是相对独立的,分别是:儒、道、法。这里的三家之分,并不是从理论的完备形态上划分的,而是就三家的实质内核及其源流划分的。儒法皆代表城市和国家事务中的学说建构及其理论化,而道家则主要来自乡村和社会生活中的理论建构,当三者开始碰面时,诸子的分化和发展于是开始。"②本书以韩非道法思想研究为题,并不是置韩非法治思想于不顾,乃借此说明道法在先秦的发展脉络及在韩非思想中的意义与展开。

道是中国哲学最重要的范畴之一,古今学者为诠释或阐发这个道,不知已经耗费了多少笔墨。金岳霖在《论道》中有这样的看法:"每一个文化区有它的中坚思想,每一中坚思想有它的最崇高的概念,最基本的原动力。……中国思想中最崇高的概念似乎是道。所谓修道、行道、得道,都是以道为最终目标。思想与情感两方面的基本的原动力似乎也是道。……我在这里当然不谈定义,谈定义则儒道墨彼此之间就难免'道其所道非吾所道的情形发生',而其结果就是此道非彼道。不道之道,各家所欲言而不能尽的道,国人对之油然而生景仰之心的道,万事万物之所不得不由,不得

①　宋洪兵.一种新解读:论法家学说的政治视角与法治视角[J].中国人民大学学报,2022(1):67-81.
②　任文启.王权时代的韩非子批评史研究[M].北京:法律出版社,2019:223.

不依,不得不归的道才是中国思想中最崇高的概念,最基本的原动力。"①中国哲学正是因为有了包括道在内的一系列范畴,才形成了与西方哲学不同的特点。道之所以能由一个表示具体事物的概念抽象为一个哲学范畴,首先在于其自身的字形结构及特有蕴义。《诗经》以道喻理,道开始与其本义分离。《尚书》中的道则渗入了好恶、正直、法则、理义等含义。《左转》《国语》中的社会规律、人伦法则、自然规律逐渐向道融合,道向哲学范畴的升华和抽象可以说已经完成。

最早把道作为最高哲学范畴、视为宇宙本原的是老子。他把道作为万物之始基,"有物混成,先天地生。寂兮寥兮,独立而不改,周行而不殆。可以为天下母,吾不知其名,字之曰道"②。孔孟则用道以表述他们所遵循的学术原则和做人、治国的规范。"子曰:'参乎!吾道一以贯之。'曾子曰:'唯。'子出,门人问曰:'何谓也?'曾子曰:'夫子之道,忠恕而已矣。'"③战国、两汉、魏晋、隋唐时期皆展开对老子之道的理解,其中庄子、韩非、刘安、河上公、王弼、郭象、葛洪较为突出。如果说老子之道重在其本原性和统御性,那么庄子着重在道的同一性和无差别性,"道未始有封"④。韩非将理引入道论中,"道者,万物之所然也,万理之所稽也""万物各异理而道尽"⑤,道不能离开具体事物的理,道尽在万理之中。河上公把老子之道解为产生天地万物的元气,"道生万物,生而不有","元气生万物而不有"。王弼、郭象均把道理解为无。"道者,无之称也,无不通也,无不由也,况之曰道;寂然无体,不可为象。"⑥葛洪认为道是玄,称为玄道。"玄者,自然之始祖,而万

---

① 金岳霖.论道[M].北京:商务印书馆,1987:16.
② 《老子·二十五章》。
③ 《论语·里仁》。
④ 《庄子·齐物论》。
⑤ 《韩非子·解老》。
⑥ 王弼:《论语释疑·述而》。

物之大宗也。眇眛乎其深也，故称微焉；绵邈乎其远也，故称妙焉。"①宋、元、明、清时期，张载、程颢、程颐、朱熹、陆九渊、罗钦顺、王廷相、王夫之等对道均作了注解。张载把气的变化过程称为道，"偏滞于昼夜阴阳者物也，若道则兼体而无累也。以其兼体，故曰'一阴一阳'，又曰'一阖一辟'，又曰'通乎昼夜'。语其推行故曰'道'，语其不测故曰'神'，语其生生故曰'易'，其实一物，指事而异名尔"②。二程、朱熹皆把道称为天理，是凌驾于气的决定者，"离了阴阳更无道，所以阴阳者是道也。阴阳，气也。气是形而下者，道是形而上者，形而上者则是密也"③。陆九渊与二程、朱熹一样把道视为独立于事物之外的决定力量，但他把道做本心讲。其后的罗钦顺、王廷相、王夫之均认为道与万事万物不可分离，道是其中的法则与规律，"道乃天地万物公共之理"④，"器而后有形，形而后有上。无形无下，人所言也。无形无上，显然易见之理"⑤。

老子之道"非常道"，其道之重心实论君主执政之道，处处以天道作为君主的参照。至庄子，道由社会政治制度的构建转向个人内在的心性修养；稷下学派则假借黄老合流之趋而融合道、法，将现实的关注点又拉回社会政治层面；至韩非，虽归本黄老，但仍求老子之道源。这种为当时社会秩序不断承继而寻求哲学依据的理论探索，深刻反映了春秋战国时期人们对于动荡不安、秩序混乱社会的强烈不满，表达了世人普遍渴求社会安定有序的心理状态。许倬云主张："司马谈的六家，选择甚为有道理，都为了建立某种秩序，以统摄包容散乱的现象：阴阳家为了自然的秩序，儒家为了人伦的秩序，墨家为了宗教的秩序，名家为了逻辑的秩序，法家为了统治的秩

① 葛洪：《抱朴子·畅玄》。
② 张载：《正蒙·乾称》。
③ 程颢、程颐：《二程语录》。
④ 罗钦顺：《困知记》卷下。
⑤ 王夫之：《周易外传·系辞上》。

序，道家反秩序，却也有一种反秩序的秩序。"①金耀基也认为中国文化存在一种"秩序情结"，强调"秩序情结"也就是"动乱情结"，"秩序与动乱是一物之二面。诚然，追求秩序与趋避动乱是中国一个突出的文化取向"②。可见，社会秩序恢复与重建是春秋战国时期政治思想的一大主题。就此而论，先秦诸子存在广泛的政治共识。美国学者史华兹亦认为先秦诸子共享的文化取向中包含了一种"秩序至上的观念"（无论在宇宙领域还是在人类领域）。③

韩非对于儒家所谓的仁、义、礼、忠孝、信有近似于儒家的判断标准，都是在宗法体系内以君权至上为前提的。但在一断于法、以刑去刑的苛法面前，这些闪耀着道德光环的字眼总是有些黯淡。在韩非眼中，他所探讨的是社会本来怎样的问题，而不是社会应该怎样的问题。他所设计的政治秩序靠的不是法、术、势本身，也不是道德价值，而是法、术、势一体的合治功效。有人喜欢把韩非与马基雅维利比较，但是史华兹认为，马基雅维利的思想是一种政治艺术而非政治科学，而法家似乎接近19—20世纪社会科学的模式构造者精神，简单地将二者进行比较是不可取的。④

现将本书之主要观点概括如下：

道理论。韩非继承和发展了老子道的思想，并对其进行了改造。他认为"道"是世界万物的总根源，同时又是世界万物所以然的总根据，"道者，万物之始"⑤，"道者，万物之所然也"⑥。所以，事物的生死成败无不是道的作用和表现，"万物得之以死，得之以生；万事得之以败，得之以成"⑦。道虚

---

① 许倬云.秦汉知识分子[M]//王元化.释中国(第3卷).上海：上海文艺出版社,1998：1888.

② 金耀基.金耀基自选集[M].上海：上海教育出版社,2002：262.

③ 史华兹.古代中国的思想世界[M].程钢,译.南京：江苏人民出版社,2004：426.

④ 史华兹.古代中国的思想世界[M].程钢,译.南京：江苏人民出版社,2004：248.

⑤ 《韩非子·主道》。

⑥ 《韩非子·解老》。

⑦ 《韩非子·解老》。

静无形,才能"不制不形,柔弱随时"①。"德"是神不淫于外物而安于自身。神安于自身则身全,这就是所谓德。故"德"是指身全而无所失,也就是自然之身。自然之身是道之功,因为"道者,万物之所以成也"②,自然之身也是道所成,所以说是道之功。故"德"含有满足于道之所成而不自求有成之意。"德"与"道"的联系是一种精神的联系,是精神上与道保持一致,不离开道而别有所图。"德"就是精神上守道、行动上循道。如此再联系到"缘道理以从事"。因为"道理相应",所以"德"(守道、循道)就表现为"覆理而普至"。"覆理"即审理之意。"覆理而普至"就是周遍地审察万物之理。"德"与"理"的联系同样是一种精神的联系,"德"是为了精神上与道保持一致而审察物理。"理"是作为万物之所然的"道"联系万物的中介,是某物之所以成为某物的条理和规则。"理者,成物之文也……物有理不可以相薄,故理之为物之制。"③"道"就是万理所包含的相符合、相一致的普遍的东西,是万理的总概括,"道者……万理之所稽也……万物各异理而道尽"④。可见,韩非之"理"是指事物的特殊规律,"道"则指事物的普遍规律,这种唯物主义的观点,应是对中国哲学发展史的一个贡献。人之性,在韩非看来,既谈不上善,也谈不上恶,而不过是一个基本的、自然的事实。他认为人之本性根本不可移易,由此对于儒家所宣扬的仁义之道不抱任何希望。"既然'人情好利'既是一个无法完全抹杀的社会常态,同时又与整个社会现实相密接,那么政治治理就应该以整个社会现实为根本前提,治国标准必须充分观照并体现'人情'这一最大最恒定的社会现实。"⑤要维护社会的稳定和正常的秩序,只有靠严刑峻法,外加权势谋术。韩非指出,凡是治理天下,

---

① 《韩非子·解老》。

② 《韩非子·解老》。

③ 《韩非子·解老》。

④ 《韩非子·解老》。

⑤ 宋洪兵,孙家洲.韩非子解读[M].北京:中国人民大学出版社,2010:112.

一定要依据人之常情。人之常情，有喜好、厌恶，所以奖赏、刑罚可以使用；奖罚、刑罚可以使用，禁令法制就可以建立而治国之法亦可以完备。他同时指出，权柄可以决定臣民的生死，威势足以制服众人的不满。只要赏罚得当，听言以参，即使有些事不顺民意，民众也不会悖逆。

道法论。"道"与"法"的关系，在先秦经过了由"道生法""隆礼重法"到"因道全法"的发展过程。《经法·道法》开篇即说："道生法。"道成为法的来源，一方面，通过法使道有了社会性，可以在社会中发挥它的作用；另一方面，为现实的法律制度提供了合理性的根据，使法具有了不可侵犯的权威性。在韩非看来，道是完美无缺、纯而又纯的。它宏大无形、独立不改、公正无私、规范划一。虽然，韩非没有像《经法》那样直接明了地提出"道生法"的思想，但他提出了"因道全法"的主张。韩非认为，法必须"因道"而立，只有这样，法才能从道那里得到各种完美的属性，这样的法才是良法。如果是"释道"而立法，法必然与道相悖，推行法治将是不可能的。衡量法的好坏，其标准仅在于看它是否"因道"。所谓"因道全法"，即得"道"之君，"因人之情"而制法，然后把人民交给"法"去管理，使人民觉得"祸福生乎道法，而不出乎爱恶，荣辱之责在乎己，而不在乎人"①，对君主亦无怨恶之心，达到"无为而治"。

君道论。韩非从道与万物的一多关系的角度充分论证了君臣之间尊卑贵贱的合理性，其思路遵循了先秦诸子普遍认同的"天人"同构路径。人类社会"君不同于群臣"的等级秩序，根本依据就在于"道不同于万物"的自然秩序。按照韩非的理论，道只能为君主所掌握，而道又是独一无二的，它起着左右和支配一切的作用。在现实生活中，君主就是一切，至高无上，独一无二。其实，韩非子在此要表达的中心思想，在于从道与万物的一多关系的角度论证君尊臣卑关系对于秩序恢复的重要性。也就是说，此处主要

① 《慎子·逸文》。

内涵在于"君臣不同道",君主相对于臣民而言,其尊贵地位就相当于"道"相对于"万物"的关系。

法治论。韩非法治论是其道论思想的现实观照。它以道为其整个政治思想的哲学基础,以人性好利为其出发点,主张君主治国应该抱法、用术、处势;无书简之文,弃伦常之礼,以法为教,以吏为师;以刑去刑,严刑重罚;君主要集权、独断。言其法治之结果,梁启超曾言:"法家起战国中叶,逮其末叶而大成,以道家之人生观为后盾,而参用儒墨两家正名核实之旨,成为一种有系统的政治学说,秦人用之以成统一之业。汉承秦规,得有四百年秩序的发展。盖汉代政治家萧何、曹参,政治家贾谊、晁错等,皆用其道以规划天下。及其末流,诸葛亮以偏安艰难之局,犹能使'吏不容奸,人怀自厉'(《三国志·诸葛亮传》陈寿评语),其得力亦多出法家。信哉卓然成一家之言!直至今日,其精神之一部分,尚可以适用也。虽然,此果足为政治论之正则乎?则更有说。"①梁公所言,值得谨记。尤其"直至今日,其精神之一部分,尚可以适用也"一语,足可为研究法家及至韩非者仔细斟酌。

韩非是一个理想主义者,他往往以明君、明主、圣人等为治国者而展开论述,期待在他们的治理下,出现太平盛世。"法家是有政治理想的一个学派。……作为一个新兴阶级的思想家,他觉得肩负着为全体民众谋利益的重任,应该为实现政治理想而奋斗。这种全民利益的想法只是一种心造的幻影,按历史发展的结果来说,甚至可以说是虚伪的,但在当时面临着巩固和发展新的社会制度,要求击破反动势力的干扰那样一个历史阶段,这种政治责任和理想却给韩非以巨大的勇气。"②从终极的政治追求而言,他与孔子等先秦儒家有共同点,都在努力维护等级名分。孔子将礼推向了平

---

① 梁启超.先秦政治思想史[M].天津:天津古籍出版社,2003:177.
② 周勋初.《韩非子》札记[M].南京:凤凰出版社,2021:81.

民，韩非则将刑推向了贵族。"在孔子那里，至上的天子概念主要是为了让天下各安其分，包括诸侯在内的各种等级都和谐相处，而在韩非那里，至上的君王概念主要是为了让君王守住自己的国家，对外免于被敌国侵吞，对内免于被奸劫弑臣篡夺权位。"①宋洪兵教授指出了先秦诸子的思想"统一"与认识"共识"体现在两个方面："其一，在救世情怀方面……先秦六家思想都在追求一种'治世'图景，都渴望能够天下太平、家给人足、繁荣稳定。差别只在于各自预达成这一理想与愿望的途径与方法不同而已。其二，在基本的政治价值层面，强调先秦诸子思想都同源于'古之道术'。也就是说，先秦诸子之间无论存在怎样的观点分歧和矛盾冲突，但是在最根本的政治价值层面上都不能违背一个根本政治原则和总根源。"②这个根本的政治原则和总根源，就是"内圣外王之道"。实为至言。

对王道政治的认同，使韩非对未来秩序的设定有了更多丰富内容的追求，表现突出的在于他更关注如何实现，而不是一味设想。韩非阐述的理想社会是"正明法，陈严刑，将以救群生之乱，去天下之祸，使强不凌弱，众不暴寡，耆老得遂，幼孤得长，边境不侵，君臣相亲，父子相保，而无死亡系虏之患，此亦功之至厚者也"③。这是人人所梦的社会，更是个个所望的世界。更有甚者，《慎子·逸文》和《韩非子》都有这样一段话："古之全大体者：望天地，观江海，因山谷，日月所照，四时所行，云布风动；不以智累心，不以私累己；寄治乱于法术，托是非于赏罚，属轻重于权衡；不逆天理，不伤情性；不吹毛而求小疵，不洗垢而察难知；不引绳之外，不推绳之内；不急法之外，不缓法之内；守成理，因自然；祸福生乎道法，而不出乎爱恶；荣辱之责在乎己，而不在乎人。故至安之世，法如朝露，纯朴不散，心无结怨，口无烦言。故车马不疲弊于远路，旌旗不乱于大泽，万民不失命于寇戎，雄骏不创寿于

① 任文启.王权时代的韩非子批评史研究[M].北京：法律出版社，2019：245.
② 宋洪兵.韩非子政治思想再研究[M].北京：中国人民大学出版社，2010：89.
③ 《韩非子·奸劫弑臣》。

旗幢;豪杰不著名于图书,不录功于盘盂,记年之牒空虚。故曰利莫长于简,福莫久于安。"①这是终极法家意义上的"至治之国",也是韩非如同先秦诸子一般对未来"共识"秩序社会的向往。

我们欣赏韩非观察社会的犀利眼光和入木三分的锐利笔锋,我们也理解韩非为存韩之良苦用心和不善言辞之说难困窘。"韩非子与其他先秦诸子一样,都以一种强烈的政治责任感和救世情怀,主张结束社会的混乱局面,实现社会秩序的恢复与重建,从而使天下百姓过上一种富足、安定、祥和的生活,并对最终实现一个正义、和谐、稳定、淳朴的理想社会充满了期待和憧憬。"②然而,我们更期冀的是先贤梦想般大同社会的来临。"韩非提出的通过法而达到不用法的理想,包含着辩证法的因素,但韩非对法的作用的看法从根本上来说是错误的。马克思指出'社会不是以法律为基础的。那是法学家们的幻想。相反地,法律应该以社会为基础。法律应该是社会共同的、由一定物质生产方式所产生的利益和需要的表现,而不是单个的个人的恣意横行'。韩非正是把法看成社会的基础,并把君主执行法治的效能无限夸大了。"③

---

① 《韩非子·大体》。

② 宋洪兵,孙家洲.韩非子解读[M].北京:中国人民大学出版社,2010:60.

③ 周勋初.《韩非子》札记[M].南京:凤凰出版社,2021:201.

参考文献

一、著作

俞樾.诸子平议[M].上海:商务印书馆,1936.

王世琯.韩非子研究[M].上海:商务印书馆,1936.

陈启天.韩非子参考书辑要[M].北京:中华书局,1945.

戴望.管子校正[M].北京:中华书局,1954.

钱熙祚,校.慎子[M].北京:中华书局,1954.

任继愈.老子今译[M].北京:古籍出版社,1956.

周钟灵.韩非子的逻辑[M].北京:人民出版社,1958.

赵海金.韩非子研究[M].台北:正中书局,1967.

杨国荣.中国古代思想史[M].北京:人民出版社,1973.

陈奇猷.韩非子集释(上、下)[M].上海:上海人民出版社,1974.

钟哲.法家的杰出代表:韩非[M].北京:人民出版社,1974.

封思毅.韩非子思想散论[M].台北:台湾商务印书馆,1975.

姚蒸民.韩非子通论[M].台北:三民书局,1978.

王邦雄.韩非子的哲学[M].台北:东大图书公司,1979.

吴秀英.韩非子研议[M].台北:文史哲出版社,1979.

休谟.人性论[M].关文运,译.北京:商务印书馆,1980.

周勋初.《韩非子》札记[M].江苏:江苏人民出版社,1980.

谢云飞.韩非子析论[M].台北:东大图书公司,1980.

容肇祖.韩非的著作考[M].上海:上海古籍出版社,1982.

徐汉昌.韩非子释要[M].台北:黎明文化事业公司,1982.

郑良树.韩非之著述及思想[M].台北:学生书局,1982.

任继愈.中国哲学发展史(先秦)[M].北京:人民出版社,1983.

王明.道家和道教思想研究[M].北京:中国社会科学出版社,1984.

戴望.管子校正[M].上海:上海书店出版社,1986.

张纯,王晓波.韩非思想的历史研究[M].北京:中华书局,1986.

翦伯赞.先秦史[M].北京:北京大学出版社,1988.

余明光.黄帝四经与黄老思想[M].哈尔滨:黑龙江人民出版社,1989.

孙实明.韩非思想新探[M].武汉:湖北人民出版社,1990.

闫笑非.韩非研究丛稿[M].长春:吉林大学出版社,1991.

张觉.商君书全译[M].贵阳:贵州人民出版社,1992.

张觉.韩非子全译[M].贵阳:贵州人民出版社,1992.

陈启天.中国法家概论　韩非　韩非法治论　法家政治哲学[M].上海:上海书店,1992.

郑良树.韩非子知见数目[M].台北:台湾商务印书馆,1993.

高柏园.韩非哲学研究[M].台北:文津出版社,1994.

韩东育.天人·人际·身心:中国古代"终极关怀"思想研究[M].长春:东北师范大学出版社,1994.

高明.帛书老子校注[M].北京:中华书局,1996.

高专诚.专制之父:韩非子[M].北京:中国华侨出版社,1996.

谷方.韩非与中国文化[M].贵阳:贵州人民出版社,1996.

边沁.政府片论[M].沈叔平,译.北京:商务印书馆,1997.

丁原明.黄老学论纲[M].济南:山东大学出版社,1997.

陈奇猷.韩非子新校注[M].上海:上海古籍出版社,2000.

陈桐生.天柱断裂之后:战国文人心态史[M].石家庄:河北教育出版社,2001.

董平.中国传统文化与现代化[M].北京:中国政法大学出版社,2001.

莱斯利·里普森.政治学的重大问题[M].刘晓,等译.北京:华夏出版社,2001.

刘泽华.中国古代政治思想史[M].天津:南开大学出版社,2001.

钱穆.先秦诸子系年[M].北京:商务印书馆,2001.

钱穆.庄老通辨[M].北京:生活·读书·新知三联书店,2002.

周炽成.荀子韩非子的社会历史哲学[M].广州:中山大学出版社,2002.

崔永东.道德与中西法治[M].北京:人民出版社,2002.

崔大华,汤漳平,徐仪明,等.道家与中国文化精神[M].郑州:河南人民出版社,2003.

陈鼓应.老子今注今译[M].北京:商务印书馆,2003.

丁德科.先秦儒道一统思想述论[M].西安:陕西人民出版社,2003.

侯外庐.中国古代社会史论[M].石家庄:河北教育出版社,2003.

刘乾先,韩建立,张国昉,等.韩非子译注[M].哈尔滨:黑龙江人民出版社,2003.

石磊,董昕.商君书译注[M].哈尔滨:黑龙江人民出版社,2003.

杨鸿烈.中国法律思想史[M].北京:中国政法大学出版社,2004.

张富祥.韩非子解读[M].济南:泰山出版社,2004.

韩星.先秦儒法源流述论[M].北京:中国社会科学出版社,2004.

侯外庐,赵纪彬,杜国庠.中国思想通史(第1卷)[M].北京:人民出版社,2004.

黎翔凤.管子校注[M].北京:中华书局,2004.

龙大轩.道与中国法律传统[M].济南:山东人民出版社,2004.

韦政通.中国思想史[M].上海:上海书店出版社,2004.

周谷城.中国通史[M].上海:上海人民出版社,2004.

周少来.人性、政治与制度:应然政治逻辑及其问题研究[M].北京:中国社会科学出版社,2004.

周可真.哲学与文化研究[M].南京:江苏人民出版社,2005.

魏义霞.七子视界:先秦哲学研究[M].北京:中国社会科学出版社,2005.

徐大同.西方政治思想史[M].天津:天津人民出版社,2005.

戴黍.《淮南子》治道思想研究[M].广州:中山大学出版社,2005.

罗安宪.虚静与逍遥:道家心性论研究[M].北京:人民出版社,2005.

周可真.明清之际新仁学:顾炎武思想研究[M].北京:中国大百科全书出版社,2006.

童书业.先秦七子思想研究[M].北京:中华书局,2006.

许建良.先秦道家的道德世界[M].北京:中国社会科学出版社,2006.

亚里士多德.政治学[M].吴寿彭,译.北京:商务印书馆,2006.

詹剑峰.老子其人其书及其道论[M].武汉:华中师范大学出版社,2006.

张觉.韩非子校注[M].长沙:岳麓书社,2006.

张伟仁.先秦政法理论[M].陈金全,注.北京:人民出版社,2006.

杨玲.中和与绝对的抗衡:先秦法家思想比较研究[M].北京:中国社会科学出版社,2007.

陈鼓应.黄帝四经今注今译[M].北京:商务印书馆,2007.

焦循.孟子正义[M].北京:中华书局,2007.

马作武.中国法律思想史纲[M].广州:中山大学出版社,2007.

王长华.春秋战国士人与政治[M].石家庄:河北教育出版社,2007.

王晓波.道与法:法家思想和黄老哲学解析[M].台北:台湾大学出版中心,2007.

熊十力.韩非子评论与友人论张江陵[M].上海:上海书店出版社,2007.

徐克谦.先秦思想文化论札[M].北京:中华书局,2007.

王叔岷.先秦道法思想讲稿[M].北京:中华书局,2007.

武树臣,李力.法家思想与法家精神[M].北京:中国广播电视出版社,2007.

张岱年.中国哲学大纲[M].北京:中国社会科学出版社,2008.

郭沫若,王元化,等.韩非子二十讲[M].北京:华夏出版社,2008.

李泽厚.中国现代思想史论[M].北京:生活·读书·新知三联书店,2008.

梁启雄.韩子浅解[M].北京:中华书局,2009.

张觉.韩非子:帝王的法术[M].上海:上海古籍出版社,2009.

杨伯峻.孟子译注[M].北京:中华书局,2010.

高亨.老子注译[M].北京:清华大学出版社,2010.

刘笑敢.庄子哲学及其演变[M].北京:中国人民大学出版社,2010.

牟宗三.中国哲学十九讲[M].长春:吉林出版集团有限责任公司,2010.

蒋重跃.韩非子的政治思想[M].北京:北京师范大学出版社,2010.

乔治·霍兰·萨拜因.政治学说史[M].邓正来,译.上海:上海人民出版社,2010.

王充.论衡[M].上海:上海古籍出版社,2010.

张觉.韩非子校疏[M].上海:上海古籍出版社,2010.

萧公权.中国政治思想史[M].北京:商务印书馆,2011.

白钢.中国政治制度通史[M].北京:社会科学文献出版社,2011.

高亨.商君书注译[M].北京:清华大学出版社,2011.

何勤华.法律文化史研究[M].北京:商务印书馆,2011.

吕思勉.先秦学术概论[M].北京:中国人民大学出版社,2011.

施觉怀.韩非评传[M].南京:南京大学出版社,2011.

王弼.老子道德经注[M].北京:中华书局,2011.

张觉.韩非子校疏析论[M].北京:知识产权出版社,2011.

(清)顾炎武.日知录[M].上海:上海古籍出版社,2012.

张岂之.中国思想通史[M].西安:西北大学出版社,2012.

班固.汉书[M].北京:中华书局,2012.

郭沫若.十批判书[M].北京:人民出版社,2012.

蒋国保,余秉颐.方东美哲学思想研究[M].北京:北京大学出版社,2012.

孟德斯鸠.论法的精神[M].钟书峰,译.北京:光明日报出版社,2012.

钱穆.论语新解[M].北京:生活·读书·新知三联书店,2012.

王先谦.庄子集解[M].北京:中华书局,2012.

张素贞.国家的秩序:韩非子[M].北京:中国友谊出版公司,2013.

郭庆藩.庄子集释[M].北京:中华书局,2013.

蒋伯潜.诸子通考[M].上海:上海古籍出版社,2013.

王文锦.礼记译解[M].北京:中华书局,2013.

王先谦.荀子集解[M].北京:中华书局,2013.

王先慎.韩非子集解[M].北京:中华书局,2013.

段玉裁.说文解字注[M].北京:中华书局,2013.

冯友兰.中国哲学简史[M].赵复三,译.北京:生活·读书·新知三联书店,2013.

葛兆光.中国思想史[M].上海:复旦大学出版社,2013.

271

史华兹.古代中国的思想世界[M].程钢,译.南京:江苏人民出版社,2013.

孙诒让.墨子闲诂[M].北京:中华书局,2014.

徐复观.中国人性论史·先秦篇[M].北京:九州出版社,2014.

司马迁.史记[M].北京:中华书局,2014.

程树德.论语集释[M].北京:中华书局,2014.

蒋鸿礼.商君书锥指[M].北京:中华书局,2014.

梁启超.先秦政治思想史[M].北京:商务印书馆,2014.

吕思勉.先秦史[M].南京:江苏人民出版社,2014.

马基雅维利.君主论[M].吕健中,译.北京:中华书局,2014.

杨伯峻.论语译注[M].北京:中华书局,2015.

胡适.中国哲学史大纲[M].北京:中华书局,2015.

宋洪兵.循法成德:韩非子真精神的当代诠释[M].北京:生活·读书·新知三联书店,2015.

张广生.文明与国家:政治哲学的考察[M].北京:华夏出版社,2016.

喻中.法家三期论[M].北京:法律出版社,2017.

宋洪兵.韩学源流[M].北京:法律出版社,2017.

武树臣.中国法律思想史(第2版)[M].北京:法律出版社,2017.

宋洪兵.法家学说及其历史影响[M].上海:上海古籍出版社,2018.

喻中.法与术:喻中读韩非[M].北京:中国法制出版社,2018.

喻中.法家的现代性[M].北京:法律出版社,2018.

魏治勋.新法家法治论[M].北京:法律出版社,2018.

高华平,张永春.先秦诸子研究论文集[M].南京:凤凰出版社,2018.

贺海仁.法理中国论稿[M].北京:社会科学文献出版社,2019.

王威威.治国与教民:先秦诸子的争鸣与共识[M].北京:中国社会科学出版社,2019.

许抗生.中国法家[M].北京:中国书籍出版社,2021.

周勋初.《韩非子》札记[M].南京:凤凰出版社,2021.

二、论文(2000—2022年的主要相关论文)

李甦平.论韩非"法势术"的哲学逻辑结构[J].齐鲁学刊,2000(1):41-44.

蒋重跃.韩非对传统观念文化的批判:兼论其政治实用主义本质[J].辽宁大学学报(哲学社会科学版),2000(2):61-65.

周海燕.试述先秦的"法治"理论[J].云南法学,2000(2):107-109.

时永乐,王景明.《韩非子》校勘商榷[J].古籍整理研究学刊,2000(2):26-30,38.

肖兴.《韩非子》的"皆"考察[J].古汉语研究,2000(4):40-47.

刘永凯.评韩非子的《说难》[J].零陵师范高等专科学校学报,2000(4):14-16.

杜新艳.《韩非子》中的"可"[J].殷都学刊,2000(4):98-100.

靳平川.论韩非政治思想的逻辑线索[J].求实,2001(S1):70-71.

武少民,郑瑞侠.论韩非的历史观[J].社会科学辑刊,2001(1):108-112.

赖美琴.韩非政治哲学的排异性与其思维方式的绝对性[J].现代哲学,2001(1):77-81.

陆昕.法家学说衰落探源[J].社会科学论坛,2001(4):37-39.

汤一介.论中国先秦解释经典的三种模式[J].北京行政学院学报,2002(1):66-72.

李振纲.人性、霸道及权力意志:韩非子的法哲学论析[J].燕山大学学报(哲学社会科学版),2002(3):1-7.

张道勤.试论韩非"生而好利"人性观在其法术理论形成中的作用[J].

浙江大学学报（人文社会科学版），2002（4）：21-25.

韩晖，郭宝军.韩非子思想矛盾性浅析[J].广西右江民族师专学报（哲学社会科学版），2002（5）：34-37.

张翠萍.韩非子的"法治"思想及现实意义[J].山西高等学校社会科学学报，2002（7）：23-25.

徐祥民.申不害的法治思想及其局限性[J].文史哲，2003（2）：33-37.

周志武，高剑平.马基雅维利与韩非子政治思想之比较[J].广西民族学院学报（哲学社会科学版），2003（S2）：152-155，240.

夏云，颜旭.试论韩非子的尊君思想[J].汕头大学学报（人文社会科学版），2003（4）：30-38.

林存光.韩非的政治学说述评[J].政治学研究，2004（1）：53-60.

檀莉.论韩非子"势"的政治思想[J].理论探索，2004（1）：85-86.

周炽成.论韩非子不两立的思维方式[J].华南师范大学学报（社会科学版），2004（1）：3-6，24.

黄舜.从韩非法治思想的形成析其对孔子的认识转变[J].平顶山师专学报，2004（1）：86-88.

孙季萍，徐承凤.韩非子的权力制约思想[J].烟台大学学报（哲学社会科学版），2004（3）：299-303.

孟庆丽.韩非子以"用"为本的言意论[J].社会科学辑刊，2004（4）：139-142.

蒋重跃.试论道法两家历史观的异同[J].文史哲，2004（4）：73-80.

郝启秋.韩非子法思想研究[J].安阳师范学院学报，2004（4）：43-46.

王爱平.从韩非子看道法合流及其对传统政治文化的影响[J].南开学报（哲学社会科学版），2004（6）：101-105.

王保国.法家利民学说的政治学评析：以商鞅、韩非思想为中心[J].郑州大学学报（哲学社会科学版），2004（6）：84-87.

高建立.墨子尚同说的专制性特征解析:兼及尚同说对韩非君主专制思想的影响[J].河南师范大学学报(哲学社会科学版),2005(1):16-19.

车淑娅.论《韩非子》中的"之"[J].山西师大学报(社会科学版),2005(2):140-143.

宋洪兵.论先秦身教政治理论的演变:兼论韩非的"术治"思想[J].政治学研究,2005(4):96-105.

陈宇,周拯.韩非子与西塞罗法治思想比较研究[J].重庆工商大学学报(社会科学版),2005(4):107-110.

顾世群,潘素洁.从思想源流看儒、法专制主义之分殊[J].广西社会科学,2005(10):193-195.

周春生."法"与"道":韩非政治法律思想源流辨析[J].上海师范大学学报(哲学社会科学版),2005(4):41-47.

江贻隆,陆建华.韩非之礼学[J].江汉论坛,2006(1):94-96.

万江红,张远芝.韩非子与马基雅维里社会思想比较[J].理论观察,2006(1):49-50.

冯兵.韩非子的治国思想探微[J].青海师范大学学报(哲学社会科学版),2006(3):57-61.

赵叶花.试论韩非子对老子思想的继承和发展[J].太原师范学院学报(社会科学版),2006(3):25-27.

周炽成.法家政治思想中的现实主义和个人主义倾向[J].学术研究,2006(4):30-34.

商原,李刚.道、法人性论之维的现代审视[J].哲学研究,2006(5):43-48,127-128.

杨贵生.韩非子与马基雅维利的政治思想比较[J].黔东南民族师范高等专科学校学报,2006(5):7-9.

张觉,马静.论韩非的人性"自利"观:兼驳对韩非思想的种种误解[J].

上海财经大学学报,2006(5):18-25.

刘长江.先秦时期德治与法治关系辨析[J].四川文理学院学报(社会科学),2006(6):81-84.

武晓耕.同途殊归:韩非子与马基雅维里思想之比较[J].哈尔滨学院学报,2006(10):82-85.

甄自恒.社会秩序的强力性重构:耕战与赏罚——韩非子的现实旨趣[J].学术交流,2006(10):27-30.

宋洪兵.韩非子政治思想再研究纲要:共识视域中政治价值与政治措施的有机融合[J].东北师大学报(哲学社会科学版),2007(2):38-43.

秦茂森.荀韩人性思想之比较[J].内蒙古农业大学学报(社会科学版),2007(3):22-23,26.

洪琢.韩非法治思想及其消极后果[J].南京理工大学学报(社会科学版),2007(3):60-65.

王吉梅.韩非法治思想对后世的影响[J].重庆科技学院学报(社会科学版),2007(4):55-56.

徐莹.庄子与韩非子人性论思想之比较[J].内蒙古农业大学学报(社会科学版),2007(4):351-353.

耿雪萍,李洁.韩非子和马基雅维里法治思想的异同探析[J].河北青年管理干部学院学报,2007(4):83-86.

李颖.道为法家之本根:论韩非思想的哲学依据[J].湘潭师范学院学报(社会科学版),2007(5):23-26.

周炽成.法家的道理之论:从管子到韩非子[J].华南师范大学学报(社会科学版),2007(6):3-8,19.

孙学峰,杨子潇.韩非子的国家间政治思想[J].国际政治科学,2008(2):81-97,4.

杨志才.非道德主义的道德:评韩非子的政治道德观[J].焦作师范高等

专科学校学报,2008(3):42-45.

韦正翔.墨家和法家思想与西方趋利思想的关系分析[J].中国人民大学学报,2008(4):77-81.

张觉.《韩非子》所记古代史实辨证[J].东南大学学报(哲学社会科学版),2008(4):77-80.

向明瑞.韩非子学说的特质[J].太原师范学院学报(社会科学版),2008(5):26-29.

杨玲.法家:反智还是崇智?[J].甘肃高师学报,2008(6):18-21.

王水珍.马基雅维里和韩非子法制思想的异同辨析[J].法制与社会,2008(8):52.

关立新.韩非子历史哲学的现代审视[J].学术交流,2009(3):7-11.

安媛媛.论韩非法治思想与君主专制[J].法制与经济(下旬刊),2009(6):40-41.

段竞松.韩非的"君权观"刍议[J].重庆科技学院学报(社会科学版),2009(10):46-47.

梁剑.墨子、荀子与韩非子国家观的逻辑学理考究[J].理论月刊,2009(10):56-58.

王顺然."礼仁"与"礼法":从孔子到荀子再到韩非的简要考察[J].孔子研究,2010(1):66-69.

王泽民.韩非子管理思想述略[J].西北民族大学学报(哲学社会科学版),2010(1):110-115.

姚日晓,杜玉俭.韩非子经典阐释思想研究[J].中北大学学报(社会科学版),2010(1):17-21.

颜世安.荀子、韩非子、庄子性恶意识初议[J].南京大学学报(哲学·人文科学·社会科学版),2010(2):63-78,159.

周炽成.韩非子之学的复兴与新法家的产生:20世纪初、中期的历史回顾[J].华南师范大学学报(社会科学版),2010(2):129-135.

郭美星,覃丽艳.试论先秦法家之尧舜观及其对后世的影响:以《韩非子》为中心[J].牡丹江大学学报,2010(3):12-14.

冯建辉.韩非子政治哲学刍议[J].中共南昌市委党校学报,2010(4):34-37.

蒋重跃.从词语的不同内涵看中国古代的政治变革:试析《韩非子》的忠、贤、仁[J].河北学刊,2010(5):63-66.

向达.历史场域中的张力:韩非子的思想渊源探析[J].四川行政学院学报,2010(6):55-58.

梁雪霞.析韩非子术论的特征及影响[J].牡丹江大学学报,2010(10):3-5.

汪蕾.韩非子的中央集权制国家建构思想[J].重庆科技学院学报(社会科学版),2010(19):48-50.

宋洪兵.古代中国"王霸并用"观念及其近代形态[J].求是学刊,2011(2):147-152.

高丹.浅论《韩非子》对儒家孝道的消解[J].南昌教育学院学报,2011(4):22-24.

刘亮.最近十年之《韩非子》思想研究述评[J].管子学刊,2011(4):119-125.

赵俊岗.《君主论》与《韩非子》政治思想的异同[J].衡水学院学报,2011(5):78-81.

白彤东.韩非子与现代性—个纲要性的论述[J].中国人民大学学报,2011(5):49-57.

张文琪.韩非子的政治心理学思想[J].天水行政学院学报(哲学社会科学版),2011(6):29-32.

王运佳.试比较《道法》与《韩非子》之异同[J].牡丹江大学学报,2011

(10):3-5,8.

陈炎.韩非子与马基雅维里的政治哲学[J].复旦学报(社会科学版),2012(1):49-55.

李培志.帛书《黄帝书》与《韩非子》"齐家"思想比较:兼论《黄帝书》的产生年代[J].吉首大学学报(社会科学版),2012(2):57-62,112.

刘明武,任慧娟.天文·人文·法律:从自然法到人文法[J].中国政法大学学报,2012(4):5-13.

刘亮.西方古代自然法学说与《韩非子》思想之比较[J].齐鲁学刊,2012(5):33-38.

白彤东.韩非子:第一个现代政治哲学家[J].世界哲学,2012(6):33-37.

耿文娟.春秋战国时期法家管理思想研究[J].兰台世界,2013(3):16-17.

李庆喜.韩非子"无为而治"思想对现代企业管理的意义[J].长江论坛,2013(3):44-47.

周庆峰.解构与承继:《韩非子》法治理念的时代转换[J].政法学刊,2013(3):66-71.

宋洪兵.论熊十力的"韩非学"研究:兼及"了解之同情"何以可能?[J].求是学刊,2013(5):14-22.

魏艳枫.德教与刑罚:荀子与韩非性恶观比较[J].东北师大学报(哲学社会科学版),2013(6):251-253.

张顺,马骦.韩非子权力制约观的当代启示[J].社会科学家,2013(11):140-143.

熊灿斌.先秦法家韩非的法治学说评析[J].兰台世界,2013(15):22-23.

王建.韩非子"法治"思想研究[J].兰台世界,2013(33):135-136.

卢伟豪.韩非子"三位一体"的法家哲学体系论略[J].兰台世界,2013(36):140-141.

王群韬.《韩非子》中的"道法"思想探析[J].桂林师范高等专科学校学报,2014(3):29-34.

林光华.由"道"而"理":从《解老》看韩非子与老子之异同[J].人文杂志,2014(4):1-8.

夏增民.论韩非子的政治价值观[J].咸阳师范学院学报,2014(5):4-9.

吴春雷,司马守卫.韩非子和柏拉图:"法治"思想中"君"与"法"关系之辩[J].大连海事大学学报(社会科学版),2014(5):78-83.

宋洪兵.老子、韩非子的"自然"观念及其政治蕴含[J].江淮论坛,2015(2):80-86.

赵立庆,王敏光.先秦哲学视域中的个体性思想引论:以墨子与韩非子为线索[J].广西师范大学学报(哲学社会科学版),2015(2):37-42.

刘佳璇.韩非子的"法"、"势"、"术"与现代管理[J].兰台世界,2015(18):158-159.

孔庆平.韩非子治道思想的核心及其困境[J].中山大学学报(社会科学版),2016(6):177-185.

张波.从韩非子的"法术势"思想谈领导把握公平与平衡的尺度[J].领导科学,2016(22):4-6.

周四丁.论韩非的无为领导方略[J].江淮论坛,2016(4):85-91.

宋洪兵.桓范《世要论》与"韩学"研究[J].江淮论坛,2016(4):78-84.

戴木茅.《韩非子》揭示的领导身边的"小权力"[J].领导科学,2016(4):54-56.

彭新武.论中国传统术治主义[J].中国人民大学学报,2016(1):147-154.

王勇.《子藏》所收《韩非子》版本指瑕[J].中国典籍与文化,2016(1):

52-56.

孙长祥.《韩非子》的思维方法:以解决问题为主的思维范例[J].逻辑学研究,2017(4):17-36.

喻中.韩非学的历史世界[J].甘肃政法学院学报,2017(6):41-57.

王宏强.韩非"人情论"新探[J].史学月刊,2017(11):33-45.

戴木茅.政治真实与知人之术:基于《韩非子》术论的分析[J].中国哲学史,2017(4):9-14,22.

宋洪兵.先秦法家政治正当性的理论建构[J].北京师范大学学报(社会科学版),2017(6):68-85.

张庆利.《韩非子》的法治精神与文章风格[J].东北师大学报(哲学社会科学版),2017(5):122-126.

杨玲,闫丽红.《韩非子·内储说上》篇"孔子言"论法文献脞说[J].甘肃社会科学,2017(4):68-73.

宋洪兵.韩学极盛与秦二世而亡[J].求是学刊,2017(4):142-151.

宋洪兵.论王充的"韩学"研究[J].哲学研究,2017(5):53-62,127-128.

李锐.再论商韩的人性论[J].江淮论坛,2017(3):27-33,193.

周炽成.先秦有法家吗? ——兼论"法家"的概念及儒法关系[J].哲学研究,2017(4):48-55,128-129.

焦秀萍.论韩非子的政治哲学:"不两立"哲学思维与"务力"政治思想的有机融合[J].晋阳学刊,2017(2):20-26.

王正.礼与法:荀子与法家的根本差异[J].中国哲学史,2018(4):31-37.

郑开.道法之间:黄老政治哲学的思想空间[J].清华大学学报(哲学社会科学版),2018(6):77-101,193-194.

张剑伟.论韩非子《解老》对"上德不德"章的理解[J].广西民族大学学报(哲学社会科学版),2018(5):102-108.

杨婕. 良法利于善治：略论《韩非子》的治国之道[J]. 前线，2018（7）：110.

李宏亮. 韩非子治国理论的逻辑[J]. 河北大学学报（哲学社会科学版），2018（3）：72-76.

宋洪兵. 韩非子道论及其政治构想[J]. 政法论坛，2018（3）：51-65.

孔庆平. 试论《韩非子》法的基础与正当性[J]. 政法论坛，2018（3）：41-50.

冯艳艳. 韩非子赏罚思想的经济分析：以赏罚"审计"原则为例[J]. 北京行政学院学报，2018（3）：104-111.

刘亮. 被忽视的性善说：《韩非子·解老》篇人性观探微[J]. 天津社会科学，2019（1）：156-160.

高专诚.《史记》所见"韩非之死"辨析[J]. 晋阳学刊，2020（1）：117-126.

孙童真. 韩非子内部控制思想的三元架构及时代价值分析[J]. 财会通讯，2019（34）：116-120.

高华平. 先秦《老子》文本的演变：由《韩非子》等战国著作中的《老子》引文来考察[J]. 中州学刊，2019（10）：107-118.

窦兆锐.《韩非子·初见秦》篇作者考[J]. 史学月刊，2019（9）：13-22.

宋洪兵. 善如何可能？圣人如何可能？——韩非子的人性论及内圣外王思想[J]. 哲学研究，2019（4）：72-81.

王威威. "理"、"势"、"人情"与"自然"：韩非子的"自然"观念考察[J]. 晋阳学刊，2019（2）：131-137.

张异芬. 再论韩非子的法治思想[J]. 中华文化论坛，2019（1）：75-81，157.

白彤东. 韩非子对儒家批评之重构[J]. 中国哲学史，2020（6）：46-52.

陈闯. 学术史视野下的"评法批儒"运动研究：以南京大学《韩非子》校注组为中心[J]. 孔子研究，2020（5）：57-66.

白彤东.韩非子对古今之变的论说[J].复旦学报(社会科学版),2020(5):37-46.

张娜.无情有义:韩非子与柏拉图正义思想之异同[J].北京师范大学学报(社会科学版),2020(5):141-150.

刘亮.《韩非子·解老》"德"论锥指[J].南开学报(哲学社会科学版),2020(3):150-156.

刘亮.《史记》韩非子"归本于黄老"锥指[J].江海学刊,2020(3):185-193.

孙亚鹏.追根寻源:《韩非子》海外传播"经过路径"中的放送者研究[J].中国比较文学,2020(2):161-171.

肖鹏.韩非子"以法为本"思想的逻辑自洽性和历史合理性:兼论其利弊得失对现代法治的借鉴意义[J].政治与法律,2020(2):150-161.

程雅君.承袭黄老　援法革道:道教思想史视阈中的《韩非子》[J].世界宗教研究,2020(1):92-100.

王宏强.论韩非子"势"论的内在逻辑[J].兰州大学学报(社会科学版),2021(6):142-151.

刘亮.《韩非子》惠民竞技寓言及其蕴含的"民意论"[J].南开学报(哲学社会科学版),2021(6):102-110.

戴木茅.论《韩非子》中"悚惧"的逻辑展开与异化:以君主对臣属的心理震慑为核心[J].江淮论坛,2021(5):100-105,193.

王威威.韩非子的解释学建构[J].哲学动态,2021(8):44-51,128.

张娜.论韩非子的规训正义[J].江淮论坛,2021(4):116-122.

白彤东.韩非子人性说探微[J].哲学研究,2021(4):56-66,128.

宋洪兵.郭沫若的法家观及马克思主义史家法家观的内部分歧[J].史学月刊,2021(2):111-124.

宋洪兵.为政治奠基:论法家的政治形上学[J].人文杂志,2022(5):

21-36.

白彤东.研究法家的学者能为现实做什么?[J].中国文化研究,2022(1):22-26.

三、硕博士学位论文

郭雪翔.论韩非"务法不务德"的教化思想[D].北京:首都师范大学,2001.

刘洋.阐释与重构:《韩非子》研究新论[D].杭州:浙江大学,2004.

徐荣盘.韩非子的人性论:追思韩非子"治国"的逻辑起点[D].北京:中央民族大学,2005.

马世年.《韩非子》的成书及其文学研究[D].兰州:西北师范大学,2005.

杨玲.先秦法家思想比较研究:以《管子》、《商君书》、《韩非子》为中心[D].杭州:浙江大学,2005.

柴永昌.韩非子"术论"及其渊源考辨[D].西安:陕西师范大学,2006.

周田田.韩非子政治思想与社会整合[D].武汉:武汉理工大学,2006.

王小丹.韩非的重刑思想研究:一种法律文化学的视角[D].武汉:中南民族大学,2007.

耿立进.韩非对儒家德治思想的批判及当代启示[D].桂林:广西师范大学,2007.

宋洪兵.韩非子政治思想再研究[D].长春:东北师范大学,2007.

蒋振江.《韩非子》"说林"、"储说"研究[D].南京:南京师范大学,2007.

杨爱华.韩非伦理思想研究[D].武汉:湖北大学,2008.

张小玲.商鞅韩非"法治"思想比较研究[D].重庆:重庆大学,2008.

顾正磊.韩非子"法"的历史内涵及其现代意义[D].苏州:苏州大学,2008.

曾麒玥.韩非子法的思想研究[D].杭州:浙江大学,2008.

吴永冬.浅析韩非的人性思想及其运用[D].武汉:华中科技大学,2008.

唐河英.韩非子"无为"思想研究[D].广州:中山大学,2009.

盘晓未.韩非子政治哲学研究:"礼崩乐坏"下的秩序重构[D].北京:中央民族大学,2009.

李笑岩.先秦黄老之学渊源与发展[D].济南:山东大学,2009.

翟云飞.韩非"法术势"管理观探析[D].辽阳:沈阳师范大学,2009.

张晓梅.战国匕首:韩非子寓言研究[D].苏州:苏州大学,2009.

关立新.《韩非子》思想研究[D].哈尔滨:黑龙江大学,2009.

宋宏.《韩非子》寓言研究[D].成都:四川师范大学,2009.

高娟.《韩非子》中的"法"与"情":兼论对当代管理的启示[D].北京:北京师范大学,2009.

徐全.《韩非子》法治思想研究[D].武汉:湖北大学,2009.

汪国梁.《韩非子》道法渊源考辨[D].南京:南京大学,2009.

金佩霞.《韩非子》寓言探析[D].宁夏:宁夏大学,2009.

贺培姗.试论韩非子思想中的"术"[D].长春:吉林大学,2009.

王屾.《韩非子》中政治领袖心理研究[D].长春:东北师范大学,2009.

张伯晋.法家伦理思想体系的最终建构:以韩非与《韩非子》为研究对象[D].长春:吉林大学,2010.

武兆芳.韩非子历史观研究[D].保定:河北大学,2010.

李为.《韩非子》的道法思想研究[D].重庆:重庆大学,2010.

周家新.《韩非子》校诂商榷[D].曲阜:曲阜师范大学,2010.

张滨.韩非子《解老》《喻老》研究[D].济南:山东师范大学,2010.

杨玲.《韩非子》常用词研究[D].南京:南京大学,2010.

陈冬.先秦儒法思想继承改造考:韩非对儒家思想之继承与改造[D].

上海：华东师范大学，2010.

高云飞.试探墨子与韩非子君主专制思想的路径选择[D].石家庄：河北师范大学，2011.

刘义平.韩非子权力观研究[D].长沙：湖南大学，2011.

朱云龙.韩非子"德育"思想理论研究[D].成都：成都理工大学，2011.

李海梅.韩非子人性思想再研究[D].保定：河北大学，2011.

马冬艳.韩非子法哲学思想管窥[D].保定：河北大学，2011.

王宏强.君·道关系视角下的《韩非子》"智"论[D].长春：东北师范大学，2011.

周亚辉.韩非子性恶论对其权力思想的影响[D].广州：华南师范大学，2011.

窦兆锐.韩非子法、术、势结构设计新诠[D].长春：东北师范大学，2011.

刘荣晖.法家、兵家思想的近缘性与商鞅、韩非思想研究[D].开封：河南大学，2011.

袁莹.韩非术治思想的行政学阐释[D].湘潭：湘潭大学，2011.

李雪.韩非与马基雅维利的领导术思想比较研究[D].湘潭：湘潭大学，2011.

刘超瑾.韩非子非道德主义思想初探[D].南昌：南昌大学，2012.

孙婧文.论韩非子的"道德"观[D].湘潭：湘潭大学，2012.

许建立.韩非子《解老》《喻老》篇阐微[D].济南：山东大学，2012.

谢文伍.韩非子法治思想及其当代价值[D].重庆：西南政法大学，2012.

康亚利.《韩非子》与秦汉政治文化建构[D].郑州：郑州大学，2012.

刘宁.韩非以法治国思想研究[D].济南：山东大学，2012.

胡汉青.马基雅维利与韩非子的非道德主义权力观之比较[D].南昌：

江西师范大学,2012.

石基.《韩非子·内外储说》的史料、史学价值[D].长春:吉林大学,2012.

张敏."世异则事异,事异则备变":韩非子政治思想的合理性研究[D].兰州:兰州大学,2012.

刘江华.韩非子的官员选用思想[D].北京:北京师范大学,2012.

张丽苹.《韩非子》伦理思想研究[D].南京:东南大学,2012.

陈琼.论韩非子的权力制约思想及其现代启示[D].武汉:华中师范大学,2012.

刘雨.马基雅维利与韩非子政治设计比较研究[D].呼和浩特:内蒙古大学,2013.

马一禾.《韩非子》"说林"、"储说"研究[D].郑州:郑州大学,2013.

韩婷婷.《韩非子》论证结构分析[D].合肥:安徽大学,2013.

柴永昌.先秦儒家、道家、法家君道论研究[D].西安:西北大学,2014.

邹琴.论韩非子"法之安生"问题[D].上海:复旦大学,2014.

曹莎莎.韩非子重刑思想研究[D].湘潭:湘潭大学,2014.

李玉诚.《韩非子》历史思想研究[D].济南:山东大学,2014.

徐晗溪.浅析韩非大一统的功利思想[D].海口:海南大学,2014.

商晓辉.荀子与韩非子君道思想比较研究[D].西安:陕西师范大学,2015.

常单单.《韩非子》中的名辩思想研究[D].开封:河南大学,2015.

章杨.《韩非子》介词"於"研究[D].合肥:安徽大学,2015.

刘新春.韩非子"吏治"思想研究[D].重庆:西南政法大学,2015.

李兴.论韩非政治思想的四大原则[D].郑州:郑州大学,2016.

高梦薇.先秦法家国家治理思想及其当代启示[D].湘潭:湘潭大学,2017.

耿爽.从《商君书》到《韩非子》:法家思想的演变与秦政治[D].呼和浩特:内蒙古大学,2017.

杨辉.《管子》与《韩非子》君臣民观念比较研究[D].兰州:兰州大学,2017.

李晶.韩非子法家思想及其对中国法治建设的启示研究[D].延安:延安大学,2018.

马尧.《韩非子》内部控制思想研究[D].南京:南京大学,2018.

孙腾.韩非子"君道"思想研究[D].贵阳:贵州大学,2018.

苗盼桃.韩老哲学思想比较研究[D].保定:河北大学,2018.

邵琴琴.《韩非子》道德观研究[D].郑州:郑州大学,2018.

杜昌磊.荀子与韩非人性论比较研究[D].哈尔滨:黑龙江大学,2018.

李果.民国《韩非子》考据学研究[D].上海:华东师范大学,2019.

李思祁.韩非子功利主义管理思想研究[D].南宁:广西大学,2019.

陈奕.韩非子管理控制思想研究[D].苏州:苏州大学,2019.

徐小婷.韩非"法、术、势"思想及当代价值[D].沈阳:沈阳师范大学,2019.

宋玉荃.韩非老学思想研究[D].合肥:安徽大学,2019.

王英杰."三代"与韩非子"三代观"研究[D].长春:东北师范大学,2019.

刘涛.韩非子的法律思想[D].兰州:甘肃政法学院,2019.

牧亚可.荀子和韩非子刑法思想的比较研究[D].郑州:郑州大学,2019.

张茜倩.韩非子国家治理思想研究[D].苏州:苏州科技大学,2019.

陈闯."评法批儒"运动时期的古典学术研究[D].济南:山东大学,2019.

李赟.《韩子迂评》评点研究[D].兰州:西北师范大学,2019.

王宏强.韩非君道论研究[D].兰州:兰州大学,2019.

周四丁.国家治理的伦理维度[D].长沙:湖南师范大学,2020.

黄炳松.韩非子治吏思想探究[D].武汉:中南财经政法大学,2020.

张璇.韩非耕战思想研究[D].南宁:广西民族大学,2020.

李梦瑶.《韩非子》中的隐喻研究[D].长春:东北师范大学,2020.

龚赛婷.《韩非子》"名实"之辨及其政治哲学意涵[D].上海:华东师范大学,2020.

李瑾.王先慎《韩非子集解》研究[D].兰州:西北师范大学,2020.

贾婉雪.中国古代《韩非子》选本研究[D].兰州:西北师范大学,2020.

李志民.陈启天《韩非子校释》研究[D].兰州:西北师范大学,2020.

苏静.《韩非子》公私观及其文学表达研究[D].重庆:西南大学,2020.

曹敏.韩非子法治思想及其当代价值[D].济南:山东中医药大学,2021.

刘洋.批判抑或赞同:韩非子伦理思想研究[D].哈尔滨:黑龙江大学,2021.

张涵毅.道德观与人性论:韩非子政治思想研究[D].西安:西北大学,2021.

周蓓.韩非子与考底利耶国际政治思想比较研究[D].北京:中国社会科学院研究生院,2021.

路高学.先秦道法思想研究[D].南京:东南大学,2021.

附　录

一、韩非生平简表

（韩非子生年不详，各家说法不一，现取钱穆《先秦诸子系年》中的推算法，定为生于公元前281年，卒于公元前233年，寿48岁左右）

前281年（韩釐王十五年）　《史记·老子韩非列传》："韩非者，韩之诸公子也。"诸为众多之意，是韩姓众多公子中的一员，也可以是韩王的同室公子。

前279年（韩釐王十八年）　秦强大，在七雄中具有举足轻重的作用。周君临朝，毗邻的韩国直接受到秦国的威胁。

前276年（韩釐王二十年）　韩为秦所败，斩首四万余。韩国难深重。韩非始读"家有之"的商、管之书和孙、吴之书，也读各类杂书。

前270年（韩桓惠王三年）　秦任范雎为客卿，定远交近攻之策，指出："闭关十五年，不敢窥兵于山东者，是穰侯为秦谋不忠"，"穰侯越韩、魏而攻齐纲寿，非计也"。进攻的矛头直指韩国。面对韩国国势的风雨飘摇，少年韩非心急如焚。

前263年（韩桓惠王十年）　此前接连三年秦对韩攻城略地，这一年，秦将白起率兵攻韩，一下攻取五十城。韩国上党郡守降赵。韩国统治层开始分崩离析,估计也在此前后,青年韩非开始上书,所谓"非见韩之削弱,数以书谏韩王"。

　　前259年(韩桓惠王十四年)　韩献垣雍于秦。秦攻赵,尽有韩上党

　　前257年(韩桓惠王十六年)　魏信陵君无忌,楚春申君黄歇救赵,秦将郑安平降赵,秦在河东大败。韩非"数以书谏韩王,韩王不能用"。在此期间,韩非埋头著书。

　　前256年(韩桓惠王十七年)　秦拔韩阳城,负黍,斩首四万。

　　前255年(韩桓惠王十八年)　天下朝秦,韩王亦入朝。韩非、李斯师事荀卿。

　　前253年(韩桓惠王二十年)　荀子离开稷下来到楚国,春申君任命其为兰陵令。

　　前251年(韩桓惠王二十二年)　秦昭襄王卒,韩王衰绖入吊祠。

　　前249年(韩桓惠王二十四年)　秦拔韩成皋、荥阳。韩献巩于秦。

　　前247年(韩桓惠王二十六年)　秦悉拔韩上党,李斯学成告辞老师荀子,西行入秦。在此前后韩非也返回韩国,潜心写作。

　　前244年(韩桓惠王二十九年)　秦拔韩十三城。

　　前238年(韩王安元年)　韩桓惠王卒,子王安立。

　　前237年(韩王安二年)　韩入郑国间秦事发,秦王迁怒于一切士人,下逐客令。李斯力谏,取消逐客令。"李斯因说秦王,请先取韩以恐他国。"

　　前236年(韩王安三年)　李斯奉秦王命道韩国。在此过程中会见了韩非,韩非出示《孤愤》《五蠹》等篇章,李斯看后,将作品带入秦国,传至秦王手中。《史记》说的"人或传书至秦"可能就是李斯。韩王在危急关头召见韩非,"与韩非谋弱秦"。

　　前235年(韩王安四年)　秦王见《孤愤》《五蠹》之书,曰:"嗟乎,寡人得见此人与之游,死不恨矣!"李斯曰:"此韩非之所著书也。"秦因急攻韩。

　　前234年(韩王安五年)　秦攻韩,韩急,使韩非使秦。

前233年（韩王安六年）　秦王下吏治非，李斯使人遗药，令非自杀。"韩非欲自陈，不得见。秦王后悔之，使人赦之，非已死矣。"韩王请为臣。

二、《史记·韩世家》

韩之先与周同姓，姓姬氏。其后苗裔事晋，得封于韩原，曰韩武子。武子后三世有韩厥，从封姓为韩氏。

韩厥，晋景公之三年，晋司寇屠岸贾将作乱，诛灵公之贼赵盾。赵盾已死矣，欲诛其子赵朔。韩厥止贾，贾不听。厥告赵朔令亡。朔曰："子必能不绝赵祀，死不恨矣。"韩厥许之。及贾诛赵氏，厥称疾不出。程婴、公孙杵臼之藏赵孤赵武也，厥知之。

景公十一年，厥与郤克将兵八百乘伐齐，败齐顷公于鞍，获逢丑父。于是晋作六卿，而韩厥在一卿之位，号为献子。

晋景公十七年，病，卜，大业之不遂者为祟。韩厥称赵成季之功，今后无祀，以感景公。景公问曰："尚有世乎？"厥于是言赵武，而复与故赵氏田邑，续赵氏祀。

晋悼公之七年，韩献子老。献子卒，子宣子代。宣字徙居州。

晋平公十四年，吴季札使晋，曰："晋国之政卒归于韩、魏、赵矣。"晋顷公十二年，韩宣子与赵、魏共分祁氏、羊舌氏十县。晋定公十五年，宣子与赵简子侵伐范、中行氏。宣子卒，子贞子代立。贞子徙居平阳。

贞子卒，子简子代。简子卒，子庄子代。庄子卒，子康子代。康子与赵襄子、魏桓子共败知伯，分其地，地益大，大于诸侯。

康子卒，子武子代。武子二年，伐郑，杀其君幽公。十六年，武子卒，子景侯立。

景侯虔元年，伐郑，取雍丘。二年，郑败我负黍。

六年，与赵、魏俱得列为诸侯。

九年，郑围我阳翟。景侯卒，子列侯取立。

列侯三年,聂政杀韩相侠累。九年,秦伐我宜阳,取六邑。十三年,列侯卒,子文侯立。是岁魏文侯卒。

文侯二年,伐郑,取阳城。伐宋,到彭城,执宋君。七年,伐齐,至桑丘。郑反晋。九年,伐齐,至灵丘。十年,文侯卒,子哀侯立。

哀侯元年,与赵、魏分晋国。二年,灭郑,因徙都郑。

六年,韩严弑其君哀侯。而子懿侯立。

懿侯二年,魏败我马陵。五年,与魏惠王会宅阳。九年,魏败我浍。十二年,懿侯卒,子昭侯立。

昭侯元年,秦败我西山。二年,宋取我黄池。魏取朱。六年,伐东周,取陵观、邢丘。

八年,申不害相韩,修术行道,国内以治,诸侯不来侵伐。

十年,韩姬弑其君悼公。十一年,昭侯如秦。二十二年,申不害死。二十四年,秦来拔我宜阳。

二十五年,旱,作高门。屈宜臼曰:"昭侯不出此门。何也? 不时。吾所谓时者,非时日也,人固有利不利时。昭侯尝利矣,不作高门。往年秦拔宜阳,今年旱,昭侯不以此时恤民之急,而顾益奢,此谓'时绌举赢'。"二十六年,高门成,昭侯卒,果不出此门。子宣惠王立。

宣惠王五年,张仪相秦。八年,魏败我将韩举。十一年,君号为王。与赵会区鼠。十四,秦伐败我鄢。

十六年,秦败我脩鱼,虏得韩将宧、申差于浊泽。韩氏急,公仲谓韩王曰:"与国非可恃也。今秦之欲伐楚久矣,王不如因张仪为和于秦,赂以一名都,具甲,与之南伐楚,此以一易二之计也。"韩王曰:"善。"乃警公仲之行,将西购于秦。楚王闻之大恐,召陈轸告之。陈轸曰:"秦之欲伐楚久矣,今又得韩之名都一而具甲,秦韩并兵而伐楚,此秦所祷祀而求也。今已得之矣,楚国必伐矣。王听臣为之警四境之内,起师言救韩,命战车满道路,发信臣,多其车,重其币,使信王之救己也。纵韩不能听我,韩必德王也,必不为雁行以来，是秦韩不和也，兵虽至，楚不大病也。为能听我绝和于秦，秦必大怒，以厚怨韩。韩之南交楚，必轻秦；轻秦，其应秦必不敬：是因秦、韩之兵而免楚国之患也。"楚王曰："善。"乃警四境之内，兴师言救韩。命战车满道路，发信臣，多其车，重其币。谓韩王曰："不谷国虽小，已悉发之矣。原大国遂肆志于秦，不谷将以楚殉韩。"韩王闻之大说，乃止公仲之行。公仲曰："不可。夫以实伐我者秦也，以虚名救我者楚也。王恃楚之虚名，而轻绝强秦之敌，王必为天下大笑。且楚韩非兄弟之国也，又非素约而谋伐秦也。已有伐形，因发兵言救韩，此必陈轸之谋也。且王已使人报于秦矣，今不行，是欺秦也。夫轻欺强秦而信楚之谋臣，恐王必悔之。"韩王不听，遂绝于秦。秦因大怒，益甲伐韩，大战，楚救不至韩。十九年，大破我岸门。太子仓质于秦以和。

二十一年，与秦共攻楚，败楚将屈丐，斩首八万于丹阳。是岁，宣惠王卒，太子仓立，是为襄王。

襄王四年，与秦武王会临晋。其秋，秦使甘茂攻我宜阳。五年，秦拔我宜阳，斩首六万。秦武王卒。六年，秦复与我武遂。九年，秦复取我武遂。十年，太子婴朝秦而归。十一年，秦伐我，取穰。与秦伐楚，败楚将唐昧。

十二年，太子婴死。公子咎、公子虮虱争为太子。时虮虱质于楚。苏代谓韩咎曰："虮虱亡在楚，楚王欲内之甚。今楚兵十余万在方城之外，公何不令楚王筑万室之都雍氏之旁，韩必起兵以救之，公必将矣。公因以韩楚之兵奉虮虱而内之，其听公必矣，必以楚韩封公也。"韩咎从其计。

楚围雍氏，韩求救于秦。秦未为发，使公孙昧入韩。公仲曰："子以秦为且救韩乎？"对曰："秦王之言曰'请道南郑、蓝田，出兵于楚以待公'，殆不合矣。"公仲曰："子以为果乎？"对曰："秦王必祖张仪之故智。"楚威王攻梁也，张仪谓秦王曰："与楚攻魏，魏折而入于楚，韩固其与国也，是秦孤也。不如出兵以到之，魏楚大战，秦取西河之外以归。"今其状阳言与韩，其实阴善楚。公待秦而到，必轻与楚战。楚阴得秦之不用也，必易与公相支也。

公战而胜楚，遂与公乘楚，施三川而归。公战不胜楚，楚塞三川守之，公不能救也。窃为公患之。司马庚三反于郢，甘茂与昭鱼遇于商于，其言收玺，实类有约也。公仲恐，曰："然则奈何？"曰："公必先韩而后秦，先身而后张仪。公不如亟以国合于齐楚，齐楚必委国于公。公之所恶者张仪也，其实犹不无秦也。"于是楚解雍氏围。

苏代又谓秦太后弟芈戎曰："公叔伯婴恐秦楚之内蚔虮也，公何不为韩求质子于楚？楚王听入质子于韩，则公叔伯婴知秦楚之不以蚔虮为事，必以韩合于秦楚。秦楚挟韩以窘魏，魏氏不敢合于齐，是齐孤也。公又为秦求质子于楚，楚不听，怨结于韩。韩挟齐魏以围楚，楚必重公。公挟秦楚之重以积德于韩，公叔伯婴必以国待公。"于是蚔虮竟不得归韩。韩立咎为太子。齐、魏王来。

十四年，与齐、魏王共击秦，至函谷而军焉。十六年，秦与我河外及武遂。襄王卒，太子咎立，是为釐王。

釐王三年，使公孙喜率周、魏攻秦。秦败我二十四万，虏喜伊阙。五年，秦拔我宛。六年，与秦武遂地二百里。十年，秦败我师于夏山。十二年，与秦昭王会西周而佐秦攻齐。齐败，湣王出亡。十四年，与秦会两周间。二十一年，使暴鸢救魏，为秦所败，鸢走开封。

二十三年，赵、魏攻我华阳。韩告急于秦，秦不救。韩相国谓陈筮曰："事急，原公虽病，为一宿之行。"陈筮见穰侯。穰侯曰："事急乎？故使公来。"陈筮曰："未急也。"穰侯怒曰："是可以为公之主使乎？夫冠盖相望，告敝邑甚急，公来言未急，何也？"陈筮曰："彼韩急则将变而佗从，以未急，故复来耳。"穰侯曰："公无见王，请今发兵救韩。"八日而至，败赵、魏于华阳之下。是岁，釐王卒，子桓惠王立。

桓惠王元年，伐燕。九年，秦拔我陉，城汾旁。十年，秦击我于太行，我上党郡守以上党郡降赵。十四年，秦拔赵上党，杀马服子卒四十余万于长平。十七年，秦拔我阳城、负黍。二十二年，秦昭王卒。二十四年，秦拔我城皋、荥阳。二十六年,秦悉拔我上党。二十九年,秦拔我十三城。

三十四年,桓惠王卒,子王安立。

王安五年,秦攻韩,韩急,使韩非使秦,秦留非,因杀之。

九年,秦虏王安,尽入其地,为颍州郡。韩遂亡。

太史公曰:韩厥之感晋景公,绍赵孤之子武,以成程婴、公孙杵臼之义,此天下之阴德也。韩氏之功,于晋未睹其大者也。然与赵、魏终为诸侯十余世,宜乎哉!

韩氏之先,实宗周武。事微国小,春秋无语。后裔事晋,韩原是处。赵孤克立,智伯可取。既徙平阳,又侵负黍。景赵俱侯,惠又僭主。秦败脩鱼,魏会区鼠。韩非虽使,不禁狼虎。

三、韩国大事记

前 403 年　周命晋大夫韩虔、魏斯、赵籍为诸侯。

前 400 年　韩联同魏赵伐楚,至桑丘。郑围韩阳翟。

前 394 年　韩救鲁于齐。

前 391 年　秦伐韩宜阳,取六邑。

前 385 年　韩伐郑,取阳城;伐宋,执宋公。

前 380 年　齐伐燕,取桑丘。韩联同魏、赵伐齐,至桑丘。

前 378 年　韩联同魏、赵伐齐,至灵丘。

前 376 年　韩联同魏、赵三家废晋静公,分其地。

前 375 年　韩灭郑,徙都新郑。

前 366 年　秦败韩师、魏师于洛阳。

前 362 年　魏败韩师、赵师于浍。

前 358 年　秦败韩师于西山。

前 353 年　韩伐东周,取陵观、廪丘。

前 351 年　韩昭侯以申不害为相。

前341年　韩被魏伐。齐救韩,马陵之战。

前337年　韩申不害卒。

前335年　秦伐韩,拔宜阳。

前333年　合纵。

前323年　韩、燕皆称王。

前318年　楚、赵、魏、韩、燕同伐秦,攻函谷关。秦人出兵逆之,五国之师皆败走。

前317年　秦败韩师于脩鱼,斩首八万级,虏其将鲵、申差于观泽。

前316年　侵秦,败北。

前314年　被秦败于岸门,韩太子仓入质于秦以和。

前312年　秦、韩、魏南袭楚,至邓。

前308年—前307年　秦将甘茂破韩国宜阳,斩首六万。

前306年　秦以武遂复归之韩。楚王与齐、韩合纵。

前303年　秦复取韩武遂。齐、韩、魏以楚负其从亲,合兵伐楚,秦救楚,三国引兵去。

前301年　秦会韩、魏、齐兵伐楚,败楚。

前296年　齐、韩、魏、赵、宋同击秦,至盐氏而还。

前293年　韩、魏伐秦。秦白起击败魏师、韩师,斩首二十四万级,拔五城。

前291年　秦伐韩,拔宛。

前290年　韩入武遂地二百里于秦。

前286年　秦败韩师于夏山。

前284年　乐毅领燕、秦、魏、韩、赵联合伐齐。

前275年　秦相国穰侯伐魏。韩暴鸢救魏,穰侯大破之,斩首四万。

前273年　魏赵联合伐韩华阳。秦救韩,杀魏赵兵十四万。秦王欲令韩、魏与秦一起伐楚,未行。

前 265 年　齐赵联合伐韩,取注人。

前 264 年　秦伐韩,拔九城,斩首五万。

前 263 年　秦武安君伐韩,取南阳;攻太行道,绝之。

前 262 年　秦伐韩,拔野王。上党路绝,韩献上党与赵。

前 256 年　秦伐韩,取阳城、负黍,斩首四万。

前 254 年　韩王入朝于秦。

前 249 年　秦伐韩,取成皋、荥阳,成为秦国的三川郡。

前 246 年　韩使水工郑国为间于秦。

前 244 年　蒙骜伐韩,取十二城。

前 241 年　楚、赵、魏、韩、卫合纵以伐秦,楚王为从长,春申君用事,取寿陵。至函谷,秦师出,五国之师皆败走。

前 233 年　韩王向秦纳地效玺,请为藩臣,使韩非聘秦。

前 231 年　韩向秦献南阳地。

前 230 年　秦灭韩,虏韩王安,以其地置颍川郡。韩亡。

楚汉争霸时期,韩国曾复国,后被灭。

四、韩国世系列表

次序	谥号	姓名	在位时间	年数	备注
1	韩武子	韩　万			曲沃桓叔的庶子,被封于韩
2	韩赇伯	？			
3	韩定伯	韩　简			
4	？	韩　舆			
5	韩献子	韩　厥			
6	韩宣子	韩　起	？—前 514 年		
7	韩贞子	韩　须	前 514 年—？		
8	韩简子	韩不信			
9	韩庄子	韩　庚			
10	韩康子	韩　虎	？—前 425 年		前 453 年,与赵、魏灭智伯瑶,三分智地
11	韩武子	韩启章	前 424 年—前 409 年	16	
12	韩景侯	韩　虔	前 408 年—前 400 年	9	前 403 年,被周威烈王册封为诸侯,称侯
13	韩烈侯	韩　取	前 399 年—前 387 年	13	又作韩武侯
14	韩文侯	韩　猷	前 386 年—前 377 年	10	
15	韩哀侯	韩屯蒙	前 376 年—前 374 年	3	
16	韩共侯	韩若山	前 374 年—前 363 年	12	又作韩懿侯、韩庄侯
17	韩釐侯	韩　武	前 362 年—前 333 年	30	又作韩昭侯、韩昭僖侯、韩昭釐侯
18	韩威侯	韩　康	前 332 年—前 312 年	21	前 323 年称王,又作韩宣王、韩宣惠王
19	韩襄王	韩　仓	前 311 年—前 296 年	16	又作韩襄哀王、韩悼襄王
20	韩釐王	韩　咎	前 295 年—前 273 年	23	
21	韩桓惠王	韩　然	前 272 年—前 239 年	34	又作韩惠王
22	(韩废王)	韩　安	前 238 年—前 230 年	9	前 230 年,秦灭韩

后　记

　　倥偬岁月，以诚挚之心回眸过往，几多教诲；以憧憬之情期许未来，幻想如意。博士已毕业多年，对书稿的修订整理一直在间断中努力。幸运有加，书稿获得了学校的出版基金资助，也很意外地得到了浙江大学出版社的青睐，在吴伟伟、陈翩等编辑的协助下，很快就与出版社签订了出版协议。掩卷交付，满怀感恩。

　　我本愚钝，一路拾遗，偶有所获，多得益于我的博士生导师周可真先生的指导与提携。先生的谆谆教导不仅指引我学术前行的方向，也开拓和启迪着我人生画卷的铺展。困惑时的解疑、迷茫时的引领、失落时的鼓励、得意时的警醒……先生总是能在紧要处给予帮扶。如今，先生已过花甲之年，仍勤笔不辍，奋力创新，主持完成了一项国家社科基金重点项目，出版了两部标志性专著。每念于此，深感己之慵懒与散漫。此次文稿的整理出版，权且作为我在学术上对先生的一个阶段性汇报，以期在得到先生的指点后取得更大的进步。

　　先生曾言"韩非是值得一个国学研究者终身研究的课题"，对这样一个在先秦至关重要且对后世影响深远的法家集大成式人物，国内外诸多的专家学者和同人已做了大量而精细的研究。我在整理中持续求索，在借鉴中深入剖析，在积累中有序完善。本书的草就，只是一个阶段的暂时休整；正式出版,则是一个新阶段的开始。虽几经修改,本书仍存在缺陷与遗憾,在忐忑中求教于诸位前辈专家。

感谢浙江大学出版社诸位工作人员的大力协助,使本书能顺利出版。

众多亲人、好友的支持、关心和鼓励,使我在撰写本书的过程中备感温馨。

对诸多前贤时彦研究成果的借鉴、引用和参考,亦让我获益匪浅,在此一并致谢。

千言万语,幸得有你。
双手合十,心中永记。

刘小刚

2022 年 12 月 10 日